中国书籍学研丛刊

中国海事院校转型发展研究

徐 浪 | 著

中国书籍出版社
China Book Press

图书在版编目（CIP）数据

中国海事院校转型发展研究/徐浪著. --北京：
中国书籍出版社，2021.6
ISBN 978-7-5068-8505-8

Ⅰ.①中… Ⅱ.①徐… Ⅲ.①海上运输—高等学校—教育改革—研究—中国 Ⅳ.①U6-4

中国版本图书馆 CIP 数据核字（2021）第 115257 号

中国海事院校转型发展研究

徐 浪 著

责任编辑	刘泽刚　王 淼
责任印制	孙马飞　马 芝
封面设计	中联华文
出版发行	中国书籍出版社
地　　址	北京市丰台区三路居路 97 号（邮编：100073）
电　　话	（010）52257143（总编室）　　（010）52257140（发行部）
电子邮箱	eo@chinabp.com.cn
经　　销	全国新华书店
印　　刷	三河市华东印刷有限公司
开　　本	710 毫米×1000 毫米　1/16
字　　数	287 千字
印　　张	16.5
版　　次	2021 年 6 月第 1 版
印　　次	2021 年 6 月第 1 次印刷
书　　号	ISBN 978-7-5068-8505-8
定　　价	95.00 元

版权所有　翻印必究

摘 要

海事院校是我国院校体系中特色鲜明的一种院校类型，也是承担我国海事高等教育的主要机构。自1909年我国第一所海事教育院校诞生以来，经过百余年的发展，形成了较为完善的海事高等教育体系，成为我国高等教育领域独具特色的一支重要力量。但是，海事院校的生存压力和发展困境也一直伴随着海事院校的发展过程。进入新时代，伴随改革开放的深入推进，高等教育改革的不断加快以及海洋强国战略、21世纪海上丝绸之路建设倡议等涉海战略的实施，对海事院校来说既是重大机遇，更是严峻挑战。

本书在梳理我国海事院校发展历程和基本特征、借鉴国外海事院校发展成功经验、进行调查研究和案例分析基础上，运用SWOT分析法分析了我国海事院校面临的发展困境和转型诉求。通过梳理和分析发现：管理体制机制不畅、国家扶持力度不够、人才培养质量不高、社会服务能力不强是我国海事院校当前面临的主要发展困境；加大政府法律法规保障和政策扶持力度、加大项目支持和资金投入力度、落实和扩大海事院校办学自主权是我国海事院校当前的主要诉求。转型发展既是摆脱发展困境、实现自我价值的需要，也是策应国家涉海战略、助力产业发展的需要。作为高等院校的一种类型，海事院校既有一般性也有特殊性，既有高等性也有职业性，既有教育性也有行业性。正确认识和处理好这三种关系是我国海事院校顺利转型的必要前提。

"海事院校如何转型、海事院校转向何型"是本书研究的重点。海事院校是一个社会子系统，是一个社会组织，也是一个制度性场所。如何适应社会转型需要，完成整体制度转型，实现组织持续发展是海事院校必须面对的现实问题。以社会转型理论、组织转型理论和制度转型理论作为工具，从社会、组织和制度三个维度展开，诠释我国海事院校转型所面临的基本课题具有适恰性。从理论上来说，海事院校面临的发展压力既有来自组织外部的，包括政府、市场、社会、舆论等方面，也有来自组织内部的，包括理念、制度、结构、文化等方面。组织外部环境的转型对组织内部转型具有强制性,组织内部转型则是对组织外部转型的回应,也是组织内部转型获得"合法化"的过程。只有内外结合、协同互动,我国的海事院校才有可能实现真正意义上的转型。

本书通过对我国海事院校转型基本内涵的分析,阐明了我国海事院校转型是海事院校主动适应经济社会转型,引领经济社会发展需要的过程;是走出自我封闭,主动融入高等教育系统的过程;也是重新整合组织资源,提升组织竞争力的过程。在分析我国海事院校转型的目标定位时,明确了我国海事院校转型的具体目标是从理论导向向理论与实践并重转型(类型定位);从谋求升格向发展内涵转型(层次定位);从盲目服务向精准服务转型(服务定位);从全面发展到特色发展转型(特色定位);从工具理性向价值理性转型(价值定位)。对基本内涵和目标定位的分析为提出海事院校转型基本策略奠定了基础。海事院校的转型发展是一项涉及面广、过程漫长的复杂工程。在政府层面应从完善海事教育政策保障体系、调整优化海事院校结构体系、支持部分海事院校优先发展、改进海事院校发展评价机制四个方面推动海事院校转型发展。在海事院校层面则应从办学理念、学科专业、培养模式、组织文化四个重点方面实施转型。

目 录
CONTENTS

导 论 ……………………………………………………………… 1

第一章 我国海事院校的发展历程与基本特征 …………………… **33**
第一节 海事院校建立的背景 ………………………………… 33
第二节 海事院校发展的历程 ………………………………… 35
第三节 海事院校发展的基本特征 …………………………… 54

第二章 我国海事院校的发展困境与转型诉求 …………………… **65**
第一节 海事院校的发展现状分析 …………………………… 65
第二节 海事院校发展的现实困境 …………………………… 97
第三节 海事院校转型的动力、诉求与困惑 ………………… 114
第四节 转型期我国海事院校发展态势的 SWOT 分析 …… 118

第三章 国外海事院校发展的经验与启示 ………………………… **134**
第一节 国外海事院校发展的历史回顾 ……………………… 134
第二节 国外海事院校发展的主要特点 ……………………… 143
第三节 国外海事院校发展的经验启示 ……………………… 148

第四章 我国海事院校转型发展的理论之思 ……………………… **153**
第一节 作为社会子系统的海事院校转型 …………………… 153
第二节 作为一个组织的海事院校转型 ……………………… 163
第三节 作为一种制度的海事院校转型 ……………………… 174

第五章　海事院校转型发展的调查分析与案例研究 ······ 185
第一节　我国海事院校转型发展的调查分析 ······ 185
第二节　海事院校转型发展的案例研究 ······ 191

第六章　海事院校转型发展的目标与策略 ······ 203
第一节　海事院校转型发展的目标定位 ······ 203
第二节　政府推动海事院校转型发展的主要策略 ······ 213
第三节　海事院校实施转型发展的主要策略 ······ 219

结束语 ······ 224
附录A：我国海事院校大事记 ······ 229
附录B：我国海事院校一览表 ······ 233
附录C：调查问卷 ······ 235
附录D：访谈提纲 ······ 240
主要参考文献 ······ 242
后　记 ······ 253

导 论

一、选题缘由与研究意义

新中国成立后,特别是改革开放以来,我国海事高等教育与国家各项事业同步发展,与海事产业同频共振,取得了显著发展成就,形成了海事本科院校、设置海事专业的本科院校、海事高职高专院校、设置海事专业的高职高专院校等不同层次的教育组成的较为完善的海事高等教育体系,成为我国高等教育领域独具特色的一支重要力量,为经济社会发展培养了一大批高素质海事专门人才。以 2019 年的统计为例,全国共有公办普通高等海事院校(含设置海事专业和学科的普通高校)37 所,其中本科院校 18 所、高职院校 19 所(本研究不涉及成人海事高等教育、中专层次的海事职业教育以及民办性质的海事高等教育)。虽然相对于全国普通高校来说,海事院校作为一种类型,院校数量并不庞大,但在当前我国大力实施"海上丝绸之路"倡议、海洋强国等一系列涉海战略的新时代背景下,海事院校必将迎来前所未有的发展机遇,也将肩负起重大的历史使命,故建设好、发展好海事院校意义深远。可以预见,海事院校必将成为我国高等院校领域一道独特而亮丽的风景线。①

高等教育的发展从来就不是一帆风顺的,海事高等教育的发展也不例外。自 20 世纪末以来,海事院校的发展既充满机遇,又面临着前所未有的危机,经历了冰火两重天的严峻考验。20 世纪 90 年代以来,随着国际贸易的繁荣,海事产业的高速发展,对海事人才和技术的需求猛增,加之 1999 年我国高等教育全面扩招,海事院校迎来了难得的发展机遇。最为显著的标志是办学规模的扩大和办学层次的提升。但是规模的扩大主要依靠的是外延式、粗放型发展路径,

---

① 戚凯,刘乐."21 世纪海上丝绸之路"建设的海事保障与中国角色 [J]. 当代亚太. 2017 (2):133.

办学层次的提升带来的也更多是表面的繁荣，而不是内涵质量的提升。短时间内的急剧扩张，办学资源必然捉襟见肘，办学资源的严重不足直接导致海事院校教育教学质量的不断下降，行业、产业和企业对海事院校不能提供大批高素质专门人才的批评之声越来越多。如果说这是海事院校内部的问题，那么，海事产业的巨大危机又从外部给急剧扩张、不堪重负的海事院校雪上加霜。2008年国际金融危机以来，航运业处于持续低迷状态，给世界海事产业带来了强烈冲击，进而蔓延到海事高等教育领域。对于专业特色鲜明、依托行业办学、依靠产业发展的海事院校来说，行业的低迷、产业的疲软带来的负面影响是直接而明显的。自身存在的问题与行业产业的危机相互交织、相互作用，导致海事院校的发展遇到了诸多问题，面临着前所未有的挑战，转型发展势在必行。①

（一）行业危机

在世界性的经济结构失衡和周期性的行业波动等多重因素的共同作用下，加之2007年下半年美国次贷危机的推波助澜，到2008年初金融危机终于在华尔街爆发并开始四处蔓延，犹如金融"瘟疫"一样迅速席卷全球各大主要经济体，随着金融危机的进一步发展，又演化成全球性的实体经济危机。这场金融危机被许多经济学家视为20世纪30年代经济大萧条以来最严重的金融冲击。目前距离金融危机爆发已经过去了10多年时间，但全世界仍未完全走出这场危机的阴影。这场国际金融危机对海事高等教育的影响虽然是间接的，但又是非常深刻的。受国际金融危机的影响，全球多个国家特别是欧美国家消费力急剧下降，直接导致国际贸易大幅萎缩，国际航运业陷入低迷，由此带来船舶制造、船舶运输、船舶维修、港口贸易、物流仓储、航运金融、货物代理等海事产业链全方位的危机，大量企业因资不抵债而申请破产清算，维系产业各方的资金链分崩离析，到2012年左右全世界海事行业已经是一片萧条惨淡。② 行业的持续走低直接导致企业对海事类人才和海事类技术需求的大幅缩水，对国际化程度高、行业特色鲜明的海事院校而言，行业的不景气无异于釜底抽薪，使得海事院校办学的依托（丰富的行业产业资源）和办学的目的（为行业企业培养人才，提供技术技能支持）走向茫然。但是"危"与"机"总是紧密相联，一般来说，

---

① 吴兆麟，高玉德，李勇."金融危机与航海教育"笔谈 [J]. 航海教育研究. 2009（1）: 1.

② 夏贤坤，龙建华. 金融危机对中国航运业及中国海事的影响之追踪 [J]. 中国海事. 2009（10）: 52.

行业产业遭遇危机之时，也是行业产业转型发展之机。面对航运业的"严冬"，一大批低层次的航运企业被淘汰，也有一大批航运企业在苦练内功、立志转型。① 在海事行业产业转型发展成为热门话题的同时，海事院校转型发展、服务行业产业转型升级也成为必然的选择。唯此，海事院校才能走出低谷，重新获得发展的动力。

（二）身份危机

在我国的高等院校序列里，农业高等院校、煤炭高等院校、化工高等院校、财经高等院校等都是大家耳熟能详的专有词汇，但"海事院校"这个概念即使是从事海事高等教育的所谓业内人士也较少使用，领域外的人更是很少使用。业内人士一般按照传统习惯使用"航海院校"这个概念。虽然主管我国海事领域事务的国家行政机关叫作某某海事局或某某海事处；从事海事高等教育的高校大都叫作某某海事大学或某某海事学院。因此，这里所谓的身份危机就是说，海事院校虽然普遍存在，但是人们却很少使用这个概念。出现这种现象有深刻的历史原因。20世纪初的1909年，晚清邮船部上海高等实业学堂开设了"船政科"，标志着我国海事高等教育的艰难起步。② 直到新中国成立前，海事院校所涉及的都只有航海技术、轮机工程和船舶制造三个专业，而且一般笼统地称之为航海专业，这就是"航海院校"概念的由来。新中国成立后，特别是改革开放以来，航海、轮机、造船等传统的航海院校的基础专业继续得到发展，同时随着海上平台、港口建设、航道维护、航运金融、海洋资源开发、海上事故处理、海洋环境保护与安全等产业的兴盛发展，相应的专业也在航海高等院校开设起来，我国的航海院校发展到了一个崭新的阶段，内涵更加丰富的海事院校呼之欲出。③ 但目前无论是政府、行业还是学界都习惯性地称这类学校为"航海高等院校"，而不是"海事院校"，在时代背景和教育内涵发生巨大变化的今天，这颇让人产生一种时空倒错之感。仔细分析，一方面是由于历史的强大惯性使然；另一方面也是由于学界对此缺乏系统研究。本文拟从为海事院校正名的角度扭转这一认识上的错位，也试图让"海事院校"这一个概念实至名归并为更多的人所接受。

---

① 刘振峰, 陈燕, 刘阁, 童菁菁. 金融危机背景下中国航运企业SWOT分析 [J]. 大连海事大学学报. 2009（6）：38.
② 忻福良, 赵安东. 上海高等学校沿革 [M]. 上海：同济大学出版社, 1992.
③ 蒋志伟. 中国海事高等教育的历史传承浅议 [EB/OL]. http：//museum. shmtu. edu. cn/index. aspx? lanmuid=64&sublanmuid=538&id=595, 2015-12-18.

(三) 生源危机

教育是培养人的活动，没有人就没有教育，人是教育存在的基础和前提。海事院校的生源危机在精英教育时代并不存在。那时候，海事院校的规模小、办学质量高，培养的人才也比较符合行业企业需求。自1999年高等教育扩招，特别是进入21世纪以来，随着高等教育大众化步伐的不断加快，普通高等教育招生规模持续扩大，不同行业背景高等院校之间的竞争日趋激烈。但是海事院校并未受到扩招政策的明显影响。20世纪80年代末至2008年国际金融危机之前，企业如果想招聘海事类院校毕业生，要向学校付少则几千多则几万元的培养费，"出口畅"带来了"进口旺"，那个时期海事类院校的招生普遍火爆。如果说2008年国际金融危机来临之前，随着海事相关产业的繁荣发展，海事院校的发展处于黄金时期的话，那么2008年之后，绝大部分海事院校都逐渐陷入了生源缺乏的困境。这种情况由多种因素造成。首先是伴随海事类专业招生的火爆，海事院校大多在短期内扩大了办学规模，但办学资源一时难以配套到位，直接导致教育教学质量的下降，并逐渐影响到了就业，进而影响到了招生。其次是国际金融危机的多方面影响间接导致了就业危机，进而影响到了招生。再次是海事类人才培养成本高（比如航海类学生毕业上船须取得高级船员适任证书，一个证书的考试费用大概需要投入人民币20000元）、毕业标准严（我国是国际海事公约缔约国，必须按照国际海事组织的统一标准培养国际通用人才），但与过去相比，收益却在下降。2008年之前，海上工作的收入与陆地工作比较大概是8∶1，但现在这个比例只有3∶1，回报的下降必然对学生的报考意愿造成巨大影响。① 还有一个重要的原因是随着经济社会的发展和家庭经济状况的好转以及独生子女的增多，在人们心目中所谓的航海艰苦行业对生源的吸引力不断下降。生源危机是现实的，也是残酷的，在有些省份，竟然出现了海事院校招生供大于求，招生计划多于报考人数的尴尬局面。生源危机是海事院校的生存危机，面对生存的现实困境，我们不能再走规模扩张、粗放发展的老路，必须谋求创新发展、转型发展的新途。②

(四) 质量危机

质量是高等教育的永恒主题和生命线。虽然我国海事高等教育在新中国成

---

① 刘益迎，赵帅. 航海人才流失现状与对策研究 [J]. 航海教育研究. 2012 (3)：31.
② 温萍. 科学发展观视域下我国高等航海教育发展对策研究 [D]. 上海海事大学硕士学位论文，2012.

立后特别是改革开放以来，取得了令人瞩目的成就，但是质量问题一直困扰着我国的海事院校，主要表现在高级海事人才培养质量不高、海事科学研究水平偏低、海事顶尖技术开发能力薄弱、海事社会培训层次不高，等等。造成质量之困的原因是多方面的，有海事行业不景气、政府政策支持不力等外部因素，也有海事院校改革滞后、教育教学资源不足等内部因素。总的来说，我国的海事院校急需实现从规模扩张、数量增加向内涵发展、质量提升的转变。与欧美等发达国家相比，虽然他们的海事院校规模不大、海事从业人员数量不多，但诸如美国麻省海事学院、纽约州立大学海事学院、英国普利茅斯大学与南安普顿大学、荷兰鹿特丹伊拉兹马斯大学、澳大利亚塔斯马尼亚大学等的海事高等教育依然领先全球，呈现出人才培养精英化、技术开发尖端化、培训服务高端化等基本特征。① 在海事高等教育的强有力支撑下，欧美等国家海事相关产业也高速发展，并完成了从低端向高端、从数量向质量、从粗放向集约的转型，英国、丹麦、挪威等国集中了世界上最好的海事类企业、科研机构、学会组织，如英国伦敦的国际海事组织总部以及总部周边数以千计的大型海事类产业公司，如丹麦的世界第一航运巨头马士基航运公司，如挪威的世界最大、最权威的船级社。可以说，欧美等国家海事院校的发展水平和相关海事行业产业的实力遥遥领先。那么，其理念、模式和机制的优点在哪里？我们是否可以学习和借鉴？欧美等国家海事高等教育已经走过了近600年的历史，我国海事院校在转型发展中如何学习借鉴他们的经验，这都是开展本研究的意义所在。

总的来说，我国虽然可以称作航运大国、港口大国和造船大国，涉及海事领域的方方面面都无可辩驳地具备了大国的要素。但我国在海事领域还不能算是一个强国。我国漫长的海岸线还面临一定风险和挑战，国际航运领域的话语权还不够大，港口发展的质量还有待提升，造船核心技术还有待提高。为此，我国海事院校仍然需要进一步提升水平。进入新时期，我们迎来了新机遇，2013年"一带一路"特别是21世纪"海上丝绸之路"倡议提出后，为我国海事院校扩大对外交流合作，服务国家经济社会发展提供了历史性机遇，同时也带来了前所未有的严峻挑战，但总体来看，机遇大于挑战，我国海事院校如何学习欧美国家先进经验，把握机遇、迎接挑战、转型发展，更好服务国家走出去战略，是一个值得研究的新课题。

---

① 王艳华，陈海泉. 2009年国际海事教育论坛主题演讲综述［J］. 航海教育研究，2009（3）：4.

作为高等院校的一种特殊类型，海事院校的转型既是高等教育自身发展的需要，也是对接国家系列涉海战略、服务海事相关产业发展的需要。在高等教育转型、海事产业转型成为一种趋势的新时代，海事院校的转型更加迫切，但目前海事院校的现状与这种要求相去甚远。那么，海事院校到底怎么了？它的未来发展之路在哪里？应该如何转型发展？这些问题急需高等教育工作者进行专门研究，做出科学的解释和回答。本研究将站在服务国家战略的高度，从梳理我国海事院校的发展历史入手，剖析当前海事院校发展的突出问题，并结合欧美等国家和地区海事院校发展的成功经验，对我国海事院校未来转型发展之路进行研究。目的不在于描述一个现象或是分析一个问题，而是为海事院校的转型发展提供一种分析框架和对策建议，使之既具有一定的理论和实践意义，又具有一定的历史和现实意义，概括起来主要有两点：

（一）理论意义

在梳理我国海事院校发展历史的基础上，揭示海事院校发展的特点和规律，对于丰富我国海事高等教育理论具有重要意义。

尽管目前对于高等院校（大学）转型这一概念，学界有较多研究和论述，但是研究大都集中在大学的转型、高等职业教育的转型、成人高等教育的转型等方面，研究行业高等院校转型的论著少之又少，而专门研究海事院校转型的论著则更为罕见。有关高等院校（大学）转型的理论无法完全解释海事院校的转型，因为海事院校既包含普通海事院校，也包含设置海事专业的普通高校，还包含海事高等职业院校，类型和层次都颇为复杂多样。由于理论研究的滞后，作为我国高等院校体系中现实存在的重要一域，海事院校转型发展的许多问题一直没有得到解决。如怎样理解海事院校的地位、性质和特点？如何对复杂多样的海事院校进行科学的类别划分？它与其他类型的高等院校的关系如何看待？它在我国高等院校体系中如何定位？它发展演化的基本过程和一般规律有哪些？其实理论研究的缺乏带来的是认识的模糊和行动的盲目，在我国海事院校的办学实践中，之所以经常出现片面普通高等教育化和过度职业教育化两种倾向，理论上对海事院校的本质属性、基本特征、发展规律的研究不够是一个重要原因。本研究从海事院校的基本概念、类型划分、发展历史入手，通过对海事院校与国家涉海发展战略、与海事行业产业发展，以及与其他高等院校关系的深入分析，在理论上初步构建海事院校发展的基本分析框架，并对海事院校的本质、内涵、外延、定位、作用等进行重新审视，力求深化人们对海事院校发展一系列基本理论问题的认识。

（二）实践意义

在分析我国海事院校发展困境的基础上，以理论研究引导海事院校的健康发展，对于我国海事院校的转型升级具有现实意义。

新中国海事高等教育自 1951 年起步以来，已经走过了 60 多年的风雨春秋，目前我国的海事院校在数量上已经形成一定的规模，但在质量上还有很大的提升空间。进入 21 世纪以来，海事院校既面临难得的历史机遇，也面临严峻的发展危机。局部的、片面的、单一的改革已经不足以从根本上解决当前海事院校存在的问题和危机，在我国经济社会进入全面转型的新时期，海事院校也面临整体升级转换和内在机制变革的重大任务，需要从思想、制度和结构等层面进行全面的转型。当前海事院校在我国经济社会发展中的作用还没有得到足够的重视和发挥。我国海事院校发展存在什么问题、为什么要转型、什么时候转型、如何转型等问题，都是亟待解决的现实问题。这些问题的解决既有利于我国海事院校的健康发展，也有利于发挥海事院校在国家经济社会发展中的重要作用。本研究从高等院校转型的角度，系统梳理我国海事高等教育的历史脉络，分析我国海事院校的演化过程，对转型过程中遇到的一系列重大问题进行深入研究，旨在为国家海事高等教育政策的制定和海事院校的改革提供参考，以引导我国的海事院校持续健康发展。本研究还尝试提出发展不同层次、不同类型海事院校的模式和路径，对于我国海事院校体系的科学合理构建也将发挥积极作用。因为不同层次和不同类型的海事院校优势互补、融合发展是一个国家海事高等教育科学发展的必然要求。本研究强调海事院校从学历导向型向学习导向型的全面转型、从培养普通人才向培养精英人才的全面转型、从技术应用向技术开发的全面转型、从低端培训向高端培训的全面转型，这有助于引导和带动海事院校朝着更好服务国家发展战略、服务经济社会发展的目标奋力迈进。

二、研究现状及趋势

海事院校转型发展的研究是一项开拓性的工作，目前这方面的系统专门研究较少，特别是将 21 世纪"海上丝绸之路"倡议与海事院校转型发展问题合并进行专题研究、全面研究的成果更为有限。相关研究大多从海事院校改革发展的宏观角度进行，或是从专业发展、人才培养等微观角度切入，探讨海事院校某一领域的情况。本课题将立足于行业特色院校转型发展需要，借助转型发展相关理论开展研究,最终目标是解决海事院校的转型发展问题,围绕这一目标,突出问题导向,将对国内外海事院校转型发展的思路理念问题、转型的目标设定问题、转型的模式特征问题等进行研究。

(一)海事院校转型研究现状

1. 海事院校发展变革研究

组织发展变革与组织转型具有密切的联系。某种程度上,组织发展变革是为组织的最终转型集聚能量。转型并不排斥改革,相反,它与改革密切相关,是在改革基础上进行的,改革是转型的前奏和准备,转型是改革的总和和提升。① 在研究海事院校的转型前,有必要对海事院校发展变革的研究进行梳理。在中国知网以"海事院校发展"作为主题词进行搜索,有期刊论文131篇、硕士论文52篇、其他文章19篇,并不算多。但前文分析过,基于历史原因,国内一般称海事教育为航海教育(航海教育是专业教育,属于高等教育范畴),因此,以"航海院校发展"作为主题词进行搜索,可以发现期刊论文2038篇、硕士论文130篇、博士论文1篇。这些论文最早发表于2003年,即大连海事大学毕业生质量调研组(2003年12月)发表的《大连海事大学毕业生质量跟踪调查报告》。2000年前后,学术界对"海事院校发展"或"航海院校发展"的关注度非常低,这一情况与前文的分析基本吻合。2000年左右,是我国的海事高等教育大扩张、大发展的黄金时期,不论学术界还是教育界都无暇顾及发展中遇到的问题或发展中潜伏的危机,而主要关注扩大招生规模、提升办学层次、建设新校区等现实需求。学术研究的目的之一就是解决实践中的问题,当实践对学术没有需求的时候,学术研究必然冷清。而且2000年左右,除了大连海事大学、上海海事大学等少数历史悠久的本科院校,大多数海事(航海)类院校从中专升格为高职,从行业下放到地方,其办学理念、管理机制、教学模式都还没有从过去的惯性中转变过来,不可能思考深层次的发展问题。2008年国际金融危机以来,行业不景气加之发展模式的落后,多年积累的矛盾和问题集中爆发,海事(航海)院校受关注的程度明显上升,相关的研究也全面展开。归纳梳理起来,主要有如下三类:

一是相关研究课题。2002年,时任大连海事大学校长吴兆麟教授牵头承担交通部"建设国际一流海事高等教育"的课题研究,配套以国际海事教育比较

---

① 朱平.从改革到转型——中国现代化的历史逻辑[J].安徽师范大学学报(人文社会科学版),2001(4):574-578.

研究、海事教育立法研究、学术型海事教育研究等几个子课题，但随着吴兆麟校长退休，他牵头的这一研究课题并没有形成系统的研究成果，少部分研究成果零散地出现在相关期刊论文中。①《中国航海教育立法模式的探讨》是较早通过分析比较美国、澳大利亚、日本和韩国等国航海教育立法模式，探讨符合中国国情的航海教育立法模式的文章。该文认为，国家立法是国际社会促进航海教育发展的普遍经验，发达国家通过立法有力促进了航海教育的转型发展，但其提出的根据基本教育法律中委任性规则的授权，实施航海教育立法的建议并不符合中国的国情。因为委任性规则不确定性太大，灵活操作空间太多，很容易被多重解读，在具体执行中很容易走偏。《论中国航海教育的立法》则归纳总结学界对航海教育定位研究的发展阶段及不同观点，提出研究航海教育定位的方法论。该文在简单介绍联合国教科文组织（UNESCO）新版《国际教育标准分类法》（ISCED）和中国相关法律对教育分类定位的规定基础上，指出当前学界在研究航海教育定位时存在的误区，并就中国航海教育的定位进行了分析。这篇文章对于把握我国航海教育的发展历史和性质定位很有帮助，但文章并没有以面向未来的眼光，分析探讨航海教育的发展趋势和目标定位，特别是没有分析国际金融危机背景下（该文发表于金融危机爆发不久）航海教育如何应对和转型发展的问题。另外，还有上海海事大学孙培廷教授2015年牵头承担的国家海事局"我国船员发展转型升级研究"，以及江苏海事职业技术学院2016年承担的国家海事局"中国航海教育国际化办学研究"课题。这两项课题，前者以STCW78/95公约2010马尼拉修正案实施后，我国高端船员培养方面存在的问题为重点，着重分析了高端船员培训与教育的对策措施。② 后者把我国航海高等院校的改革发展放在国际化背景下进行研究，着重探讨了海事院校在国际化背景下的地位作用，以及如何借鉴国际航海高等教育先进经验进行改革创新的问题。

二是硕博士学位论文。近年来，相关博士论文仅有大连海事大学纳拉卡的"海运中人为因素与新技术的研究"（2010年），其余基本为硕士论文，如大连

---

① 王淑敏，吴兆麟. 中国航海教育立法模式的探讨［J］. 大连海事大学学报（社会科学版），2003（4）：61-63. 吴兆麟. 乌克兰敖德萨国立海运学院考察报告［J］. 航海教育研究，2004（3）：73-75. 吴兆麟，王跃辉，陈敬根. 论中国航海教育的定位［J］. 航海教育研究，2008（4）：1-8.

② 孙培廷，姚文兵. 中国海员培训和发证制度改革研究［J］. 航海教育研究，2017（2）：1-11.

海事大学何大陆的"国际海员劳务市场及航海教育对策的研究"（2001年）、中国海洋大学腾雪松的"AA学院航海类教育发展战略研究"（2010年）、武汉理工大学骆国强的"STCW公约马尼拉修正案对航海教育的影响分析和对策的研究"（2012年）、王佳婧的"现代大学制度下我国航海教育管理研究"（2014年）。另有一篇是"国立"台湾海洋大学王传基的"'国立'基隆高级海事职业学校转型之研究"（2005年）。上述硕博士学位论文，大多围绕海事院校的一种，即航海高等院校做文章，研究中对海事院校的整体观照和系统把握有所欠缺，更没有深入到新形势下学习借鉴国际经验，实现海事院校整体转型的问题。相对而言，《AA学院航海类教育发展战略研究》探讨了国际金融危机背景下航海教育发展战略问题。作者以集成人本专科、普通专科、高职教育、继续教育为一体的航海类高等院校——AA学院为例，针对我国快速发展的航海类教育急需理论指导，航海类学校办学急需规范以及存在的其他急需解决的问题，通过对AA学院成长环境和发展经验的细致剖析，探索了有自身特色的航海类教育发展之路。作者最后还以AA学院为例，指出航海类教育发展战略的制定和实施尤其需要在三个方面发力。第一，通过SWOT分析等战略研究，充分发掘航海类教育现存优势和强项，保证组织与环境之间有一个良好的战略配合，使学院的教育能力与环境相匹配。第二，适应形势，转变观念，使航海类教育改革和发展更具有科学性、前瞻性，能够及时抓住和把握发展机遇。第三，制定切实可行的发展战略，以指导资源配置的优先顺序，为学校决策提供理论依据，提升航海类教育的竞争力，实现学校可持续发展，为我国打造海运强国培养优秀人才，贡献科研力量。该文从组织战略管理视角对航海教育发展问题进行研究，对本研究而言是一个很好的启示，为本研究提供了一个很好的研究范式。

三是研究专著。目前国内有关海事院校方面的专著不多见，主要有大连海事大学吴兆麟教授的《航海教育改革与发展研究》（大连海事大学出版社2003年）、《美国高等教育海运院校现状》（大连海事大学出版社2017年），孙光圻、刘义杰的《海上丝绸之路》（大连海事大学出版社2015年12月）。吴兆麟的《航海教育改革与发展研究》分为三个部分和一个附录。第一部分是有关"航海教育研究与探讨"的文章。第二部分是有关"大连海事大学建设与发展"的文章。第三部分是对俄罗斯1所海运学院和美国6所高等海运院校的考察报告。附录是IMO修改STCW公约的工作文件选译。相对而言，第一部分"航海教育研究与探讨"与本研究关联度最大，该部分广泛探讨了全面修改STCW公约对现行海员培训和发证制度的挑战、全面修改STCW公约对航海教育改革的影响、高等航海教育的特点与面向21世纪的改革等宏观问题，也探讨了航海类专业与学科的划分及学科建设、航海人才培养模式改革等微观问题。这些研究无疑为本研究奠定了良好的基础。但是这些研究所面对的情况是大概15年前的情况，那个时候国际金融危机还没有爆发，航海教育还处于一片大好形势之下，该研究并没有触及航海教育改革的体制机制等根本性问题，更没有谈及航海教育的转型发展问题，作者所关注的还是在行业形势大好的情况下，航海教育如何抓住机会实现大发展的问题，此时，危机和问题都没有受到关注，相关研究也相对滞后，这也客观上为本研究提供了良好的空间。《美国高等海运院校现状》从美国高等海运院校的招生政策、学习管理、专业设置、教学计划、课程安排、实验教学与海上实习、教师管理、研究生教育等方面入手，全面梳理了美国高等海运院校的发展轨迹、现实状况和未来趋势，为本研究开展国际比较研究提供了翔实的第一手资料。孙光圻、刘义杰的《海上丝绸之路》中有一个专门章节探讨了建设"海上丝绸之路"背景下海事类院校的作为问题，具有较为强烈的现实感，为本研究提供了最新的资料。

总的来说，海事院校发展变革方面的研究，内容广泛涉及海事院校的办学理念、地位作用、性质特点、体系结构、教育教学、改革发展、国际比较等方面，但这些研究要么是回顾历史教科书式的，要么是经验总结操作性的，要么是中外院校发展比较式的，而理论层面的、宏观层面的、整体性质的研究较少，学术性相对欠缺。

2. 海事院校转型发展研究

关于海事院校转型的研究在国内几乎是空白。在中国知网输入"海事院校转型"关键词或主题词，没有搜索到任何学术论文和硕博士学位论文。按照上文对海事院校"身份危机"的分析，虽然航海高等院校已经在向海事院校转换，但业内仍然习惯于将海事院校称为"航海高等院校"，或简称为"航海院校"。因此，关于航海（高等）院校转型的研究也属于海事院校转型的研究。但在中国知网输入"航海院校转型"主题进行搜索，只有4篇相关学术论文，分别是蒋玉华、李少禄（2008年12月）发表在《继续教育研究》上的《成人高等教育转型对航海类职业院校的影响及对策》，黄锦鹏、丁振国（2012年6月）发表在《天津航海》上的《航海高职教育转型及其发展研究》，马贵川（2013年9月）发表在《航海教育研究》上的《航海类院校内涵建设的切入点》，操江能（2016年12月）发表在《中国水运》上的《航海教育在新形势下所面临的机遇与挑战》。但这4篇论文中，除了黄锦鹏、丁振国的文章，其余无论从标题，还是从内容上都主要不是谈转型问题，其关注点都在院校的局部变革方面，比如专业、课程、师资、质量、模式，等等，几乎没有组织层面或制度层面的转型变革内容。黄锦鹏、丁振国的《航海高职教育转型及其发展研究》梳理了我国航海高职教育发展的三个历史阶段，探讨了航海高职教育转型的基本内涵，并总结了航海高职教育转型的八个方面内容：由单一的封闭式思维向系统的开放式思维转型；由船员教育培养向产学研结合转型；由知识传授为主的先理论后实践向工学结合的岗位需求人才培养模式转型；由政府导向向市场导向转型；由注重教师的理论教学能力向注重教师的工程实践能力转型；由单一的课堂灌输向学生自主学习转型；由封闭文化向开放文化转型；由半军事化管理向人文化管理转型。作者还认为，航海高职教育正在发生从第三阶段向第四阶段的转型，对航海院校来说，转型期的关键是加强内涵建设，并从制定航海高职教育生态可持续发展战略，构建航海高职教育特色；改善航海高职教育环境，增强自我发展能力；树立区域经济意识，培养航海高职教育核心竞争力三个方面探讨了加强内涵建设的策略问题。这一研究为我们研究航海院校转型提供了良好的基础，特别是对航海教育转型内涵的梳理具有很好的参考价值，但是这一研究最主要的问题在于，作者仅仅探讨了航海教育转型的基本内涵，并没有研究转型发展的相关策略。由此可见，学界对于海事院校转型的关注度非常低，这一方面是国家政策导向的问题，由于管理政策的变化、隶属关系的调整、管理模式的改革在不断进行中，导致海事院校疲于应付，甚至发生身份认同危机，无法顾及转型发展的问题；另一方面是学界精英学者对海事院校的关注不够，相关研究虽然数量不少但还处于相对比较低的层次，没有能够为海事院校的现实发展和转型升级提供理论支撑，提出可供操作的转型策略和模式。

(二) 行业特色院校转型研究现状

行业特色院校是我国高等院校系统中一个独特而重要的类型，其产生与发展既有历史的原因，又有现实的需求。新中国成立后，我国高等教育师法苏联模式，根据行业划分和对行业人才的需要，大量发展单科特色院校，主要有农、林、水、地、矿、油、交通、邮电、冶金等高校。毫无疑问，行业特色院校在历史上为我国经济社会的发展做出了重要贡献。但 20 世纪末以来，随着政治经济社会形势的变化，知识生产方式的转变，以及高等教育体制改革的深入，高等院校越来越强调综合化发展，行业特色院校面临诸多发展困境，转型的话题逐渐成为学界关注的热点之一。以"行业特色院校"为主题词在"中国知网"

中搜索到期刊研究论文 90 篇、博士学位论文 2 篇、硕士学位论文 6 篇。总体来说，这些研究大致有三个特点：一是主要从教育学视角、采用教育学理论研究中国行业特色院校发展的一般问题；二是大多从行业特色院校的概念、发展中存在的问题入手，探讨办学理念、发展战略、人才培养、社会服务、校园文化等基本问题，从而建立起行业特色院校研究的基本观点和理论体系；三是不少论文采用量化研究和实证研究的方法，对行业特色院校进行了个案研究。综观我国行业特色院校转型研究的进程，可以看出呈现三个方面的态势：

1. 从拓荒式的自发研究到系统性的自觉研究

中国行业特色院校发展研究始于行业特色院校隶属体制划转。最早见诸学术期刊的是 2002 年《建立高校与行业部门联系新机制探讨》一文，[①] 该文提出了原行业主管部门高校在管理体制划转后面临的发展问题，率先构建了矛盾和问题给出的研究空间，在行业特色院校研究领域具有拓荒和启蒙的意义。从 2002 年到 2004 年，学者们自发的、零散的研究断断续续，散见于各种学术杂志。但随着各类行业特色院校发展研讨会的召开、研究专栏的开辟和研究课题的立项，中国行业特色院校发展理论研究逐渐走向自觉和系统。2004 年 7 月，教育部举办部分原行业重点高校科技研讨会，研讨主题为"发挥行业特色高校的重要作用，为行业技术进步做出更大贡献"，明确提出了"行业特色高校"概念；2005 年，《中国高校科技与产业化》杂志第 5 期开辟"聚焦行业特色高校"专栏，选登了教育部原副部长赵沁平、北京林业大学校长尹伟伦、中国石油大学（北京）副校长柳贡慧、中国工程院院士时铭显等领导、专家的一组文章；2007 年起，在教育部支持下，北京邮电大学等高校发起设立高水平行业特色型大学发展论坛，通常由全国 28 所行业特色大学与通信、电力行业协会及部分大型企业的相关领导出席论坛；2010 年，中国高等教育学会和南京信息工程大学共同主办"高校特色发展中外校长论坛"；同年，教育部组织行业特色型大学发展考察团赴欧洲考察；2011 年，"中国行业特色院校发展研究"作为国家社科基金教育学项目立项。自此，中国行业特色院校发展研究从边缘走到主流，全面进入有组织的系统研究阶段，研究内容也从前期关注行业特色院校概念、内涵、特征等基本范畴，扩展到行业特色院校作为高校重要类群的办学定位、发展战略、发展路径等高等教育发展的学理思维和学科建设层面，研究的学术框

---

① 肖秀平，陈国良. 建立高校与行业部门联系新机制探讨 [J]. 教育发展研究，2002 (11)：43-46.

2. 以问题为导向，从提出问题的研究到解决问题的研究

问题导向是中国行业特色院校发展研究的重要特征，这一特征贯穿研究始终。如肖秀平、陈国良认为，高校管理体制改革虽在改变旧的管理体制所造成的学校隶属关系单一、条块分割、专业设置低水平重复，以及规模效益差、资源浪费等方面的问题上取得了显著成效，但也付出了一定代价，如割裂高校与行业联系、使高校失去重要经费资源等。[①] 高文兵认为，在体制转轨后，行业院校面临行业支撑弱化、支持减少，与原行业部门沟通渠道和沟通机制弱化，来自行业部门的政策、项目和经费支持减少，院校对行业的服务意识弱化和服务主动性降低等新问题。[②] 但通过梳理和分析，我们可以看到，前期的研究关注的问题相对比较单一，较多地聚焦于行业特色院校在体制划转后行业特色弱化问题，且在提出问题后，对如何解决问题往往宏观而模糊。随着研究的不断深入，学者们不再局限于问题的提出，而转向问题导向的方法论建设，即以发现问题作为切口，专注于对行业特色院校发展的方向与目标、方式与途径、制度与文化、外部环境与国际化战略等问题的思考和解答，形成了一批高质量的研究成果。仅2011年，相关研究成果就达111篇。尽管表述上存在个体差异，但可以看出，学者们在行业特色院校发展战略与策略、发展路径与方法等方面已形成基本共识。包括：行业特色院校必须坚持特色发展战略，坚持行业特色学科优先发展原则，着力构建互为支撑的学科生态群和专业链；行业特色院校必须创新人才培养模式，培养适应行业发展需求的普适性应用人才、卓越技术人才和引领行业发展的拔尖创新人才三个人才梯次；行业特色院校必须全面开展产学研合作，以服务求支持、以贡献促合作、以实力赢地位等。

3. 从行业特色院校发展的理论研究到行业特色院校发展的教育实践

从研究的价值取向看，学者们以最终促进行业特色院校的发展为研究旨归，不流于概念化、形式化和标签化，从而使学术研究呈现出学思行融合、学术研究与教育实践统一的发展趋势。行业特色院校协同创新研究即成为代表性的案例。为践行行业特色院校协同发展的教育主张，2011年4月，教育部所属西安电子科技大学、华东理工大学、中国矿业大学、中国地质大学（武汉）、中国石

[①] 肖秀平，陈国良. 建立高校与行业部门联系新机制探讨 [J]. 教育发展研究，2002 (11)：43.

[②] 高文兵. 新时期行业特色高校发展战略思考 [J]. 中国高等教育，2007 (15、16)：26.

油大学（华东）、东华大学、河海大学、江南大学、南京农业大学、东北林业大学、合肥工业大学、西南交通大学、长安大学共 13 所行业特色大学签署协议，联合成立"高水平行业特色大学优质资源共享联盟"。根据协议，这 13 所院校将实现精品课程网络资源共享，本科生互派访学交流，课程互选和学分互认，研究生推荐免试和互换互送，并将组建跨校学术团队和跨校、跨学科科研平台，实现重大科技项目合作。另外，联盟内高校的实验室和研究室也将互相开放，图书文献资源开放共享。以问题解决为导向并通过教育实践开展研究，从而使行业特色院校发展研究体现出教育学术研究应有的内在旨趣。

近年来，中国行业特色院校发展研究，与我国高等教育管理体制改革进程基本保持一致，学术研究推动了行业特色院校的建设与发展，丰富了高等教育的理论宝库。但对比高等教育研究的其他领域来看，其研究仍存在诸多不足。在研究范围上，学者们的视线主要集中在部分划转教育部直属管理的行业高校上，而对行业特色院校的大多数——划转地方管理为主的行业特色院校，研究不多。经过 1998 年、2000 年两次高等教育管理体制改革，国家共对 252 所普通高等学校的管理体制进行了调整，其中本科院校 173 所。在调整的本科院校中，划转教育部管理的 33 所，实行中央与地方共建、以地方管理为主，并由地方统筹进行必要的布局结构调整的达 127 所。划转教育部管理的行业特色院校多为"211""985"高校，这些学校具有显著行业办学特色与突出学科优势，一批重点学科已成为国家科技创新和高层次人才培养的重要基地，体制划转后虽也面临与新主管部门的融合问题、与原行业的关系问题及自身发展问题等，但拥有教育部直属管理的政策优势，管理体制划转以来，教育部高度关注这类大学的发展，2008 年，时任教育部副部长陈希把这类高校定义为"高水平行业特色型大学"，从而成为规定性称谓。迄今为止，行业特色院校具官方背景的有组织的学术活动都在"高水平行业特色型大学"中举行。而划转地方管理的行业特色院校，办学基础、办学实力相对薄弱，划转地方后因各地重视程度、指导和支持力度不一，在发展模式上面临盲目综合化、与其他院校趋同化发展等更多值得重视和研究的新问题。

在研究内容上，研究者们从最初对行业特色院校进行概念辨析、问题描述，到现在围绕办学定位、发展战略、发展环境与生态、学科发展、专业建设、课程教学、科学研究、教育质量、师资培养、战略管理、产学研合作、人才培养、国际化、校园文化等不同主题，涵盖了高校发展的方方面面。但主要集中在对办学定位、发展战略、办学特色的一般性描述上，试图用普遍的思维去化解不同行业特色院校的发展问题和行业特色院校发展的所有问题，缺少不同主题的深入研究。如在分析样本中输入"师资""校园文化""国际化"主题词频进行梳理，分别只得5频次、4频次、8频次。主要关注石油、煤炭等为数不多的行业类别院校，缺少对其他行业特色院校的个性研究。如在分析样本中输入"传媒""邮电""交通"主题词频进行梳理，分别只得1频次、5频次、9频次。

在研究方法上，研究者已尝试用案例研究法、实证研究法、比较研究法、文献研究法等多种方法开展研究，但仍表现出理论视野的局限性。一个值得注意的现象是：从事中国行业特色院校发展研究的人员，鲜有来自教育心理学、教育经济学、社会学、政治学、哲学等多学科交叉背景的学者，也鲜有来自教育学领域的专门理论研究者，而主要来自教育界的领导和教育管理工作者，这既使中国行业特色院校发展研究很难跳出固有学术规范，缺乏与其他学科进行对话和交流，又使研究表现出经验梳理有余而学理架构不足。研究的规范性和创新性也有待加强，学术生产的重复性劳动一定程度地存在。

总体来说，既有的积累性研究彰显了行业特色院校的地位和作用，期待本研究在两方面取得突破：在宏观理论架构上，依托教育学不同研究范式，借助国内外人文社会科学的多种研究方法，从实践出发，不断抽绎出行业特色院校发展的科学概念、核心要素、发展规律，从而建构出行业特色院校发展的科学理论体系；在微观研究层面，重视个案研究和不同主题研究，如行业分类研究、区域分类研究、人才培养模式研究、产学研合作研究、国际化比较研究等。

（三）高等院校（大学）转型研究现状

国内外一般都研究大学转型，而不是高等院校转型。一般情况下，"大学"也就是指"高等院校"。总览国内外相关研究，大学转型虽是一个很常见的研究课题，但并没有形成一个成熟的研究领域。大学转型研究始于20世纪80年代，是伴随着组织理论的发展而起步的。具体研究评述如下：

1. 国内高等院校（大学）转型研究现状

国内关于高等院校（大学）转型的研究起步较晚，是在国外相关研究的示范下，以及国内高校（大学）转型实践的理论诉求下逐步兴起的。研究者关注办学时代环境的变化以及对高校（大学）改革发展的巨大影响，从多个多度进行研究探讨。

一是大学合并升格与转型研究。陈笃彬在研究台港澳高等师范教育时提出，台港澳的师范院校从中等师范学校、师范专科学校、师范学院到综合性大学，经历了"合并升格""转型升格"和"改制升格"三种途径。① 可见，这里强调的是"升格"，即大学办学层次的提升，将"转型"视为"升格"的方式之一。阎光才的研究则分析了美国大学"转型""升格"的问题。他认为，"升格"是"转型"的一种途径。② 王庆辉则将大学的"升格"与"转型"视为并列关系，强调的是"升格转型"。③ 2000年左右，随着高等教育管理体制的调整，原部委管理的大学下放地方，因此出现了地方大学合并、升格和转型的热潮。其中以专科学校升格为本科院校（地方新建本科院校）最为常见。因此，学界对这一现象的研究也相对集中。这些研究主要集中在升格的背景、问题和原因，升格的模式和路径；新建本科院校的办学理念、目标定位、办学特色、发展战略等；新建本科院校的教育教学改革、管理体制机制改革等。这些研究大多侧重对院校转型过程的历史性描述和经验性总结，或是内部管理、教学、科研、服务方面的改革和建设，大多停留在实践层面，缺乏相关理论支撑。"升格"一词在《大辞海》中的解释是"身份地位等升高。"④ 不代表根本性质的变化。《现代汉语词典》对"转型"一词的解释是"社会的经济结构、文化形态、价值观念、经济增长模式或企业的生产经营结构等发生转变。"⑤ 蕴含着从一种状态转入另一种状态的根本性质改变之意。由此可见，"升格"与"转型"是有区别的。"转型"更多指缓慢改变性质的过程，与"演化"的含义接近。大学组织的升格更多指外在的、表面的、形式的变化，"演变"则是"转型"更为贴切的描述，指的是内在的、本质的、内涵的改变。但目前的研究大多通过现实事件的描述和一般经验的总结获得大学"升格"的结论，缺乏对组织内在要素变化的动态的、发展的分析与研究。而这种动态的、发展的研究视角是组织理论的基本点。

二是大学组织变革与转型研究。张慧洁以"大学变革"为主题，运用组织变革理论、制度经济学理论和公共管理理论等，对现代大学是一个"多元化巨型大学"的组织目标、制度、结构、权力和文化等方面的变革进行了深入研究，

---

① 陈笃彬. 台港澳高师教育比较研究 [M]. 厦门：厦门大学出版社，2002.
② 阎光才. 美国教师教育机构转型的历史经验及其启示 [J]. 教师教育研究，2003（6）：73-77.
③ 王庆辉. 地市高师升格转型与教师教育创新 [D]. 南昌：江西师范大学. 硕士学位论文，2005.
④ 大辞海 [Z]. 上海：上海辞书出版社，2003：3102.
⑤ 当代汉语词典 [Z]. 北京：中华书局，2009：1903.

并提出了巨型大学组织变革的构想。① 但该项研究对导致组织变革的历史和现实因素挖掘和分析不够。研究中的大学组织变革仅指院校合并升格以及资源整合，而不是大学组织整体功能的拓展和提升，而且对相关案例的分析也缺乏时间的积淀。大学组织的转型是一个缓慢的过程，对正在变革中的大学组织进行研究不能得出确定性的结论。正如另一位研究者蔡林慧所言，大学变革是大学办学的整体转型，是理念、使命、功能等方面的根本性变革，是从某一种既定型态向另一种未来型态的整体位移。② 王建华《我们时代的大学转型》对大学的转型做了深入的理论分析。他认为，转型是事物的结构形态、运行模式以及观念制度的根本性转变过程，而大学转型就是对大学深度改革的一种宏观层面的抽象和概括，大学转型往往体现了大学改革与发展的方向，它涉及大学组织结构的调整和大学作为一种理念，其叙事方式的变化。③ 马廷奇教授的《大学转型：以制度建设为中心》则对我国大学制度创新的价值取向以及相关政策选择进行了探讨。从近代以来我国大学制度的变迁及其根源入手，试图运用组织分析与制度分析的框架，揭示社会转型期中国大学制度环境与内部制度之间的关系，剖析大学组织内部权力结构失衡的表现及其在运行机制上存在的问题，阐述在新的制度环境下大学制度变革的模式和相关政策取向。④ 周谷平教授《中国近代大学的现代转型：移植、调适与发展》主要探讨在中国大学的百年发展历程中，西方大学理念、模式、课程和社会服务职能在中国的导入、传播和影响，及当时国内高等教育界对此做出的选择、调适及融合创新过程，试图从理论、实践和制度层面体现上述两条线索的冲突、交织和融合，通过多学科、多视角的考察，揭示西方大学导入与中国大学变迁的互动关系及中国近代大学的现代转型。

三是某一类型大学的转型研究。综合来看，比较热门的研究领域是理工科大学转型研究、民办高校转型研究以及师范类高校转型研究三个方面。这也与高等教育的现实发展紧密相连。进入21世纪，在政府政策的引导下，理工科大学、民办高校以及师范类高校的发展变革如火如荼，成为我国高等教育领域的标志性事件，相关的研究日渐丰富也是必然的结果。首先是重点理工科大学的

---

① 张慧洁. 中外大学组织变革[M]. 上海：复旦大学出版社，2005.
② 蔡林慧. 高等学校办学转型与管理创新[C]. 桂林：中国高教学会高等教育管理分会2006年学术年会交流材料，2008.
③ 王建华. 我们时代的大学转型[M]. 北京：教育科学出版社，2012.
④ 马廷奇. 大学转型：以制度建设为中心[M]. 北京：社科文献出版社，2016.

转型研究。关于这个问题，周进的《重点理工大学的转型》一书研究得较为透彻。他对杨叔子、朱九思、张光斗等的办学思想进行了总结，提出了重点理工科大学转型中的文理科协调发展以及关系处理等问题。① 他认为，重点理工科大学的转型，是指单科性学院或多科性大学向研究型、综合性大学的转变，但其问题研究侧重学科的转型，对大学转型的研究还停留在实践总结的层面。民办高校是过去20年时间里蓬勃涌现的新型高等教育组织，虽然民办高校（私立大学）在国外已经走过了好几百年的发展历程，在我国现代特别是改革开放以后，还是一个比较新鲜的事物。郭建如对此进行了比较深入的实证研究。他认为，"这些万人民办高校在高度竞争的市场环境中成功地实现了第一次重大的组织转型，形成了以集权为特征的组织特性和相应的处理复杂的外部关系的特有能力；在这些万人民办高校升格为本科院校以后，制度环境对这些民办高校组织结构的影响凸现出来，对制度环境的适应使得这些高校有必要进行第二次重大的组织转型，并培养相应的分权性组织特性与能力。"② 另外，受到关注的还有师范类高等院校转型研究，关注的点主要在师范院校向综合型大学或是教学研究型大学升格转型的发生机制，包括对转型过程、结果和未来趋势的研究。这类研究也与对地方新建本科院校的研究相似，主要侧重对院校转型历史事件的具体描述和简单经验总结，缺乏理论深度和逻辑必然。

四是对创业型（企业型）大学的研究。这是一个不可忽视的研究领域，代表着未来研究的方向和趋势。虽然学者研究的是创业型（企业型）大学，但大多从研究型大学入手，分析其向创业型（企业型）大学转型的背景、机制、过程和结果等。在这一研究领域，既有对国外相关研究的述评，也有直接对创业型大学的研究。丁安宁在评述斯洛特和莱斯利《学术资本主义：政治、政策与企业大学》、吉特曼《企业型大学：塔夫兹转型（1976—2002）》和伯顿·克拉克《建立创业型大学：组织上转型的途径》时认为，"学术资本主义""大学组织转型""企业型大学""创业型大学"是当代美国高等教育的主要理念。③ 他指出，在变化无常的现代社会环境下，大学要主动适应社会不同群体需要，必须打破传统办学束缚，进行自我革命和创新，也就是要进行彻底的转型。"学术资本主义"则意味着知识成为"资本"，拥有知识的大学教师成为"资本家"

---

① 周进. 重点理工大学的转型 [M]. 武汉：华中科技大学出版社，2002.
② 郭建如. 陕西民办高校组织转型研究：以万人民办高校为例 [J]. 北大教育经济研究，2007（3）：1-18.
③ 丁安宁. 当代美国高等教育研究理念 [J]. 高等教育研究，2005（11）：48-54.

时代的来临。在学术资本主义框架下,市场成为大学新的主宰者,学术成为一种生意。它不仅改变了学术的性质和学术生产的方式,而且以资本主义的组织方式,在金钱与学术之间建立了直接的联系,学术的商品化成为大学通行的游戏规则。不管持何种态度,"在经济全球化的大背景下,随着国家与大学之间的联系变得不再稳定,大学与资本主义之间的关系势必将日益亲近。"① "虽然大学不是知识工厂和专利公司,大学教授也不是知识资本家;但在知识经济和知识资本主义的时代,基于资本主义的逻辑,学术资本主义仍无可避免。"② 在这一背景下,当前的研究型大学无可避免地要走向创业型或企业化。阎凤桥也在《大学组织与治理》一书中从组织发展的视角,指出大学组织的"重新定位""重新组织"将成为21世纪大学的一个主题,也是未来大学组织转型研究的一个主题。③ 王雁的研究则注重理论层面的建构,她以亨利·埃兹科维茨对创业型大学的定义为基础,提出创业型大学的模式变革框架,指出研究型大学向创业型大学转变应包括"目标定位、产业、建立官产学新关系、外部互动机制、资金来源多样化、创新的组织结构以及创业的文化"等七个方面。④

2. 国外高等院校（大学）转型研究现状

国外对大学转型的研究多从组织变革的角度,以案例分析为基础进行,从大学性质、使命的变化,大学结构、职能的转变以及转型途径和过程等入手,以实际经验为基础,从不同学科的角度切入,一般既有理论的深度,也有生动的细节。这些研究对大学组织所面临的时代复杂环境、对大学组织变革的把握是非常深刻的,为我们研究大学组织变革与转型提供了不同的学科视角和经验素材。大概可分为四类。

一是大学性质、使命变化的研究。如莫顿·凯勒和菲利斯·凯勒在《哈佛走向现代：美国大学的崛起》中,将丰富的外界资源与具体充实的内部体验性知识结合在一起,从两个时间段来讲述哈佛机构性变革的故事,让读者了解哈佛是如何从一个"闲人雅客"型大学转变成一所"精英"型大学,又是如何在增加公平性与多样性,扩大国际影响力的同时,积极涉足商业投资,转型为

---

① 杰勒德·德兰迪. 知识社会中的大学 [M]. 黄建如,译. 北京：北京大学出版社,2010.
② 王建华. 资本主义视野中的大学 [J]. 教育发展研究,2016 (9)：8.
③ 阎凤桥. 大学组织与治理 [M]. 北京：同心出版社,2006.
④ 王雁. 创业型大学：美国研究型大学模式变革的研究 [M]. 上海：同济大学出版社,2011.

"世俗"型大学。① 《哈佛走向现代：美国大学的崛起》既有看似琐碎枯燥的历史记录，也有情节丰富的生活叙事，还有深邃精致的理论分析，更多时候作者是在不动声色的事件描述中，表现出哈佛大学在由传统向现代过渡时期的复杂处境，以及处理不同问题时所表现出来的精神及组织特性。加塞特在《大学的使命》中认为"大学改革的实质是为了能够系统地实现其目标，对我们的大学只作一些调整、修饰或变更，最终会空欢喜一场。重要的是大学应该重新认识其使命，使大学活动真正发挥出其应有的力量"。② 据此，他指出大学的使命包括文化传授、专业教学、科学研究和新科学家培养三个方面。他认为，大学作为一种高等教育机构，目的是让所有人都接受高等教育，不仅仅是富人的孩子，还包括工人阶级的子女。③

二是大学结构、职能转变的研究。伯瑞特和克拉贝尔的《制度的起源与转型：以美国社区学院为例：1900—1985》以制度理论为分析手段，对美国社区学院 20 世纪以来的职能转变进行了细致的梳理和分析。美国高等教育中最为人所称道的一个成功案例就是社区学院的发展和成就。他们发现，美国社区学院的职能经历了由"主要进行人文教育的组织向主要进行职业教育的组织的转型。"④ 伯顿·克拉克对美国社区学院结构、职能转变的研究也颇有代表性。《开放学院》(1960)、《成人教育的转型》(1965)、《特色学院》(1970)是伯顿·克拉克涉及大学职能转变的三本早期著作。在这些研究中，他认为，社区学院受到来自各方面的压力，因此形成了特有的组织特征和变革能力。社区学院之所以得到快速发展，是因为它们在转型过程中获得了与组织发展相吻合的制度环境的支持，两者相得益彰、相互促进，这正是大学组织转型过程中所必须的。⑤

三是大学转型途径的研究。关于大学转型途径的研究，伯顿·克拉克是代表性学者，其对创业型大学的研究也是其主要学术成就之一。他的研究集中在

---

① 莫顿·凯勒和菲利斯·凯勒. 哈佛走向现代：美国大学的崛起 [M]. 史静寰等, 译. 北京：清华大学出版社, 2007.
② 加塞特. 大学的使命 [M]. 徐小洲, 陈军, 译. 杭州：浙江教育出版社, 2001.
③ 加塞特. 大学的使命 [M]. 徐小洲, 陈军, 译. 杭州：浙江教育出版社, 2001.
④ Steven Brint, Jerome Karabel. The Diverted Dream: Community Colleges and the Promise of Educational Opportunity in America, 1900-1985 [M]. Oxford: Oxford University Press, 1989.
⑤ BurtonR. Clark. The Open Door College [M]. New York: Mcgraw-Hill Book Company Inc, 1960.

《建立创业型大学：组织上转型的途径》一书中。在书中，作者对欧洲五所不同国家、不同性质、不同背景的大学进行了长期的研究，提出了当代大学按照企业化方式运作和转型的问题。他认为，20世纪末所出现的创业型大学是大学在知识资本化时代对于外部环境的一种反应。他所研究的五所大学都是历史比较短、技术导向型、组织创新型大学，他们在面对生存和竞争压力时，无法与传统名校一争高低，必须走创业创新之路。作者用深度访谈的方式对建立创业型大学进行了研究。他的结论是：大学转型从大学外部看是解决大学与所处环境之间的关系协调问题，是提高大学应对环境变化能力的重要方式；从大学内部看，转型是组织自下而上的渐进性变化过程，转型必须在大学内部局部地进行，最终逐步使大学的核心任务和深层次结构发生改变。[①] 从历史的演进来看，大学组织经历了从教学型向研究型、研究型向创业型的转型。克拉克的研究是在组织制度理论视角下对大学组织特性和特有能力形成过程的总结。

四是大学转型过程的研究。詹姆斯·杜德斯达对大学转型过程的研究具有代表性，也最具有影响力。他的《21世纪的大学》和《美国公立大学的未来》关注的是现代大学如何在风云变幻、复杂多样的时代环境下生存发展的问题。研究的重点是大学内部应对外部挑战时如何进行主动的战略规划和设计，强调战略层面组织管理的重要性。针对人类社会进入21世纪后的新情况，詹姆斯·杜德斯达全面地分析了美国高等教育、特别是公立大学所面临的挑战和机遇。他认为，美国公立大学虽然成就非凡，但仍难以适应快速变革的21世纪。同时，由于现代大学总是试图保留并传播我们这个文明社会的智力成果、文化传统和价值观念，因此，就要从教学、科研、社会服务、学术、资源、技术、学校管理等各个方面对大学进行彻底的变革。[②] 作者认为，以彻底变革为特征的大学转型是解决发展中存在问题的最好办法，转型不仅能适应环境的变化，而且还能在一定程度上改变大学所处的环境。而要实现大学转型，必须重视大学转型的主动思考和战略规划，并科学设计转型的路径和方法。同时，转型不能停留在表面的、实用的层次，而是要进行深层次的根本性变革，大学应该主动

[①] 伯顿·克拉克. 建立创业型大学：组织上转型的途径 [M]. 王承绪，译. 北京：人民教育出版社，2000.
[②] 詹姆斯·杜德斯达. 美国公立大学的未来 [M]. 刘济良，译. 北京：北京大学出版社，2006.

三、核心概念

1. 海事

古罗马时期，马里努斯（拉丁语：Marinarius）将军战功赫赫，所向披靡，是古罗马帝国的核心成员，曾任古罗马亚洲地方总督。13世纪，法国水手崇拜马里努斯的开拓精神，将Marinarius一词演化为Marinier，意为像马里努斯一样勇敢的水手。16世纪，Marinier一词进一步演进为名词Maritime，意为"海事"，并逐步在英语国家得到推广。我国唐代杰出的文学家韩愈在《南海神庙碑》中写到："地大以远，故常选用重人。既贵而富，且不习海事。"② 这是我国文献中首次出现"海事"一词。

1927年，《海事杂志》在武昌创刊，主要刊登商船以及国外军舰、港口、兵器等照片，国内外军事装备、兵术、水上运输及战争案例等文论，以及海运、海产、海权、海军等全球消息，这是我国现代首次系统研究"海事"。1935年，刘涛天先生在《教育与职业》杂志刊文《邮政海关职业概况调查》，文中提出"海班。驾驶海关的巡船、帮助稽查缉拿私漏、主管沿海线的水上关税警察。职员分船长、驾驶员、机师、后补驾驶员、校驾驶员及无线电报务员，这些都采用着有海事上专门知识的人员来充任"，首次对"海事人员"的范围进行了界定；文中还提出"海务部。专门以吨税收入而举办之海事行政，如灯塔浮标及港务等事，分成工程课、海务巡工司、港务课、灯塔课、巡船班"，首次对"海事行政"职能进行了界定。1948年，中国造船工程学会和交通大学造船系创始人之一王公衡先生，代表中国政府参与制订《一九四八年国际海上人命安全公约》，将"Maritime"一词正式翻译成"海事"并广泛使用，同年在日内瓦国际会议上正式建立"政府间海事协商组织"（国际海事组织前身），其后"海事"一词在我国泛指"海上的一切相关事务，如航海、修造船、验船、海事海商、海损事故等"。

1994年，大连海运学院更名为大连海事大学（Dalian Maritime University），这是我国教育机构首次引入"海事"一词并作为正式名称。1998年，国务院批

---

① 詹姆斯·杜德斯达. 二十一世纪的大学 [M]. 刘彤, 译. 北京：北京大学出版社, 2005.
② 韩愈. 南海神庙碑 [M]. 韩愈全集校注 [G]. 屈守元, 常思春编. 成都：四川大学出版社, 1996.

准交通部"定责定岗定编方案",交通部安监局(中国港监局)与中国船检局合并成立中国海事局(交通部直属机构),这是我国在政府机构中首次以"海事"命名。

国际海事组织 STCW 公约顾问、大连海事大学原校长吴兆麟先生在论文《构建和谐的大海事系统之初探》中认为,"海事"的实际概念可以从社会事务和经济活动两个层面理解。从社会事务层面上讲,海事是国家机关实施的海事管理及提供的海事公共服务,主要表现在海事立法、海事执法、海事司法、海上国防、海上治安、海上缉私、海事教育、海事科技和海事服务等;从经济层面来讲,海事主要是指涉海产业单位从事的涉海经济活动。①

从"海事"一词的演进和发展历程来看,其经历了从"个体—群体—行业—产业—事业"词义逐步拓展的过程;从社会、学者、官方等对该词的应用来看,其内涵在不断变化和丰富。从当今国际经济社会发展来看,海事可定义为服务海洋经济开发、保护海洋环境、保障海上人命与财产安全、具备国防及防海盗能力的国际性、公益性、社会性的涉海经济活动。

2. 高等院校

《教育大辞典》解释为"以实施高等教育为主要职能的机构。由政府、各种社会组织、国际组织、个人、私人团体、教会等举办。采取全日制、部分时间制、业余学习等方式,提供可(或不能)获得某种学位、文凭、证书的高等教育。招收具备中等学校毕业或同等学力(或更高)水平的人员(包括在职人员)。在中国,分普通高等学校和成人高等学校两类。前者包括大学、独立设置的学院、高等专科学校和高等职业学校。后者包括广播电视大学、职工高等学校、农民高等学校、管理干部学院、教育学院、独立函授学院和普通高等学校举办的函授部(学院、班)、夜大学等。"②

3. 高职院校

《教育大辞典》解释为"中国实施高等职业技术教育的普通高等学校。1980年10月南京首先建立金陵职业大学。后一些省、市陆续开办类似的学校,一般称'短期职业大学'。1986年国务院发布的《普通高等学校设置暂行条例》规定:称高等职业学校者,必须以实施职业技术教育为主,主要培养高等专科层次的专门人才,全日制在校生计划规模在1000人以上(边远地区或有特殊需要

---

① 吴兆麟. 构建和谐的大海事系统之初探 [J]. 航海技术,2006 (4):68.
② 顾明远. 教育大辞典 [Z]. 上海:上海教育出版社,1998.

的学校，经国家教育委员会批准，可不受此限）。其设置由国务院或省、自治区、直辖市人民政府教育行政部门按规定的管理权限进行审批，一般由省、自治区、直辖市或省辖市人民政府管理。主要特点：（1）地方性强，由地方政府及用人单位等本地区有关部门投资，主要按地方需要培养专门人才；（2）职业性强，以提供专科层次的职业技术训练为目的，专业设置与教学内容适应社会职业的分工与需要"。①《中国教育百科全书》则简明扼要解释为"高等学校种类之一。以职业技术教育为主，主要培养高等专科层次的专门人才"②。

《中华人民共和国高等教育法》（1999年1月1日起施行）第六十八条规定："本法所称高等学校是指大学、独立设置的学院和高等专科学校，其中包括高等职业学校和成人高等学校。"《中华人民共和国职业教育法》（1996年9月1日起施行）第十三条规定："职业学校教育分为初等、中等、高等职业学校教育。初等、中等职业学校教育分别由初等、中等职业学校实施；高等职业学校教育根据需要和条件由高等职业学校实施，或者由普通高等学校实施。"这两部教育法均从法律上对高等职业学校（高职院校）给予了承认和肯定，但并没有对高等职业学校（高职院校）的概念进行明确的定义。为进一步把握这一概念的内涵和外延，可以从以下四个方面进行定义：一是教育对象上，高等职业学校的招生对象为普通高中毕业生、中等职业学校、职业高中毕业生以及具有高中文化程度的在职职工（接受继续教育）。同时，部分高等职业学校也招收初中毕业生，他们被称为"五年制高职生"，采取"3+2"培养模式，即3年中专、2年大专。毕业后可取得国家承认的全日制专科文凭。二是培养目标上，就是以立德树人为根本，以服务发展为宗旨，以促进就业为导向，培养生产、建设、管理和服务一线的应用型专门人才。这种人才具有与中等职业教育相比的"高等性"，与普通高等教育相比的"职业性"。三是培养方式上，高等职业学校强调产教融合、校企合作和工学结合、知行合一的人才培养模式，注重教育与生产劳动、社会实践相结合，突出做中学、做中教，强调教育教学的实践性和职业性。四是办学层次上，我国的高等职业学校属于专科层次，学制以3年制大专学历教育为主，一般不授予大学学位。但不少高等职业学校的个别优势专业与本科院校合作，开展"3+2""4+0"本专科衔接教育，学生经过联合培养顺利毕业后，可取得相应本科院校颁发的本科学历与学士学位。

---

① 顾明远. 教育大辞典 [Z]. 上海：上海教育出版社，1998.
② 张念宏. 中国教育百科全书 [Z]. 北京：海洋出版社，1991.

4. 应用技术大学（学院）

应用技术大学（学院）又称为应用科技大学（学院）。我国的台湾地区就把应用型本科院校称为"某某科技大学"或"某某科技学院"。在内地，"某某科技大学"或"某某科技学院"的称谓也比较普遍。应用技术大学（学院）不是一个大学（学院）的名称，而是"产业转型升级和产业技术进步的产物，是基于实体经济发展需求，服务国家技术技能创新积累，立足现代职业教育体系，直接融入区域产业发展，集职业技术教育、高等教育、继续教育于一体的新型大学类型。"① 应用技术大学（学院）一般为本科层次院校，是一种强调技术积累、研发和传承的应用型大学。与其他类型的大学（学院）相比，应用技术大学（学院）有两个突出的特色：一是以科学技术和应用性学科为主要教育内容，以科学知识和技术成果的应用为导向进行办学；二是以高级技术型人才为主要培养目标，以科学技术的研发、传播与转化为特色和使命。

需要注意的是，应用技术大学（学院）不同于应用型大学（学院）。应用型大学（学院）是相对于研究型（或学术型）大学（学院）的一种大学（学院）类型，它是高等教育大众化的产物。应用型大学（学院）是一个比较宽泛的概念，这类大学强调与市场、行业、企业、产业的紧密结合，并为其提供本科层次的应用型人才。应用技术大学（学院）显然属于应用型大学（学院）的范畴。因此，"应用型大学（学院）"和"应用技术大学（学院）"在概念逻辑上是属种高校。"应用型大学（学院）"是上位概念，"应用技术大学（学院）"是下位概念，两者有联系，但不能相互混淆。2013年，为落实教育部"促进高校办出特色，建立高校分类体系，实行分类管理"和"建立现代职业教育体系"要求，由地方本科院校发起的应用技术大学（学院）联盟在天津成立。截至2016年10月，联盟已有正式会员154所高校，包括公立的地方本科院校、民办本科院校、独立学院、职业教育园区。

应用技术大学（学院）一般有两个来源：一是地方新建本科院校。地方新建本科院校大多是1999年以后在原有行业中专或专科学校的基础上组建的。虽然在2000年前后绝大多数院校由行业主管部门下放到地方管理，但由于长期的行业办学使然，它们与行业有着天然的联系，学科专业行业背景深厚，与行业企业有着长期稳定的友好合作关系。因此，这类新建本科院校最适合定位为应

---

① 地方高校转型发展研究中心. 地方本科院校转型发展实践与政策研究报告[R]. 应用技术大学（学院）联盟，2013.

用技术大学（学院）。2015年，为大力培养具备创新能力和实践能力的高素质技术技能人才，教育部等部门联合印发《关于引导部分地方普通本科高校向应用型转变的指导意见》，进一步加快了应用技术大学（学院）的发展步伐。二是高等职业学校（高职院校）。目前按照教育部的要求，数量众多的高职院校（教育部2017年公布的数量为1388所），是不能升格为本科院校的。但是高等职业院校最终要向本科层次的应用技术大学（学院）转型，这是世界职业技术教育发展的普遍经验，也是职业技术教育发展的客观规律，更是经济社会转型发展的必然要求，它的发展不以人的意志为转移。当中国的经济社会发展到一定程度和水平，高职院校必然会转型升格为应用技术大学（学院）。英国、美国、德国、瑞士等职业与技术教育发达国家"职业技术学院—科技学院—科技大学"的发展历史已经证明了这一点。2020年1月19日，教育部正式发函通知6所高职院校试点举办本科层次职业教育。随后，山东等省也相继出台了支持本省部分优质职业院校举办本科层次职业教育的文件，开启了建设应用技术大学（学院）的序幕。

5. 转型

"转型"一词是本研究的核心词汇，将在本研究中反复出现，因此，必须对"转型"的内涵与外延有深刻的理解。"转型"是我们耳熟能详、使用频率极高的词汇，比如我们经常说经济转型、社会转型、文化转型，等等。王建华认为，所谓"转型"是人类社会各种组织机构的一种发展方式或人类认知社会中各种组织机构发展的一种思考方式。用"转型"来描述社会或某种组织机构的发展是人类思维方式中的一种普遍选择。① 但在一些重要的字典词典中对"转型"的释义非常简单，例如《新华汉语词典》将"转型"表述为"社会经济结构、文化形态、价值观念、生活方式等发生转变。"② 《现代汉语词典》的解释为"社会的经济结构、文化形态、价值观念、经济增长模式或企业的生产经营结构等发生转变"。③ 虽然对"转型"的解释稍有扩展，但与《新华汉语词典》的解释大同小异。从以上两个释义可以看出，编纂者认为在一般情况下，"转型"与"转变"没有多少区别。但本研究认为，这两个概念的差别还是很大的。"转变"的内涵和外延比"转型"要小得多，转变更多是表象的变化，转型更关注

---

① 王建华. 我们时代的大学转型［M］. 北京：教育科学出版社，2012.
② 新华汉语词典［Z］. 北京：商务印书馆国际有限公司，2007.
③ 当代汉语词典［Z］. 北京：中华书局，2009.

事物的本质变化。本研究强调大学组织内在本质的转变，因此此处的"转型"包含但又不限于"转变"。

关于高等院校的转型，主要有两种代表性的观点，一种认为高等院校转型是高等院校管理体制和运行机制发生根本性变革，摒弃传统的行政管理模式，采用以市场为导向的管理模式；另一种认为高等院校转型就是高等院校办学层次的提升，即由专科院校升格为本科院校（或本科院校取得硕博士学位授予权）。这些观点都失之偏颇，不利于当前高等院校的改革发展。本研究认为，高等院校转型是指在国家有关法律法规和政策文件指导下，高等院校通过改善外部办学环境，改革内部体制机制，实现办学理念、价值取向、文化氛围、人才培养模式、人才培养质量等发生根本性的变革，进而提高办学水平，实现组织整体性变迁，并取得合法性的过程。这一个过程要与现行国家高等教育制度相适应，并可能伴随着高等院校办学层次的提升，但转型更多意味着内在的本质变化，而不是外在的层次提升。所谓"转型"，"转"是动作与过程，"型"才是目标和结果，"转型"就是从一种型转为另一种型，两种"型"可能有继承的关系，但本质上一定是不同的。

"转型"与"发展"是两个既有密切联系又不完全相同的概念。发展是事物从无到有、由小到大、由低级到高级、由简单到复杂、由旧质到新质的运动和变化。① 转型是指事物的结构形态、运行模式以及观念制度的根本性转变过程。② 由此可见，转型与发展都表示事物的变化，但是发展更多体现为外在的变化，转型更加强调本质的转变。转型与发展都既是过程也是目的，但是转型更强调过程，发展更强调目的。也就是说，发展可以理解为是转型的目的。因为转型并不意味着一定成功，转型失败的案例比比皆是。而按照进步主义历史观，发展明显指向"进步""更好"的意思。转型与发展都是主观与客观相互作用的结果，但转型更强调主观设计与推动，而发展更多体现为客观的变化和结果。转型与发展在时空上可能是重叠的，转型的过程是发展的过程，发展的过程也是转型的过程。就此而言，转型就是对发展的一种抽象和概括，发展的结果就表现为型的根本转变。就高等院校转型发展而言，转型可能意味着发展，也可能意味着失败。但是高等院校转型的主观目的一定是希望通过自身根本性的转变以实现更好的发展。

---

① 闫春荣，黄荟."发展"的伦理涵义解析［J］.现代哲学，2008（2）：4.
② 王建华.我们时代的大学转型［M］.北京：教育科学出版社，2012.

四、研究范围

海事院校属于高等院校的一个组成部分。综合"海事"和"高等院校"的定义，狭义上可以将海事院校定义为，以实施海事高等教育为主要职能的机构，仅限于以海事大学和海事职业技术学院命名、主要实施海事高等教育的高等院校；广义上除了海事大学和海事职业技术学院，也包括各种提供海事高等教育，但并不以实施海事高等教育为主要职能的其他高等院校。也就是说，凡是开设与海上一切事务相关的专业和学科，提供此类教育的高等院校都可以在广义上称为海事院校。但是，为了符合人们的常规认识，本文将广义上的海事院校称为涉海院校。这里还需要指出的是，即使在狭义上的海事院校里，也存在大量非海事类专业和学科。在我国，海事院校分普通海事院校和成人海事院校两类。前者包括海事类的大学、独立设置的学院、高等专科学校和高等职业学校。后者包括提供海事类教育的广播电视大学、职工高等学校、独立函授学院和普通高等学校举办的函授部（学院、班）、夜大等。本文研究对象为前者。

从举办方式上看，有中央政府举办的，政府举办的又分为交通运输部举办的，如大连海事大学；教育部主办的，如武汉理工大学。有地方政府举办的，除大连海事大学、武汉理工大学以外，均为地方政府教育、交通、科技、海洋与渔业等职能部门举办，如上海海事大学、集美大学、宁波大学、厦门海洋职业技术学院、天津海运职业学院，等等。有国有企业举办的，如青岛远洋船员职业学院、上海海事职业技术学院、武汉航海职业技术学院，等等。有民营企业举办的，如泉州泰山航海职业学院、大连航运职业技术学院、海南科技职业学院，等等。从学习方式上看，有全日制、部分时间制、业余学习等方式。从毕业方式上看，有同时提供学位和文凭的本科层次及以上教育；有仅提供文凭的专科层次教育；有仅提供职业资格证书的培训类教育。但是无论哪种形式，既然是高等海事院校，接受教育者都需要具备中等学校毕业或同等学力（或更高）水平。

本研究的对象或者说范围是海事院校。虽然通过对核心概念的辨析，我们已经对"海事院校"有了较为明确的认识，但是"核心概念"与"研究范围"并不是一回事。"核心概念"更多是对事物"实然"状态的描述，而"研究范围"是对研究对象"应然"的把握。具体到本研究来说，"海事院校"作为一个概念，应该得到完整的、客观的描述；但是作为一个研究对象，则需要更为精准的定位，或者说更进一步的聚焦。海事院校是一个复杂多元的，包含不同性质、不同层次院校的系统，为保证研究的统一性和逻辑性，将本研究的对象（海事院校）限定为以下两类院校：一是政府举办的、全日制的、本科层次的海事院校或设置海事相关学科/专业的本科层次高等院校（共计18所，见附录2）；二是政府举办的、全日制的、专科层次的海事院校或设置海事相关专业/学科的专科层次高等院校（共计19所，见附录2）。也就是说，研究对象为我国37所公办本专科海事类院校（含设置海事类相关学科/专业的本专科院校），不包括成人海事院校和中专层次的海事职业院校，也不包括私立（民办）的本专科海事类院校（含设置海事类相关学科/专业的本专科院校）。

五、研究思路与方法

（一）研究思路

研究按照提出问题、分析问题、解决问题的思路对我国海事院校的转型发展问题展开研究。在提出问题方面，主要进行背景分析，即在梳理海事院校建立与发展脉络的基础上，分析海事院校发展的基本特质，为进一步研究海事院校的转型发展奠定基础。然后进一步分析海事院校当前面临的机遇与挑战，指出海事院校转型发展是时代要求与必然趋势。在分析问题方面，首先开展横向对比分析，总结欧美等地区海事院校发展模式和经验教训，为我国海事院校转型发展提供参照依据。然后进一步分析我国海事院校转型发展的基本内涵与目标指向，即我国海事院校要从航海院校向海事院校转型。具体来说，就是从理论导向理论与实践并重转型，从谋求升格向发展内涵转型，从盲目服务向精准服务转型，从全面发展向特色发展转型，从工具理性向价值理性转型。在解决问题方面，从我国海事院校的发展历程、现实状况以及转型发展的本质规定性出发，对转型发展的策略与路径展开分析，在具体策略的选择上，建议在政府层面应从完善海事教育政策保障体系、调整优化海事院校结构体系、支持部分海事院校优先发展、改进海事院校发展评价机制四个方面推动海事院校转型发展；在海事院校层面应从办学理念、学科结构、培养模式、组织文化四个方面实施转型。同时指出，海事本科院校和海事专科院校转型的基本策略既有相同之处，又有不同之处，并就此进行了具体探讨。根据研究思路，绘制出研究内容逻辑关系图（图1）。

（二）研究方法

根据本研究的特点和需要，在研究方法（论）上突出三个重点：

```
┌─────────────────────────────────────────────────────┐
│  缘起：我国海事院校当前发展面临理的论困惑和现实困境  │
└─────────────────────────────────────────────────────┘
```

```
┌────┐      ┌──────────────────────────────┐
│提出│ ───► │梳理我国海事院校发展的历史脉络│
│问题│      └──────────────────────────────┘
│    │      ┌──────────────────────────────┐
│    │ ───► │总结我国海事院校发展的基本特征│
└────┘      └──────────────────────────────┘
```

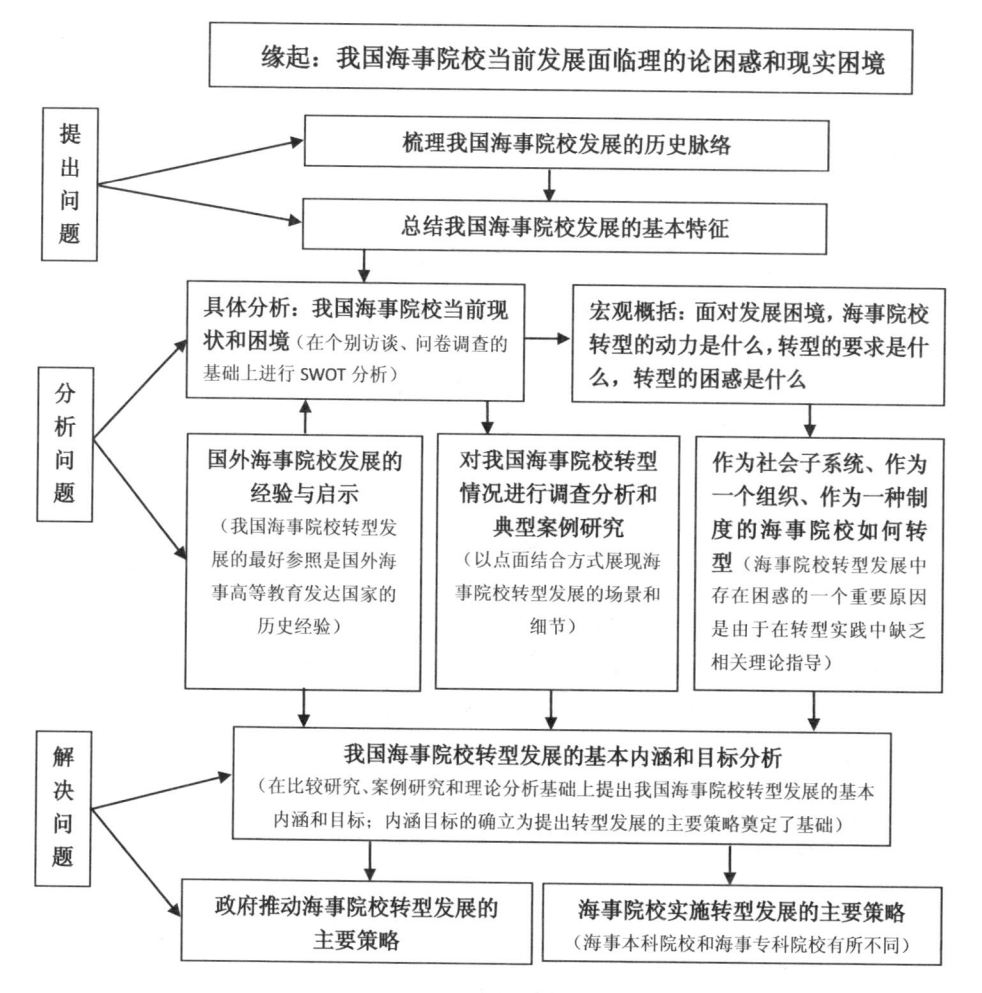

```
┌────┐   ┌──────────────────────┐  ┌──────────────────────┐
│分析│──►│具体分析：我国海事院校│  │宏观概括：面对发展困境│
│问题│   │当前现状和困境（在个别│  │，海事院校转型的动力是│
│    │   │访谈、问卷调查的基础上│  │什么，转型的要求是什么│
│    │   │进行SWOT分析）        │  │，转型的困惑是什么    │
│    │   └──────────────────────┘  └──────────────────────┘
│    │   ┌──────────┐ ┌──────────┐ ┌──────────┐
│    │   │国外海事  │ │对我国海事│ │作为社会子│
│    │   │院校发展的│ │院校转型  │ │系统、作为│
│    │   │经验与启示│ │情况进行调│ │一个组织、│
│    │   │（我国海事│ │查分析和  │ │作为一种制│
│    │   │院校转型发│ │典型案例  │ │度的海事院│
│    │   │展的最好参│ │研究      │ │校如何转  │
│    │   │照是国外海│ │（以点面结│ │型（海事院│
│    │   │事高等教育│ │合方式展现│ │校转型发展│
│    │   │发达国家的│ │海事院校转│ │中存在困惑│
│    │   │历史经验）│ │型发展的场│ │的一个重要│
│    │   │          │ │景和细节）│ │原因是由于│
│    │   │          │ │          │ │在转型实践│
│    │   │          │ │          │ │中缺乏相关│
│    │   │          │ │          │ │理论指导）│
└────┘   └──────────┘ └──────────┘ └──────────┘
```

```
┌────┐  ┌──────────────────────────────────────────┐
│解决│─►│我国海事院校转型发展的基本内涵和目标分析  │
│问题│  │（在比较研究、案例研究和理论分析基础上提出│
│    │  │我国海事院校转型发展的基本内涵和目标；内涵│
│    │  │目标的确立为提出转型发展的主要策略奠定了基│
│    │  │础）                                      │
│    │  └──────────────────────────────────────────┘
│    │  ┌──────────────┐  ┌──────────────────────┐
│    │  │政府推动海事院│  │海事院校实施转型发展的│
│    │  │校转型发展的  │  │主要策略              │
│    │  │主要策略      │  │（海事本科院校和海事专│
│    │  │              │  │科院校有所不同）      │
└────┘  └──────────────┘  └──────────────────────┘
```

图 1：研究内容逻辑关系图

1. 系统研究

系统研究就是在事物的联系中对事物外在特征和内在本质的研究。从系统的角度来观察和理解事物既符合马克思辩证唯物主义的历史观，也符合现代系统论思维。这里所谓的系统并不仅仅指的是构成整体的部分之和，而是对事物本体的系统把握，越是本体的研究越是能接近真相。之所以要对海事院校转型进行系统研究，是因为该领域的研究存在着割裂事物之间联系的倾向。之前的研究大多局限于个别的航海高等院校，或是局限于办学理念、人才培养模式、管理体制机制、校企合作等某一方面的情况。本研究将首次从整体上对行业转型背景下我国海事院校转型发展的动力、诉求和困惑以及转型的内涵、目标和策略进行系统研究,并采用对比研究、理论分析、调查研究等方式,对海事院校的外在特征和内在本质进行系统研究,突破过去研究中关注个别,关注局部的研究模式。

2. 比较研究

比较研究是社会科学领域常用的一种研究方法,也是教育科学研究中的一种重要方法。就高等教育研究领域来说,作为一种思维方法,比较研究主要有四个方面的作用:有助于认识高等教育的本质和普遍规律,把握高等教育发展趋势;有助于更好地认识本国、本地的教育状况以及所处的方位;有助于通过对比获得新的启示,促进高等教育改革创新;有助于为高等教育政策的制定提供参考依据。从整个世界范围来看,对比我国的海事院校,国外的海事院校办学历史悠久,领先优势明显,整体发展水平和质量高于我国。国外海事院校在办学理念、大学精神、管理体制、运行机制等方面积累了丰富经验,值得处于转型期的我国海事院校学习借鉴。有比较才能知道别人之长处和优势以及自己之不足与差距。本研究既要对我国海事院校的发展历史作纵向比较,也要梳理国外海事院校发展历程作横向比较。这种研究方法,有助于理解我国海事院校转型的必要性和紧迫性,也能够通过对比研究提出若干可资借鉴的对策建议。

3. 个案研究

个案研究是对某一特定个体、组织、现象或主题进行"解剖麻雀"式的具体研究。个案研究需要广泛收集有关资料,详细了解、整理和分析研究对象产生与发展的过程、内在与外在因素及其相互关系,以形成对有关问题深入全面的认识和结论。本研究旨在整体研究我国海事院校的转型发展问题,但是整体是由个体组成的,研究整体必然离不开研究个体。研究个体也离不开研究个体产生与发展的过程,诚如麦瑞尔姆所言,对于过程研究而言,个案研究是特别适合的设计。[1] 本研究将本着"回归历史场域"以及"在场景中解读"的原则,通过对海事院校干部师生、海事主管部门负责人、海事企业负责人的个别访谈、调查问卷,以及笔者作为海事高等教育参与者的个体经历叙事等方式,抽取若干具有典型意义的国内高等海事院校改革发展或转型发展案例进行具体分析,以回归现场、透视细节的方式,形成对海事院校转型问题全面深入的认识,为我国海事院校进一步转型发展提供生动的现实依据。

---

[1] 莎兰·B. 麦瑞尔姆. 质化方法在教育研究中的应用:个案研究的扩展 [M]. 于泽元,译. 重庆:重庆大学出版社. 2008.

第一章

我国海事院校的发展历程与基本特征

海事院校是我国高等院校体系中颇具特色而又不可或缺的重要组成部分，也是一个复杂多元的，包含不同性质、不同层次院校的独特系统。根据前文对研究范围的限定，本研究的对象为18所公办本科层次的海事院校或设置海事相关学科/专业的公办本科层次高等院校；19所公办专科层次的海事院校或设置海事相关专业/学科的公办专科层次高等院校。这些海事院校是我国承担和实施海事高等教育的主要机构。这类院校因何建立、如何发展、有何特征是我们深刻认识和准确把握这类院校的基础和前提。本章主要梳理海事院校的发展历程，并探讨其在发展过程中所形成的基本特征。

第一节 海事院校建立的背景

晚清以降，国贫民弱有增无减，随着西方列强入侵加剧，国家领海权和航运权几乎全部沦丧外人之手。为夺回属于自己的权利，发展本国航运事业，一批先行者开始致力于创办民族航运企业，培养本土航运人才，为航海高等院校的建立与发展提供了社会条件和现实需求。

一、近代航运事业的兴起为航海高等教育的出现提供了社会条件

1804年，美国工程师富尔顿成功建造"克勒蒙号"轮船，并于1807年在哈德逊河试航成功。这标志着以蒸汽为动力的轮船首次登上航运舞台，并开始逐步取代传统以风为动力的帆船。但是，直到19世纪50年代，随着科学技术飞速进步，造船技术日臻完善以后，西方轮船航运业才得以真正发展与兴盛，并在19世纪60年代确立了在世界范围内的垄断地位。随着资本主义在全球范围内的迅速扩张，特别是1869年苏伊士运河的通航，外国轮船航运企业开始大举进入中国。这对我国航运业产生了重要影响。一方面，传统的帆船航运业迅速衰落；另一面，中国近代轮船航运业迅速产生。外国轮船航运业在华的迅速发展以及中国帆船航运业的快速衰落，引发了中国社会有识之士对发展轮船航运业的重视。但是，由于晚清政府封闭保守的国策，导致在很长一段时间内，中国人投资轮船航运业的热情被一次次浇灭。直到1873年，在李鸿章的筹办之下，官督商办的轮船招商（公）局在上海才正式成立。轮船招商局的成立，标志着近代中国轮船航运业的产生。随后，民族轮船航运业的企业规模与经营业务都取得了一定进展。航运业的发展必然产生对航运人才的需求，因此，培养和造就高级航运人才的高等航海教育应运而生。同时，在国门开放、西学东渐的影响下，封建社会的科举教育已经不能满足中国社会的需求，学习西方的思想、科学、技术等逐渐成为晚清社会上上下下的广泛共识。在此背景下，中国近代高等教育开始起步，出现了一些专门的高等教育机构。这一切，都为20世纪初中国高等航海教育的产生提供了社会条件。

二、航运人才的缺乏为近代航海高等院校的建立提供了现实需求

我国既是陆地大国又是海洋大国，我国海岸线漫长、海域辽阔，拥有主权的海域面积超过38万平方千米，有管辖权的海域面积近200万平方千米。但是，鸦片战争后，西方列强通过一系列不平等条约，逐渐窃取了中国的海洋控制权和航运自主权，西方航运企业也随之大举侵入中国并逐步垄断了中国航运市场。19世纪70年代以后，中国的轮船航运业虽然有了一定发展，但是由于船舶管理以及港口通关、贸易组织需要现代管理能力，加之新式轮船驾驶、维护的技术含量比较高，当时中国一时也没有专门培养航运人才的教育机构，因此，民族航运权完全被外国人把持，民族航运企业也不得不雇佣外籍人员（外籍人员几乎占据中国航运企业和自有船舶的所有高级职位）。这种状况对于维护我国航运权和发展我国航运业极为不利。培养自己的航运人才，夺回自己的权利，尽快改变这种不利状况，也自然就成为社会关心的重要议题。以张謇、郑观应为代表的一批爱国者纷纷呼吁中国政府学习借鉴西方培养航运人才的模式和经验，创办本国航海高等教育机构，培养本国的高级航运人才，进而夺回失去的航运权。张謇曾大声疾呼："维护领海主权，要先造就航政人才。"[①] 郑观应也

[①] 郑观应《盛世危言后编》卷2，引自《近代史料丛书汇编》第一辑，台北大通书局刊行，1968。

提出要"急仿各国开商轮驾驶学堂,教育人才。"① 经过各方努力,1909年,晚清邮传部终于在上海高等实业学堂中首次开设了"船政科",开始了中国航海高等教育的艰难历程。随后洋务派开办了上海广济方言馆、北京同文馆、招商局航海专科学校、福州船政学堂等多所新式学堂,开始了中国早期的航海教育。② 可以说,对本国高级航运人才的迫切需要为近代航海高等院校的建立提供了现实需求。

第二节 海事院校发展的历程

自1909年上海高等实业学堂设立"船政科"以来,我国海事院校发展历程大致可以分为以下四个基本阶段:1909年到1949年的萌芽阶段、1949年到1978年的雏形阶段、1978年到2008年的发展阶段、2008年以来的转型阶段。本节试图从繁杂纷纭的历史资料中提炼出我国海事院校发展的主要脉络,为分析不同阶段海事院校发展的基本特征奠定基础。

一、萌芽阶段(1909年到1949年)

一般来说,航海教育作为一种社会现象从人类社会出现最早的航海活动(新石器时代晚期)就已经开始。但是在漫长的古代社会,航海教育主要依靠从师习艺、师徒传承来实现。严格意义上的航海教育是伴随着现代大工业的发展而出现的,迄今还不到两百年的时间。而我国的现代航海教育历史则更短,只有一百年左右的时间。在新中国成立之前,我国的航海教育还处于萌芽阶段。其时的航海教育没有高低之分,也没有海事高等教育的概念,一切都处于尚未分化的状态。

1904年,在社会各界的强烈呼吁和支持下,清政府颁布了《高等商船学堂章程》,这是中国高等航海教育史上的一个重要事件。在《章程》促进下,一些新式学校开始传授近代航海技术课程。但由于各种原因,直到1909年,晚清邮传部才在上海高等实业学堂开设"船政科",开创了中国近代航海教育的先河。

---

① 《南通张季直先生传》1925年,引自《吴淞商船专科学校校史》第4页,大连海事出版社,1996.
② 王杰,李宝民,邢繁辉,等.中国高等航海教育史略[M].大连:大连海事大学出版社,2009.

盛宣怀、唐文治、张謇等人抱着"商业振兴,必借航业,航业发达,端赖人才"的宗旨积极办学,致力于培养中国急需的航海领域的各类专门人才。它采用公开招考、择优录取的办法,选拔了一大批优秀生源。它规定修业年限为四年,除了授予广泛的航海技术课程外,还广泛涉及人伦道德、中国文学、卫生、军事、商业、地理和法律等课程,并极为重视理论与实践、教学与实习的结合。① 尽管"船政科"并非独立自主的办学机构,但是其在学制设计、课程安排、教学管理等方面均建立起了一套较为规范的制度体系,并纳入了清政府的正规高等教育序列,为后来专门性的高等航海院校所继承,其肇始意义不可忽视。

1909年,邮传部决定创办高等商船学堂,原"船政科"划归商船学堂,开始独立办学,这标志着中国近代独立的航海高等院校正式产生。时任清政府邮传部尚书的盛宣怀在奏请朝廷设立商船学堂的奏折中,对设立学堂的目的、方法等事项进行了详细的陈述,堪称中国近代航海高等教育发展的重要文献。商船学堂在承袭"船政科"基础上,开始了独立办学的进程。在高等商船学堂的带动之下,1911年,又创办了吴淞商船专科学校。这所学校的前身即为邮传部高等商船学堂。虽然由于战乱、经费、人才等方面的障碍,该校在1949年之前历经了三次停办、三次复校、三次更名,但最终还是艰难地生存了下来,并成为新中国成立后中国第一流海事学府——大连海运学院、上海海运学院的前身。20世纪90年代,这两所学院分别更名为"大连海事大学"和"上海海事大学",目前均是中国乃至世界一流的海事高等学府。

北洋政府时期(1915—1927年),军阀混战,政局动荡,当局根本无暇顾及高等航海教育。1915年,当时唯一的航海院校——吴淞商船专科学校——第一次停办,刚刚兴起的高等航海教育陷入困境,几近夭折。整个北洋时期,中国的高等航海教育处于低迷状态。但这一时期,高等航海教育办学体制和发展模式也有探索和创新。"民国初年,形成了新的《壬子癸丑学制》,教育部公布《专门学校令》,将高等商船教育列入六种专门学校之一加以规范,此举对于以后中国高等航海教育体制的规范化具有重要的影响。"② 根据这些法令,形成了更为具体的《商船专门学校规程》,对高等商船教育进一步进行了细化和明确。加之,随着本国轮船航运业的迅速发展,航运领域对高级船员需求越来越旺盛,

---

① 王杰,李宝民,邢繁辉,等. 中国高等航海教育史略[M]. 大连:大连海事大学出版社,2009.
② 王杰,李宝民,邢繁辉,等. 中国高等航海教育史略[M]. 大连:大连海事大学出版社,2009.

因此，发展高等航海教育的呼声很高，相关的办学实践也不少。例如，上海工业专门学校增设航海科的努力，交通部筹办唐山商船学校的举措，一些大学从这时开始也开设了部分高等航海教育课程。但总的来说，北洋政府时期，中国的高等航海教育基本处于徘徊不前的状态，大多教育法令和办学实践都无疾而终或半途而废。

1927年，南京国民政府成立，全国性政权趋于稳定，使得航海高等教育得到恢复与发展。为了促进高等教育发展、加强对高等教育控制，南京当局相继颁布了100多条高等教育法律法规，促进了高等教育制度更加完备和系统，也规范了中国高等航海教育的办学。在各方努力下，1928年，吴淞商船专科学校得以复校，并按照新的教育法律法规进行了重组。《吴淞商船专科学校章程》以及配套的规章制度陆续出台，这标志着中国的高等航海教育开始进入了制度化、规范化的新时期。复校后至抗战前是吴淞商船专科学校发展的黄金时期，该校与本科院校一样，学习期限为四年，国际化程度很高，与国际航海教育接轨。同时既重视实践技能的培养，还开设有注重理论的研究生班。吴淞商船专科学校是国民政府教育序列中的76所高校之一，也是国民政府交通部唯一的部属高等院校，可见其在高等教育界的地位，并且学校办学经费充裕，得到社会各界广泛支持。吴淞商船专科学校是新中国成立前为我国培养高级航海人才的最重要教育机构，以其显著的办学成就在中国近代高等航海教育史上占有重要的地位。

抗战爆发前，"以吴淞商船学校复校为标志，整个高等航海教育形成了以吴淞为中心、多点建设、全面发展的良好局面。东北商船学校、集美高级水产航海学校、招商公学航海专修科等均得到了一定程度的发展，与吴淞商船学校共同构成了这一时期的中国高等航海教育体系。"① 这一时期还出现了一些具有标志性的事件，例如，东北地区出现第一所航海院校（建于1927年的东北商船学校），并首次设立轮机科，填补了高等航海教育的空白，开创了高等航海教育中航海与轮机两大传统学科并重的历史先河。例如，广东的商船航海教育开始起步，设立了广东航海讲习所（1933年）和广东航海学校（1934年）。例如，招商公学的航海专修科首次设立了海运管理专业（业务科）。例如，上海税务专门学校开设了海事班，这是"海事"这一专门术语第一次出现。例如，1927年集

---

① 王杰，李宝民，邢繁辉，等. 中国高等航海教育史略［M］. 大连：大连海事大学出版社，2009.

美高级水产航海学校成立，这所学校日后发展成为今天具有一流海事专业的集美大学。例如，国家关于船员任职资格的审查评估制度建立起来，将学历教育与任职资格紧密挂钩，直接促进了高等航海教育的发展。这一制度经过不断健全完善，一直延续到今天的高等海事教育。

抗战时期（1937—1945年），正在恢复发展中的高等航海教育遭受重大打击，在困境中艰难生存，甚至一度中断其进程。在战事激烈、资源匮乏的艰难环境下，国民政府考虑到"以我国江海航运范围之广大，岂能置航运教育于不顾，况在抗战航运尤为重要"。① 因抗战爆发而再次停办的吴淞商船专科学校于1939年在大后方重庆复学，并更名为"国立重庆商船专科学校"。国民政府极为重视该校建设，开学典礼上，教育部长陈立夫、海军总长萨镇冰、著名实业家卢作孚均出席，并聘任教育部高等教育司司长吴俊升兼任该校校长，这极大鼓舞了复校之初的师生员工。在1943年，因国民党内部政治纷争和办学经费严重短缺等原因，重庆商船学校并入了国立重庆交通大学（上海交通大学内迁后更名为"重庆交通大学"），这所当时中国最重要的航海教育院校失去了独立办学的资格。由于非常时期，中国船舶因战争损失惨重，对船员队伍的需求明显过剩，这严重影响了学校毕业生的就业出路，也直接影响了学校的办学成效。重庆商船专科学校虽然办学艰难，但也有其独特贡献，例如，首次举办了造船科，填补了培养造船人才的空白。至此，由航海科到轮机科，再到海运科、造船科，航海教育的覆盖面逐步拓展，为海事高等教育的形成奠定了重要基础。这是国统区的航海教育情况，沦陷区的航海教育则更为艰难。"九一八"事变后，东北地区唯一的一所航海院校——东北商船学校被迫南迁青岛，东北地区的航海教育随之终止。日军控制下的伪满洲国为了培养航运人才，为其战争和经济掠夺服务，开设了高等船员养成所，成为东北地区商船教育的专门学校。1945年抗战胜利后，国民政府在原高等船员养成所的基础上了，设立了国立辽海商船专科学校，延续了东北地区的航海教育，其所培养的人才也为新中国航运事业发展做出了一定贡献。

抗战胜利后，中国航运业一度得到恢复和发展，出现了短暂的繁荣。随着船舶数量和贸易运输的激增，对驾船、造船、贸易方面的人才需求也明显增长。但是因为战争影响，抗战时期的高等航海教育机构遭受重创，培养的相关人才寥寥无几，且流失较多。有鉴于此，恢复发展几近中断的高等航海教育，为航

---

① 陈东原. 第二次中国教育年鉴（第8编）[Z]. 上海：商务印书馆，1942.

运业培养高素质人才，成为教育界和航运界的普遍共识。1946 年，在社会各界的强烈呼吁和积极努力下，国民政府在上海恢复商船专科学校，定名为"国立吴淞商船专科学校"，延续了最初的办学名称。但是迁回上海的国立重庆交通大学（迁回上海后更名为"上海交通大学"，即为现在的上海交通大学前身）并没有将航海、轮机和造船学科的师生划归国立吴淞商船专科学校，直到 1950 年，该校航海学科才与吴淞商船专科学校合并组建上海航务学院（上海海事大学前身）。因此，在上海复校的国立吴淞商船专科学校相当于重新建立，难度很大。国民政府极为重视该校建设，聘任前同济大学校长周均时为校长，但是办学经费短缺问题一直困扰着该校的办学。概因航海教育本身办学成本较一般院校高出许多（实训设备投资巨大，实习费用开支巨大），加之，国民政府对航海教育的管理体制一变再变造成动荡（一段时间属于交通部管理，一段时间属于教育部管理）。创办于 1921 年的厦门大学是中国知名学府，该校与航海高等教育也有一定渊源。厦门大学于 1946 年在全国首次成立了海洋系，并在该系内设立了航海组，培养航海专业人才。福建另一所航海院校——集美高级水产航海学校也得到了一定程度的发展。同时，在马尾还设立了福建省立林森商船学校。沿海的广东地区也于 1945 年先后创办了省立海事专科学校和省立潮汕高级商船职业学校（后来该校并入今天的武汉理工大学）。后者第一次打破了航海院校不招收女生的惯例，为新中国培养了第一批女船长和女领航员。湖北地区也设立了国立武昌海事职业学校（1945 年）。经过抗日战争后的恢复重建，高等航海教育渐呈发展之势。但是 1946 年全面内战爆发后，高等航海教育再度陷入困境。

二、雏形阶段（1949 年到 1978 年）

1949 年新中国成立后，中央人民政府对包括高等航海教育在内的高等教育事业十分重视，将其作为迅速消弭战争影响、恢复重建国民经济的重要手段。新中国的航海高等教育是从接管改造旧中国高等航海院校，并打破旧有高等航海教育格局开始的。特别是 1952 年的院系调整，在经历全国范围的调整、合并、转移、扩充后，以大连海运学院为核心，形成了一批新的高等航海院校，并逐步形成了具有中国特色的高等航海教育模式，既促进了现代中国高等航海教育的发展，也奠定了当代高等海事教育的基本雏形，中国的高等航海教育在各个方面快速进入了体系化、规范化。在"文革"前，高等航海院校的规模数量、办学质量、办学层次得到快速发展，招生和培养规模大大超过了旧中国几十年的总和。但是从1966年开始，随着全国进入"文革"动乱时期，航海院校办学再次受到巨大冲击。

表1 新中国成立后接管的航海院校一览表①

序号	学校名称	创办时间	办学层次	接管时间	接管地点
1	上海交通大学航务系	1943年	本科	1949年	上海
2	厦门大学海洋系	1946年	本科	1949年	厦门
3	吴淞商船专科学校	1909年	专科	1949年	上海
4	东北商船专科学校	1927年	专科	1949年	北京
5	广东海事专科学校	1945年	专科	1949年	广州
6	集美水产航海学校	1927年	中专	1949年	厦门
7	国立海事职业学校	1945年	中专	1949年	武昌
8	潮汕商船职业学校	1945年	中专	1949年	汕头
9	林森航空商船职业学校	1944年	中专	1949年	福州

1949年到1953年，属于高等航海教育的恢复重建时期。新中国接管的9所航海院校绝大多数经历了关停并转。其中广东海事专科学校停办，武昌国立海事职业学校更名为以内河运输专业为主的"中南交通学院"。旧中国办学最早、规模最大、最具代表性的高等航海教育机构是吴淞商船专科学校。该校在上海解放之初由上海军管会接管，1950年3月改由中央人民政府交通部领导，得以继续办学。这个中国第一所高等航海院校曾历经磨难，三次停办，再次获得新生。1950年9月，在华东军政委员会主持下，上海交通大学航业管理系与吴淞商船学校合并成立"国立上海航务学院"。至此，断断续续办学近40年的吴淞商船学校被撤销，但作为中国高等航海教育的源头，作为一个历史名词，"吴淞商船"将永载史册，成为中国人面对困境自强不息，呕心沥血发展航海教育，振兴国家航运事业的精神象征，并为后来的上海航务学院和大连海运学院所继承发扬。1952年8月，根据中央人民政府政务院关于高等院校院系调整的要求，上海航务学院迁往北方的大连。抗战后成立的辽海商船专科学校于新中国成立后改名为"东北商船专科学校"并迁往海港城市大连。1950年9月，该校又改

---

① 中专层次航海院校虽然不在本研究之列，但此时中专层次的航海院校后来都经过调整重组发展成为专科以上层次的高等航海（海事）院校。

名为"东北航海专门学校",进一步突出它的职业属性和技术属性。1951年5月,经中央人民政府教育部批复同意,该校又再次改名为"东北航海学院"。厦门私立集美水产航海学校在新中国成立后,与其他学校整合形成福建航海专科学校,成为一所专科性质的独立的航海院校。

1953年,新中国高等航海教育达到一个新的高度。经过社会主义改造和1952年的院系调整,上述上海航务学院、东北航海学院和福建航海专科学校等三校合并组建为大连海运学院。这是新中国根据国家航运业发展需求,整合全国高等航海教育资源,集中力量打造的一所以航海类专业为主的综合性高等航海学府,标志着新中国的高等航海教育进入了一个崭新时代。大连海运学院一度成为新中国高等航海人才培养的唯一机构,得到社会各界的广泛关注和大力扶持。该校云集了全国高等航海教育的师资力量,并设置了驾驶、轮机、航务管理、港埠工程四系以及俄文科共四系一科;设置远洋驾驶、船舶动力装置、船舶修理、海运管理、水道与港口5个专业,形成了多学科融合交叉、相互促进的"大航海"高等教育格局。以往分散的师资力量、专业资源和不同的学制得到了统一,专业、课程、教学等建设有条不紊展开。1954年,大连海运学院首次招收港口设备及管理专业研究生。中国高等航海教育以大连海运学院的办学为标志,进入了一个更加规范和稳步发展的时期。1960年,大连海运学院被列为全国64所重点建设高等院校之一。1959年,交通部又以大连海运学院为主,结合武汉水运工程学院部分专业力量,在上海成立新的上海海运学院,同时,一批中等航海教育院校也相继出现。特别是1966年交通部所属院校进行内部院系大调整,在全国范围内重新整合了航海教育资源,根据国家航运经济发展需求,明确了不同类型院校的专业特色和发展重点。一个显著的特征是,国家政权稳定之后,不仅注重培养高级航海技术人才,也开始注重培养航运管理人才,由重视航海教育到航海教育和航运教育并重,向内涵更加丰富的高等海事教育迈出了重要的一步。一方面,航海技术、轮机广场、船舶制造等传统航海类专业得到巩固和发展;另一方面,航运管理、港口经济、对外贸易等航运经济管理方面的特色专业得到拓展和发展。这一时期的高等航海教育具有鲜明的时代特征,主要指这一时期的高等航海院校全方位借鉴和仿照苏联模式和经验,在办学理念上坚持为社会主义国家航运经济建设服务;在办学宗旨上坚持为工农大众服务;在专业设置上坚持按国民经济行业分类打造专业特色鲜明的专门院校;在教学制度和运行上,全方位按照苏联模式进行了改造;在培养目标上,既重视培养航海技术人才,也同时重视培养航运管理和经营人才。

1966年,"文革"全面爆发,国家进入动乱的十年,高等航海教育遭到严重摧残,出现了一个长达十年的断层,已经取得的成就化为乌有,也拉大了与世界上其他发达国家高等航海教育的差距。特别是"文革"开始的前几年,所有的高等航海院校全面停止招生和培养活动,大批教师受到批斗,学生停课串联,校舍被肆意破坏,教学设备和资料大量损毁。直到1972年,党中央和国家开始整顿混乱的秩序,也着手对高等教育进行干预。新中国最好的航海高等学府——大连海运学院和上海海运学院开始重新招生,但是按照当时的政策,只能招收工农兵学员,而且采用推荐的办法,生源质量根本无法保障。在学制上也由"文革"前的五年制缩短为一年半至三年不等,严重地影响了教学效果和人才培养质量。这一时期,虽然国内的航海教育遭遇巨大冲击,但是中国的航海外交事业却取得了重要进展。随着新中国在1971年恢复在联合国的合法席位,1973年3月1日又恢复了在国际海事组织(其时为"政府间海事协商组织")的成员国地位,并于1973年10月5日加入国际海事组织《1966年国际船舶载重线公约》。国际海事组织(英文名:International Maritime Organization;简称:IMO)是联合国负责海上航行安全和防止船舶造成海洋污染的一个专门机构,总部设在英国伦敦,拥有庞大的分支机构,具有广泛的国际影响力。该组织最早成立于1959年1月6日,原名"政府间海事协商组织"。1982年5月更名为"国际海事组织"。加入国际海事组织,履行相关公约,标志着中国的航海事业与航海教育开始与国际接轨,并逐步由航海向海事转型,更重要的是直接促进了国内海事(航海)教育的国际化和规范化。

三、发展阶段(1978年到2008年)

"文革"结束后,特别是十一届三中全会以后,中国进入了改革开放新的历史时期,中国的国际贸易迅猛发展,到20世纪末已经成为世界第一贸易大国,国际海运船舶总量近9000万载重吨,位列世界第四,在港口吞吐量和船舶制造业等方面都已经成为名副其实的大国。这些都为海事高等教育的蓬勃发展提供了现实需求。20世纪末21世纪初的高等教育体制改革以及一系列高等教育建设项目的实施,也为高等海事院校的发展提供了良好的外部环境。同时,随着国际航运重心东移,国际船员市场向中国、印度、菲律宾等东南亚国家集中,以及中国加入一系列国际海事组织下属机构,履行一系列国际海事公约,中国的海事高等教育赢得了良好的国际环境。在国内外因素的双重促进下,中国的高等海事院校迎来了迅速发展的"黄金时期",一批老牌航海院校迅速拓宽了学科专业领域，向多元化、多样化的海事院校发展，一批中等航海职业院校升格为高等海事职业院校，高等海事教育的概念基本形成并得到发展。

海事是一项国际性事业，为规范这一事业，制定国际统一标准，便于各国之间交流合作，联合国成立了国际海事组织，并以公约的形式形成诸多国际惯例，要求成员国加入并履行职责。随着中国不断对外开放必然要加入这一国际性组织，履行国际公约的要求。截至2013年底，我国加入的国际公约有37个。其中有一半以上是在改革开放后到1994年之前加入的。加入国际海事公约是我国政府对国际社会的庄严承诺。自加入之日起，中国在享有国际海事权利的同时必须履行相关的义务。这些国际海事公约直接或间接地对中国海事人才（涉及航海、船舶、贸易、海上事故防范等方面）的培养提出了强制性要求，自加入公约后，我国的海事类院校均按照国际统一要求进行了教育教学改革，以培养符合国际标准的通用海事人才。更为重要的是，原本专指航海轮机和船舶电气专业等三大传统专业的航海教育内涵得到了拓展，在与国际海事教育接轨的同时，更具有现代特征、更符合国际惯例的高等海事教育概念逐渐深入人心。特别是1981年我国加入的《1978年海员培训、发证和值班标准（STCW）国际公约》，更是直接对航海类专业教学活动和航海人才培养以及培训考试提出了详细的要求，为按照国际标准培养全球通用人才提供了根本保障。国际海事组织相关统计表明，在船舶发生海损事故的原因中人为过失大约占90%的比例。因此，提高海员的技术业务水平，严格执行培训和发证规定，明确船上值班要求，将会大大减少海损事故的发生。为此，政府间海事协商组织（现改称"国际海事组织"）1978年6月在伦敦召开海员培训与发证国际会议，讨论通过了《1978年海员培训、发证和值班标准国际公约》以及有关推动海员培训工作的23项决议。公约包括17条法律条款和25条技术规则。技术规则对各种船员的值班职责和发证的标准及证书格式等均有详尽规定。公约的实施对促进各缔约国海员素质的提高，在全球范围内保障海上人命、财产的安全和保护海洋环境起到了积极作用。此后，各缔约国政府主管部门、海运界以及航海院校均为履约而努力，以便建立和运行一套符合国际统一标准的航海教育和培训体系，为世界海运业培养合格的国际海员。中国高等航海教育的改革与发展就是在这一背景下紧张开展的。

表 2　中国加入的国际海事公约一览表

序号	公约名称	加入时间
1	1948 年政府间海事协商组织公约	1973 年 3 月 1 日
2	1966 年国际船舶载重线公约	1973 年 10 月 5 日
3	1976 年国际海事卫星组织公约	1979 年 7 月 13 日
4	1976 年国际海事卫星组织业务协定	1979 年 7 月 13 日
5	1972 年国际海上碰壁规则公约	1980 年 1 月 7 日
6	1974 年国际海上人命安全公约	1980 年 1 月 7 日
7	1969 年国际油污损害民事责任公约	1980 年 1 月 30 日
8	1969 年国际船舶吨位丈量公约	1980 年 4 月 8 日
9	1972 年国际集装箱安全公约	1980 年 9 月 23 日
10	1978 年海员培训、发证和值班标准国际公约	1981 年 6 月 8 日
11	1974 年国际海上人命安全公约 1978 年议定书	1982 年 12 月 17 日
12	1973/1978 年国际防止船舶造成污染公约	1983 年 7 月 1 日
13	1979 年国际搜寻求助公约	1985 年 6 月 24 日
14	1972 年国际防止海上倾倒废物和其他物质污染海洋公约	1985 年 11 月 14 日
15	1969 年国际油污损害民事责任公约 1975 年议定书	1986 年 9 月 29 日
16	1969 年国际干预公海油污事故公约	1990 年 2 月 23 日
17	1973 年国际干预公海非油类物质污染议定书	1990 年 2 月 23 日
18	1969 年国际干预公海油污事故公约 1973 年议定书	1990 年 5 月 24 日
19	1988 年关于制止对海上航行安全非法行为公约	1991 年 8 月 20 日
20	1988 年关于制止对大陆架固定平台安全非法行为议定书	1991 年 8 月 30 日
21	1989 年国际救助公约	1994 年 3 月 30 日
22	1974 年海上旅客及其行李运输雅典公约	1994 年 6 月 1 日
23	1974 年海上旅客及其行李运输雅典公约 1976 年议定书	1994 年 6 月 1 日
24	1965 年便利国际海上运输公约	1995 年 1 月 15 日
25	1966 年国际船舶载重线公约 1988 年议定书	1995 年 2 月 3 日
26	1974 年国际海上人命安全公约 1988 年议定书	1995 年 2 月 3 日
27	1995 年国际渔船船员培训、发证和值班标准国际公约	1996 年 9 月 30 日

续表

序号	公约名称	加入时间
28	1990年国际油污防备、反应和合作公约	1998年3月30日
29	1969年国际油污损害民事责任公约1992年议定书	1999年1月5日
30	1971年设立国际油污损害赔偿基金公约1992年议定书	1999年1月5日
31	1973/1978年国际防止船舶造成污染公约1997年议定书	2006年5月23日
32	1972年国际防止海上倾倒废物和其他物质污染海洋公约1996年议定书	2006年9月29日
33	2001年国际燃油污染损害民事责任公约	2008年9月9日
34	2000年国际有毒有害物质污染事故防备、反应与合作议定书	2009年11月19日
35	1971年特种业务客船协定	适用于香港（时间不详）
36	1973年特种业务客船舱室要求议定书	适用于香港（时间不详）
37	1976年海事索赔责任限制公约	适用于香港（时间不详）

当前我国海事高等教育领域有四所得到普遍认可的、综合实力最强的高等海事院校，分别是大连海事大学、上海海事大学、武汉理工大学和集美大学。它们代表着中国高等海事教育的最高水平，处于高等海事院校金字塔的塔尖。大连海事大学是中国首屈一指的高等航海院校，它的改革和发展是中国高等航海（海事）教育事业发展的风向标，具有典型性和代表性。1982年，经国务院学位委员会和教育部批准，其时大连海运学院成为首批具有学士学位授予权的高校。1984年，该校船舶机械制造与修理学科首次获得博士学位授予权，成为我国交通类院校中的第一个博士学位授予高校。随着改革开放的深入推进和航运事业的迅猛发展，大连海运学院的事业也随着高等教育事业发展突飞猛进，办学条件进一步改善，办学水平进一步提升，在校园面貌和内涵质量方面均发生了深刻的变化。伴随着产业发展兴盛起来的一些专业和学科在大连海运学院均有设置，如远洋运输、内河航运、船舶设计、船舶制造、船舶拆解、港口建设、航道维护、海上平台建设、海上事故处理、海洋安全管理学科（专业）等得到了全方位发展，形成了多学科、多层次、多领域的学科（专业）格局，内涵更为丰富的高等海事教育的概念呼之欲出。1993年8月22日，江泽民视察大连海运学院，留下了"坚定、严谨、勤奋、开拓，建设世界第一流的高等航海

学府"的题词，可见党和国家对该院事业发展的肯定和寄予的殷切希望。从此以后，"建设世界第一流的高等航海学府"成为大连海运学院的奋斗目标，推动了学院事业的快速发展。1994年2月，经国家教委批准，大连海运学院更名为"大连海事大学"。由学院升格为大学、由海运更名为海事，预示着我国高等航运教育进入了一个崭新的海事高等教育阶段。1997年，大连海事大学进入"211工程"建设名单，1998年取得挪威船级社（成立于1864年，是世界最早和最知名的质量保障和风险管理服务机构）认证，2004年以优秀等级通过教育部本科教学工作水平评估。2006年，国际海事组织秘书长米乔普勒先生在访问学校时盛赞说："大连海事大学对国际海事组织具有举足轻重的作用，大连海事大学有完善的办学条件，是一流的国际性海事教育院校。"①

改革开放以来，上海海运学院作为仅次于大连海运学院的一所知名航海学府，依托上海这样的国际化都市，同样实现了快速发展。到90年代末，上海海运学院已经成为含博士、硕士、学士和成人教育在内的以航运、物流、海洋为特色的、高水平、多层次、国际型的新型大学，具有交通运输工程、船舶与海洋工程2个一级学科博士学位授予权。上海海运学院致力于培养国家航运业所需要的各级各类专门人才，已向全国港航企事业单位输送了毕业生逾10万人，被誉为"高级航运人才的摇篮"。2004年，为更好地服务上海国际航运中心建设和国家航运事业发展，经教育部批准上海海运学院更名为"上海海事大学"。

地处水运枢纽城市武汉的武汉理工大学，与航海高等教育有着深厚的渊源。成立于1946年的国立武昌海事职业学校和成立于1945年的广东省立潮汕高级商船职业学校，于1992年合并成立武汉水运工程学院。2000年武汉水运工程学院与武汉汽车工业大学合并组建武汉理工大学。武汉理工大学是国家"211工程"重点建设的教育部直属全国重点大学，也是首批列入国家"双一流计划"建设的高校。武汉理工大学是教育部直属的211重点高校中唯一具有航海类专业、从事航海教育及航海专业人才培养的大学。该校在航海技术、轮机工程、海事管理、物流工程等专业方面形成了完整的专业人才培养体系，拥有船舶与海洋环境保护、船舶与海洋环境污染防治技术两个学科的博士学位、硕士学位授予权，并设有交通运输工程学科博士后流动站。

集美大学前身之一为著名爱国华侨领袖陈嘉庚先生1920年创办的集美学校水产科，迄今已有近百年历史。1994年，集美航海学院、厦门水产学院等学校

---

① 崔连德，杨培举. 中国高等航海教育百年回眸［J］. 中国船检，2009（7）：36.

合并组建集美大学。在长期办学过程中,集美大学形成了水产、航海、船舶等面向海事的学科专业特色和优势,拥有1个水产学科博士后科研流动站,水产、船舶与海洋工程2个一级学科博士点。航海教育在国内外有较大影响,是我国培养高级航海人才的重要基地,学校的教学实习船"育德"轮,是目前世界上最大的教学实习船。

以大连海运学院和上海海运学院的更名和武汉理工大学、集美大学的跨越式发展为标志,我国基本完成了从高等航海教育到高等航运教育再到高等海事教育的发展历程。

除了以上以大连海事大学等4所顶尖的高等海事院校为代表的本科院校以外,绝不能忽视大量专科层次的高等海事职业院校,它们不论在数量上,还是在规模上都占据了高等海事教育的半壁江山。1998年,全国人大通过并颁布了《中华人民共和国高等教育法》。其中明确指出:"本法所称高等学校是指大学、独立设置的学院、高等专科学校,其中包括高等职业学校和成人高等学校。"《高等教育法》非常明确地把高等职业学校作为高等教育的一部分确定了下来。1999年6月,全国教育工作会议召开,中共中央国务院颁布了《加快教育改革全面推进素质教育的决定》。《决定》指出:"高等职业教育是高等教育的重要组成部分。要大力发展高等职业教育,培养一大批具有一定理论知识和较强实践能力的技术应用型人才。"这些法律和政策大大促进了高等海事职业院校的发展。随着高等院校1999年的扩招,以及高职院校的升格,高等海事职业院校迎来了大发展的历史性机遇。大量中专层次的海事职业院校通过合并重组或单独升格成为海事高职院校,并迅速扩大招生规模,异地建设新校区。到了21世纪前10年大多成为万人高职院校,院校数量也达到了18所。实力较强、具有代表性的海事高职院校有青岛远洋船员职业学院、江苏海事职业技术学院、上海海事职业技术学院、福建船政交通职业学院、南通航运职业技术学院等。

高等海事院校大发展除了国际环境的改善以及高等教育改革的利好以外,一个不可忽视的重要背景是行业产业的迅猛发展。我国海域辽阔,海岸线漫长,拥有38万平方千米的领海权,专属海域面积达300万平方千米,进入21世纪,国家愈发重视海洋事业的发展,致力于维护和拓展海洋权益。随着国家海洋战略的深入推进,加之国际海运业进入高速发展期,我国海运事业得以突飞猛进:远洋运输力跃居世界前三甲;港口吞吐量位居世界首位;造船能力位居世界第二;海事相关的贸易、金融、法律、咨询、服务等产业也得到迅速发展,海事产业的法治环境和开放程度基本达到发达国家水平,在国际海运事务中也发挥着越来越重要的作用。① 我国的海运业承担着超过国家90%的国际贸易运输总量和超过60%的国内贸易运输总量，具有其他运输方式不可替代的特殊地位和重要作用，并且每年的运输业务量还以5%的速度增长。如此庞大的市场空间，对高等海事专门人才的培养提出了迫切需求。2008年金融危机之前，航运企业从海事院校招收一个航海类毕业生，要给予学校8000—30000元人民币的培养成本补贴，与海事相关的国际贸易、物流管理、港口电气、船舶制造等方面的毕业生也是供不应求。

在国内外各种有利因素促进下，到2008年，经过整整100年的发展，我国高等海事院校的规模不断扩大，内涵不断拓展，体系不断完善，已经建成了包含博士、硕士、本科、专科层次，涵盖航海、轮机、船电、港航、海洋、物流、国际贸易等海事类学科（专业）在内的较为完备的教育系统。据不完全统计，截至2008年，我国有高等海事教育院校81所，其中，本科层次13所、专科层次18所，此外还有50多所中专层次学校和培训机构，层次、数量、规模都居世界首位。

表3　国内海事本科院校一览表②（截至2008年12月）

序号	学校名称	办学地点	行政隶属
1	大连海事大学	大连	交通部
2	上海海事大学	上海	上海市
3	武汉理工大学	武汉	教育部
4	集美大学	厦门	福建省
5	宁波大学	宁波	浙江省
6	广东海洋大学	广州	广东省
7	天津理工大学	天津	天津市
8	大连海洋大学	大连	辽宁省
9	重庆交通大学	重庆	重庆市
10	浙江海洋学院	杭州	浙江省

---

① 徐祖远. 中国海运事业发展与海事教育［J］. 珠江水运, 2011（22）: 14.
② 除严格意义上的大连海事大学和上海海事大学等海事类本科院校以外，也含举办海事类学科专业的本科院校。

续表

序号	学校名称	办学地点	行政隶属
11	烟台大学	烟台	山东省
12	山东交通学院	济南	山东省
13	钦州学院	钦州	广西壮族自治区

四、转型阶段（2008年至今）

就在国际国内航运业和国内海事院校一路高歌、突飞猛进的2008年，由美国次贷危机引发的全球金融危机不期而至，并迅速蔓延到实体经济，对世界航运业和我国经济社会的发展造成了严重影响，无异于当头棒喝。国内外航运业迅速陷入低迷萧条状态。与2008年之前的一派繁荣景象相比，真可谓天壤之别，令全球航运界为之震惊和恐慌。作为紧紧依靠航运业生存发展的海事院校，在金融危机引发的"多米诺骨牌"效应之下，迅速遭遇了自改革开放以来最为严峻的"寒冬"。各种"坏消息"接踵而至，海事院校的招生就业、人才培养、校企合作均遭遇困境，过去在大发展、大繁荣掩盖之下的各种矛盾和问题也在多重因素叠加作用之下集中爆发出来。但是，"危"与"机"总是紧密相联，一般来说，有"危"就"机"，遭遇危机之时，也是转型发展之时。正是生存发展危机的到来，倒逼着海事院校进行转型。随着海事相关产业转型发展成为热门话题，海事院校转型发展也成为必然的选择。经过近10年的改革和转型，一批低层次、低水平的海事院校被无情淘汰；而一批苦练内功、立志转型的高等海事院校则走出了低谷，迎来了生机。但是转型之路充满艰辛，非一日之功可毕，与国际国内海事相关产业发展的要求相比，与国际先进的海事院校相比，我国的海事院校仍然面临着诸多挑战和问题，有待积极应对和有效克服。

2008年全球金融危机爆发以来，世界经济受到严重影响，国际贸易量迅速减少，作为经济形势变化风向标的航运业受到严重冲击，成为这次危机的重灾区。更为可怕的是，由美国次贷危机引发的全球性金融危机快速向实体经济蔓延，造成进出口需求大幅萎缩，国际货物贸易急剧下降，又直接导致了世界航运市场的持续低迷，货量剧减、运力过剩、运价狂跌、融资困难等一系列风险严重威胁着航运企业的生存和发展。① 被业界公认为国际贸易晴雨表的波罗的海干散货指数（简称 BDI）从 2008 年 5 月 29 日的历史最高 11793 点，断崖式下跌至 2008 年 12 月 5 日的历史最低 663 点，并持续在 700 点左右的低位徘徊。② 从国际上几个权威机构的报告也可以看出形势的严峻性。据劳氏公司 2009 年 3 月的一份报告（Lloyd's Inactive Vessels report）称，全球约有 1730 万载重吨的干散货船处于闲置状态。法国海运咨询机构（AXS-Alphaliner）统计称，全球有 484 艘集装箱船处于闲置状态，合计运力已达 140 万标箱。德国船东协会（VDR）预言，到 2010 年，全球集装箱船队中闲置运力的比例将达到 25%。据克拉克森（Clarkson）统计，截至 2009 年 2 月，世界船队规模达到了 11.7 亿载重吨，而航运公司手持订单量达到了 5.9 亿载重吨。③ 如此庞大的运力过剩，造成了严重的供需失衡，价格战开始打响，竞争进入白热化，甚至普遍出现了运输船舶闲置必然亏损、承接运输业务亏损更大的局面。由此，绝大部分航运企业纷纷进入亏损状态，一大批中小航运企业更是举步维艰，甚至破产倒闭。更为严重的是，由此引发的一系列连锁反应迅速波及整个海事产业。如果说海事产业作为一个完整系统、一个产业链的话，那么海运就处于整个系统产业链的最前端。由金融危机引起的需求缩减，继而引发的国际贸易缩水，直接导致的船舶运输骤减，迅速波及船舶制造、港口贸易、国际物流、航运金融、海事法律等紧密关联产业。在一系列连锁反应之下，整个海事产业一片萧条。过去在所谓"黄金时代"急剧扩张而累积的设备、技术、人才等资源，此时都成了企业的沉重负担，消化现有资源尚属不易，对设备、技术和人才的新需求更无从谈起。航运业粗放式的"野蛮生长"积累了大量的"泡沫资产"，一旦遭遇金融危机这样的风浪，"泡沫"在瞬间就破裂而四分五裂。由此，航运业乃至整个海事行业开始进入"蛰伏期"，或者说"调整期"。痛定思痛，亡羊补牢，一批艰难生存下来的企业纷纷开始反思过去的盲目与冲动、贪婪与野心，谋划改革与创新、升级与转型。2014 年世界排名前三位的航运企业丹麦马士基航运公司、瑞士地中海航运公司和法国达飞海运集团宣布在最重要的航线上联合运营，开始"抱团取暖"，应对危机；2016 年中国最大的两家航运企业中远集团和中海

---

① 刘振峰，陈燕，刘阁，童菁菁. 金融危机背景下中国航运企业 SWOT 分析［J］. 大连海事大学学报（社会科学版），2009（6）：38.
② 胡梅生，彭千，郑金明，莫奇，郑剑，贾玉涛，李萌. 停业船舶停泊安全与防污染管理研究［A］. 中国航海科技优秀论文集，. 2009.
③ 张页. 航运市场改革需标本兼治［N］. 中国水运报，2009-4-9.

集团合并组建中国远洋海运集团，进行大规模资产重组和转型升级。

面对日益严峻的行业形势，国际海事组织、中国相关政府部门积极应对危机，出台了一系列发展规划和政策文件，以促进海事高等教育和海事院校改革发展。国际海事组织在1978年颁发、1995年修订的《海员培训、发证和值班标准国际公约》（STCW78/95公约）基础上进行了再一次修订，并于2010年颁发了修正案（STCW78/95公约2010修正案）。修正案针对行业形势和技术发展的变化，增加了新的教育模式和教育项目，对全球缔约国船员教育培训机构的设置规定了新的条件，对船员教育培训方式、内容提出了新的强制性标准。全球船员教育机构开始了新一轮的洗牌，一批不符合设置条件、教育资源不足的海事院校在激烈的市场竞争中开始被淘汰或丧失市场机遇。同时，随着中国加入世贸组织时间日久，积极扩大开放，融入世界市场，推动经济全球化，在国际合作中需要按照世界通行规则和标准行事，也客观上促进了国内海事相关行业企业调整修订原有发展理念和运行模式，以适应国际化带来的挑战。比如船舶航行规则、国际贸易规则、涉外法律法规、邮轮旅游规则、海洋利用保护规则等，都需要按照新的标准和模式进行调整。

近年来，海事行业对相关涉外人才的需求量呈几何级上升，我国海事高等教育方面的人才培养能力尤为不足。中国政府从应对形势变化角度出发也出台了一系列发展规划、政策文件和行动计划。例如，2009年12月，国务院印发了《重点产业调整和振兴规划工作方案》，实施包括海洋、船舶、物流在内的十大产业振兴计划；2012年3月，教育部、交通部印发了《关于进一步提高航海教育质量的若干意见》，对航海类专门人才的培养工作进行了国家层面的关注和支持；2012年11月，党的十八大报告提出"提高海洋资源开发能力，发展海洋经济，保护海洋生态环境，坚决维护国家海洋权益，建设海洋强国"。海洋强国战略由此提上议事日程；2014年8月，国务院印发了《关于促进海运业健康发展的若干意见》，提出了到2020年建成海运强国的战略目标；2015年2月，国家又正式启动了影响广泛而深远的21世纪海上丝绸之路建设倡议。这些行动均是基于对国际国内环境变化，特别是海事行业发展新动向做出的判断和应对。国家从战略层面充分意识到：21世纪是海洋的世纪，谁拥有了海洋，谁就拥有了未来；纵观大国崛起，无不崛起于海洋；大国衰败，无不从海洋衰败。无论是海洋强国，海事海运强国，抑或是船员强国，均属于海事范畴。因为，海洋强国战略是实现中华民族伟大复兴中国梦的重大战略，建设海运强国是实现海洋强国的重要前提，而海事教育和海事科技则是建设海运强国的基本支撑。这些新的形势和任务都将对海事院校的发展提出新的机遇和挑战、要求和期待。

金融危机导致的行业低迷与海事院校有何关系呢？从最直接的表现来看就是海事相关产业大幅缩减用人需求，造成了海事类高等院校毕业生的就业困难。就业困难直接导致了招生困难，由此带来一系列的挑战与问题。海事类高校大多围绕海事产业链设置学科专业，覆盖航海运输、船舶修造、港口电气、航运物流、涉外旅游等学科专业，具有鲜明的行业特色，与行业企业合作紧密，可谓一荣俱荣、一损俱损。在行业形势景气的时候，海事院校发展就比较顺利；在行业形势低迷的时候，海事院校就受到直接影响。20世纪末21世纪初是行业大发展、大繁荣的"高光时刻"，海事院校借助行业东风，迅速扩张，一批老牌高等海事院校纷纷扩大招生规模，与此同时，不少普通高校也陆续开设海事类专业，各式各样的民办教育机构也急切加入这一行列，造成了海事类学科专业人才的急剧上升。仅以航海类专业毕业生情况来看，与2007年相比，2008年全国航海类毕业生达到了创纪录的20000人，根据航海类在校生规模预测，未来两年还将在此基础上翻一倍，达到40000人。①

以新中国第一所航海院校——江苏海事职业技术学院为例，自2004年学院（由原南京海运学校和原南京航运学校合并升格组建）成立以来，面对巨大的行业需求，航海类专业招生规模不断扩大，到2008年，年招生量达到900人左右，在校生近3000人，号称中国航海类专业在校生规模最大的院校。然而，在金融危机的冲击下，"过热"的海事教育，遇到"过冷"的行业形势，立即呈现出"冰火两重天"的尴尬局面。在大连海事大学2008年11月6日举办的2009届航海类专业毕业生就业双选会上，到会的招聘企业就只有70余家，比2007年减少了近三分之一，到会的船员劳务外派公司相比2007年也减少了近二分之一。而且这些到会企业的用人需求也大幅缩减，对毕业生的质量要求更高。而不像几年前，企业来争夺人才，只要有学生就要。大连海事大学是全国最顶尖的品牌海事院校，其毕业生就业状况尚且如此，其他高职高专层次的院校就可想而知了。再以江苏海事职业技术学院为例，2012年，该校的招生录取分数线下滑到了省控线，航海类专业招生计划通过调剂和征平也无法完成，到2015年左右，该校的航海类毕业生招生规模已经缩减到每年400人左右。而且，该校占毕业生总数近40%的航海类专业毕业生受到航运企业全行业亏损的影响，就业形势

---

① 吴兆麟，高玉德，李勇．"金融危机与航海教育"笔谈[J]．航海教育研究，2009（1）：1．

也十分严峻，其他如船舶类、贸易类专业毕业生就业也不容乐观。而就在不远的 2008 年之前，该校招生录取分数线多年稳居江苏高职院校前两名，被江苏教育界戏称为"高职院校中的南大、东大"。

在国际国内诸多因素的叠加作用下，海事院校感到"山雨欲来风满楼"，纷纷开始反思、调整和转型。应对举措不外乎调整优化学科专业结构，缩减招生培养规模，更加符合行业企业需求；改革人才培养模式，提高教育教学水平，提升人才培养质量两个方面。以标杆院校大连海事大学为例，经过多年的重点建设和改革发展，大连海事大学的海事高等教育已经具备国内乃至国际一流水准，并且经过多年的调整和优化，学科专业布局更加合理。从 21 世纪初开始，大连海事大学就开始转型升级，逐步缩减航海类人才培养规模，并着力加强内涵质量建设，培养精英人才。同时，大力拓展海洋工程、特种船舶、海事规则、海洋保护等新兴学科领域，并且所培养的人才层次和水平均处于最高水平。因此，在金融危机面前，大连海事大学受到的影响和冲击并不大，反而呈现出蓬勃发展的新态势。特别是 2017 年 5 月，交通运输部印发了《关于推进大连海事大学建设世界一流海事大学的实施意见》，提出"以服务国家战略为导向，以海事特色、世界一流为核心，推进大连海事大学加快建设世界一流海事大学，提升中国海事教育和海事科技的综合实力与国际竞争力，更好地服务国家海运强国和海洋强国建设，为实现'两个一百年'奋斗目标和中华民族伟大复兴的中国梦提供海事人才和智力支撑"。2017 年 9 月，大连海事大学的海洋运输工程学科成功跻身国家"双一流"建设行列，事业发展再次迎来新的契机。但是作为数量众多的一般海事本科院校和海事高职院校则面对严峻的挑战和考验。例如，山东交通学院，在国内海事本科院校中，其航海、轮机、船舶、物流、海洋等海事类学科专业规模可谓最大，受到冲击也最为明显。学院迅速进行了学科专业布局调整，压缩航海类学科专业规模，甚至停止部分学科专业招生，向其他海事类或非海事类学科专业转型。例如，青岛远洋船员职业学院是海事高职院校中首屈一指的院校，隶属于大型国企中国远洋海运集团管理。2008 年，在国际金融危机的冲击之下，当时其隶属的中远集团在自身亏损、遭遇困境情况下，曾多次考虑与该校脱钩，将其划转到地方管理，并积极联系大连海事大学以求合并该校。此举最终并未达成，对该校的发展造成了不小负面影响。艰难生存下来的学院不得不考虑何去何从，并下决心进行调整优化和转型升级。再如，南通航运职业技术学院、福建船政交通职业学院、天津海运职业学院等海事高职院校为了应对就业、财政等危机，也大幅度缩减航海类专业招生规模，向海洋工程、海事管理、邮轮乘务、海洋旅游等新兴专业拓展。

其实,海事院校的转型是多重因素系统作用的结果,除了行业形势的急剧变化以外,还有国家经济社会发展转型升级和高等教育改革转型的重要因素,也有地方经济社会发展转型和产业结构调整的因素。特别是一部分省属地方海事本科院校和海事高职院校,本就是立足地方经济和产业布局,为地方经济社会发展服务的。这些因素与行业因素比较,对海事院校的影响并不是直接的,也不是最为重要的,但也不能忽视这些因素的影响。

第三节 海事院校发展的基本特征

特征是一个客体或一组客体特性的抽象结果。特征是对概念的描述。任一客体或一组客体都具有众多特性,人们根据客体所共有的特性抽象出某一概念,该概念便成了特征。通过对海事院校发展历史的梳理,进而理解海事院校的基本特征,对于深刻认识我国海事院校具有重要意义。概括起来,我国的海事院校在百余年的发展历程中具有积极为国家发展战略服务、充满造福社会的理想抱负、在艰难困苦中曲折生存发展、注重学习借鉴国外教育经验、逐步走向正规化和制度化、海事院校内涵不断丰富六个方面的基本特征。下面就这些基本特征一一加以阐述。

一、积极为国家发展战略服务

海事院校是一个包含众多涉海专业与学科的院校系统,是高等院校体系中不可或缺的重要组成部分,它的发展对于国家航运事业、海洋事业,以及海防建设,甚至是国运兴衰具有重大基础性和战略性意义。我国海事院校在百余年的发展历程中与国家民族荣辱与共,充分体现了它的爱国情怀和为国家战略服务的宗旨。我国海事高等教育的发展历程"始终围绕着国家海权的掌控这一精髓。航海、航运和海事人才培养的宗旨,始终追寻着这一目标的实现,体现了一种自强不息的精神"。① 海权自古有之,近代资本主义兴起之后,通过海洋运输争夺海外市场,从而产生了维护国家利益的海权理论。现代海权理论创始人

---

① 蒋志伟. 中国海事高等教育的历史传承浅议 [EB/OL]. http://museum.shmtu.edu.cn/index.aspx?lanmuid=64&sublanmuid=538&id=595,2015-12-18.

艾尔弗雷德·塞耶·马汉提出"海权即凭借海洋或通过海洋能够使一个民族成为伟大民族的一切东西"。并指出"商船队是海上军事力量的基础，海上力量决定国家力量，谁能有效控制海洋，谁就能成为世界强国"。① 海权体现了一个国家的综合实力，维系着国家的经济主权，具有重大的战略意义。中国具有悠久的航海历史，曾经是世界领先的造船和航运大国，造船和航海技术首屈一指。早在9世纪中叶，我国的船队就可以远洋航行在蔚蓝的深海上。郑和七下西洋，更是将中国的造船业和航运业推到了世界顶峰的位置。第一次世界大战之前，没有可以与之相匹的舰队。英国科技史权威李约瑟博士曾写道："世界上第一个远洋舰队由郑和率领，27800名汉人分乘208艘船舰，驶向三大洋。"② 但是从明朝中晚期海禁开始到鸦片战争爆发前的300多年闭关锁国政策，造成航海技术的落后，以及鸦片战争后海权的迅速旁落。

晚清以来，我国之所以举办航海高等教育，其出发点就在于夺回国家海权，培养本土人才，振兴民族航运事业。招商局帮办郑观应指出：本局轮船日增，驾驶皆用西人，吃亏极大，亦为我国之羞，非但交涉事繁，漏卮更重。为挽救航权，振兴国运，就必须"急仿各国开商轮驾驶学堂，教育人才"。③ 这是因为"既需船械，要精制造；既精制造，要识家时。所谓有人才而后可与人争胜也"。④ 在筹办招商公学时，郑观应又指出："航业者，国家之命脉也；航学者，航业之津梁也。""兹我公学设立之旨，首在造就航务人才，暨职业教育，逐渐次第举行，非独我局根本之图，更足为国家富强之助。""他日人才辈出，乘长风，破万里浪，与欧舶美舰并驱争先，为我航业放一异彩。"⑤ 著名爱国实业家、吴淞商船专科学校创始人张謇也指出："一国渔业和航政的范围到那里，就是一国的航海主权在那里。"并大声疾呼："维护领海主权，要先造就航政人才。"⑥ 当时的商船学校都为国家夺回海权而努力培养人才。吴淞商船专科学校以"教授应用科学，养成航海技术人才"为宗旨；国立辽海商船专科学校以"培养海上商船运输专门人才"为宗旨，无不体现了为国家发展战略服务的特点。

---

① 吴纯光. 太平洋上的较量［M］. 北京：今日中国出版社，1998.
② 刘仁杰. 大同思想与郑和文化初探及建言［N］. 云南经济日报，2019-9-18.
③ 夏东元. 郑观应传［M］. 上海：华东师范大学出版社，1981.
④ 夏东元. 郑观应传［M］. 上海：华东师范大学出版社，1981.
⑤ 夏东元. 郑观应传［M］. 上海：华东师范大学出版社，1981.
⑥ 吴淞商船专科学校同学会. 吴淞商船专科学校校史稿［M］. 吴淞商船专科学校出版社，1996.

新中国成立后,民族国家主权实现独立,丧失的海权被逐一收回,海事相关产业开始大发展,对于国家的意义也愈发重要。国际海事组织前秘书长米乔普勒斯有一句名言:"没有海员的贡献,世界上一半的人会受冻,另一半的人会挨饿。"① 可见,海事产业发展和海事高等教育对于国家的重大价值和意义。改革开放以后,随着海事产业的突飞猛进,我国的海权,特别是海上航运权进入了历史上最为强大的时期。不过我国在涉及海事领域的航运、港口、造船等方面虽然可以称作大国,却还不是一个强国。我国海洋权益容易受损,国际航运界的话语权也不够突显,港口和造船方面的技术和质量还与发达国家有不少差距。国家越来越强烈地意识到,海洋战略是实现中华民族伟大复兴中国梦的重大基础性战略,建设海运强国是实现海洋强国的重要前提,海事教育和海事科技是建设海运强国的基本支撑。为此,党中央和国务院先后提出了建设海运强国、海员强国的目标,并实施了海洋强国、长江经济带建设等战略,提出了建设 21 世纪海上丝绸之路的倡议。国家的需要就是海事院校发展的动力,大连海事大学、上海海事大学、集美大学、武汉理工大学以及其他海事类高等院校继承优良爱国传统,积极服务国家战略,纷纷进行了改革创新和调整转型,努力为海事高级人才培养和海事科技发展贡献力量。

二、充满造福社会的理想抱负

中华民族是一个热爱和平的民族,历史上,郑和七下西洋,旨在促进经济贸易,增加友好交流,从未占领他国一寸土地,从未掠夺他国一分财产。近代以来,中国的航海教育人继承了这一优良传统,秉持造福社会、服务民生的宗旨,兴办航海院校。1912 年,上海工业专门学校(前身为兴办高等航海教育的上海高等实业学堂)在增设航海科时就提出:"我国航海人才之阙乏,不自今日始,凡少有知识者类能言之,此项人才不出,我国航海事业永无振兴之期。重洋万里,我国无片舟驾驶于其间,国旗飞扬往来不绝,而我国只国旗无与焉!此国体攸关,尤其注意。不独此也,权利外溢,民生苦,长此以往,何堪设想。车行则贵,舟行则贱。货物运输,品类繁殊,或宜于疾,或宜于徐,或宜于贱,或宜于贵。货物之贵者,运输宜车,货物之贱者,运输宜舟。要之货迁有无其间,货物之贱而为民生所日用者,实居强半,此项货物之运输大抵皆宜乎舟,

---

① 邱思珣.《2006 年海事劳工公约》修正案的国内适用[J]. 中国海商法研究,2016(3):50.

此航海之利一也。大地交通，人民散处，工商各界书信往来日历万计，水路相隔，不得不借邮船以传递之，此航海之利二也。强邻逼处，兵衅易开，军火运输，亦有赖乎轮船者，此航海之利三也。"① 将航海教育对于国家社会的益处表述得清清楚楚，充满强烈的社会责任感。再比如，1935年12月，广东航海学校首届毕业生学成毕业时，校长陈元瑛在《广东航海学校第一届毕业同学录序言》中对毕业生寄语道："夫航海之具，莫重于指针，航海之责，莫重于司柁。柁工能循已定方针，谨慎将事，可乘长风，破万里浪。诸君子卒业后，献身社会，亦由航海之先定方针，谨慎将事，则彼岸虽远，终能到达。拟航海者，非常处宴境也，当夫惊涛骇浪，烈风暴雨，尤贵不屈不挠，努力以赴。人生之遇逆境，亦犹是耳。古今成大功，立大业者，无不从艰苦卓绝中得来，岂独航海为然哉？嗟夫！诸君子生当国势阽危之秋，所学者适为航海，身入社会，不啻风雨同舟，应思共济，宜各竭其智能，为群众造福，斯不负其所学。"② 这些话语溢满航海教育者造福社会的担当精神。

新中国成立后，百业凋零、百废待兴，航海教育人不辱使命，积极投身社会建设，为国家社会发展拼搏奉献。例如，1949年6月，在广东省立海事专科学校第二届毕业生即将远洋实习之时，校长徐沛勉励学生："商船航行江海各线，任输出入之转运，风雨同舟，星月披戴，汹涛恶浪，服务艰苦，惟学习高级船员之业务，端在斯时之锻炼，对于舱面舱里之应用技术，应随时随地，勤慎练习，尤须具有坚韧耐劳之精神，方能获致卓越之心得，他日社会充任职务，庶可胜任愉快。"③ 始终不忘培养人才为社会服务的目的与宗旨。再如，1950年12月，东北航海专门学校在向东北人民政府文化教育委员会行文提出将学校设置为学院的建议中认为：第一，随着航海事业的不断发展，社会对高级船员需求日益增加，学校现有规模难以培养出众多的高级船员；第二，目前的四年学制下，学生实习时间仅有一年，在技术和实践应用上难以达到高级船员的标准，难以满足社会单位对高级人才的需求。④ 这些建议处处体现出服务社会需求的办学导向。改革开放以后，随着国家经济社会建设的深入推进，海事类院校与

---

① 上海交通大学校史编写组. 交通大学校史资料选编（第一卷）[Z]. 西安交通大学出版社，1986.
② 广东省档案馆档案：军字237号，5-1-623，资军859号.
③ 广东省档案馆档案：军字237号，5-1-623，资军859号.
④ 王杰，李宝民，邢繁辉，等. 中国高等航海教育史略 [M]. 大连：大连海事大学出版社，2009.

之同频共振，在服务社会中大展身手。除了为国家培养高素质技术技能型海事人才以外，还通过职业技能鉴定和行业岗位培训，转移农村劳动力人口；通过对口支援中西部海事类院校，提升对口支援院校的办学实力；通过专业特色与技术优势，服务区域和行业企业技术改造和升级。例如新中国成立后成立的第一所航海院校——江苏海事职业技术学院，至今已经获得114项职业技能鉴定和社会培训项目，近五年来，平均每年为社会培训10000余人次，共计开展了职业技能鉴定25万人次。① 2019年，国家做出高职院校扩招100万的决定，并明确扩招对象为退役军人和农民工等群体，江苏海事职业技术学院等海事类职业院校的培养和培训规模将得到进一步扩展。江苏海事职业技术学院还对口支援延安职业技术学院等9所中西部相关高职院校，通过师资培养培训、联合培养学生、管理示范带动等措施提升中西部相关高职院校的教育教学质量和管理服务水平。同时，还依托这些中西部院校，对口在河南、内蒙古、新疆、贵州等部分经济落后地区招收农村剩余劳动力参加学习培训（减免很多费用），使其具备一定的职业技能，为其顺利就业铺平道路，为革命老区和贫困地区人民脱贫致富做出应有的贡献。学院还依托海航专业特色和技术优势，通过科技研发、联合公关、成果转化、交流培训等方式，为社会企业提供技术支持，2016年到2018年的三年时间里，科技横向服务到账经费就达到了2500万元。②

三、在艰难困苦中曲折生存发展

通过对我国海事（航海）高等校发展历史的回顾，我们可以明显地看出，近代中国的海事（航海）高等院校是在内忧外患、国难当头的乱世之中萌芽并艰难成长起来的。它在诞生之初，由于列强虎视眈眈、国内战乱连连，加之政府腐败无能、民众愚昧保守等诸多因素，高等海事（航海）院校发展之路崎岖坎坷。例如，我国著名的航运界实业家郑观应，在经营西式航运过程中，深感中国高等商船教育的缺失对民族航运事业的严重制约，积极呼吁兴办新式商船教育，但是由于当时的海权完全控制在外国人手中，航运界和商船上的高级职务均由外国人把持，他们千方百计压制我国的航海高等教育，以图长期垄断我国的航运事业。郑观应呼吁建立新式学堂的努力最终没有成功。直到晚年，他

---

① 江苏海事职业技术学院办公室. 江苏海事职业技术学院简介［EB/OL］. http：//www. jmi. edu. cn/1d/ 5c/c900a7516/page. htm, 2020-03-05.

② 江苏海事职业技术学院办公室. 江苏海事职业技术学院简介［EB/OL］. http：//www. jmi. edu. cn/1d/ 5c/c900a7516/page. htm, 2019-03-05.

仍然对我国高等商船教育的缺失深感遗憾,并说:"我局(轮船招商局,笔者注)各船由船主以至大伙、大车等至多用洋员,借才异域,实非久计。弟屡经建议,设商船驾驶学校,选择中学毕业已通西文之少年入校学习,毕业后派往局船,并属该船主教授,实地练习,如日后有人当船主者,给予奖励。由三副以至船主依次递升,机司亦然。所有驾驶学校章程早经拟就呈交会长,惜听洋总船主之言,未克照行。"① 再如,最具代表性的商船专科学校,从1909年的邮传部高等实业学堂船政科起步,到1911年,邮传部独立设置高等商船学堂,并将高等实业学堂的船政科划归商船学堂。但是办学不到四年,学校就因为军阀混战、经费缺乏,加之航运权控制在外国人手中、毕业生就业异常困难等原因在1915年第一次停办。直到1929年,南京国民政府建立了相对稳定的政权后,国民政府交通部才批准复校,并定名为"交通部吴淞商船专科学校"。其间,中国的航海高等教育停顿了14年。抗战期间的淞沪会战,又将学校毁于炮火,学校第二次停办并于1939年迁往重庆,更名为"国立重庆商船专科学校"。1943年,学校又因为经费、学潮等原因被国民政府教育部勒令解散。中国唯一一所也是第一所高等商船学校第三次停办。在1909年到1949年的40年间,商船专科学校三次停办,几易校址,数次更名,历经沧桑,艰难延续。它的发展过程是中国高等航海教育在困境中痛苦挣扎的一个缩影,也反映了身处逆境中的航海教育者自强不息、努力自救的坎坷历程。

1949年新中国的成立,中华民族开始了新的历史纪元,高等海事(航海)教育获得新生。例如,仅在新中国成立后的3年时间里,培养人才的规模就大大超过了旧中国40年的历史。但是1958年开始的"大跃进",特别是1966年开始的"文革"动乱,给高等海事(航海)院校造成了严重的冲击和损失,校舍被红卫兵侵占破坏,大批专家学者和教师被批斗,学生停课上街或外出串联,教学设备和资料被大量偷盗,校园陷入一片混乱之中,并且全部停止了招生。直到1972年,党中央决定整顿高等教育秩序,改变日益混乱的局面,海事(航海)高等院校才开始招收工农兵学员。中国的高等海事(航海)教育第一次遭遇政治动乱这样的困难局面,出现了一个长达十年的"空白期"。在国际社会普遍进入现代文明时代里,我国的高等海事(航海)教育惨遭摧残,骤然停止,十年的时间,大大拉开了我国高等海事(航海)教育和世界发达国家的差距。直到"文革"结束,高等海事(航海)院校才重新走上一条健康发展之路。到

---

① 夏东元. 郑观应集(下册)[M]. 上海:上海人民出版社,1988.

改革开放后又迎来了一个崭新的历史阶段,并走上快速发展的轨道。但是 2008 年国际金融危机引发的连锁反应,又对我国海事(航海)高等院校的改革发展造成了冲击和困扰,海事院校纷纷遭遇毕业生就业困难,企业支持力度下降,学生报考意愿下降等挑战。总之,高等海事(航海)院校的发展充满了艰难曲折,一段海事(航海)高等院校历史,印证着中国海事(航海)高等教育的诞生成长和发展足迹,印证着中华民族灾难深重的过去,也印证着中华民族奋起腾飞的今天。历史告诉我们:任何事业,都依赖于国家的命运,国运昌百业兴,国运不振则百业凋零,海事行业与海事教育也不例外。①

四、注重学习借鉴国外教育经验

就近现代意义上的高等海事教育而言,相比较于国外,我国起步很晚,没有自己的经验可以继承。加之,我国高等海事教育诞生之初,列强环伺,把控海权,必然会被打上深深的"洋烙印"。清末的一些官僚、学者和实业家如郑观应、潘衍桐、严修、张謇都主张开办西式航海教育学校、培养本土航海人才,并通过各种渠道介绍国外航海学校的情况,并大力引进西方高等航海教育课程内容。到了唐文治在上海高等实业学堂开设船政科时,基本直接照搬日本的航海教育模式。比如,实行公开招考,不受出身限制;培养过程严格,半军事化管理;广泛开设现代课程,尤为注重英语教学;强调理论与实践相结合,特别重视实践能力培养,等等。② 这些经验对当时的中国来说是全新的,是适应时代需要从国外引进的,与中国传统的教育模式截然不同。1927 年以后,随着中日关系恶化、与英美关系的走近,包括高等航海教育在内的中国高等教育模式,开始了从效法日本向效法英国,再效法美国的转变过程。例如,此时的吴淞商船专科学校就直接借鉴英美高等航海院校的课程设置模式,并直接采用西方高等航海院校的原版英文教材。1949 年以后,主要由于政治因素影响,中国航海高等院校又开始了全面学习借鉴,甚至全盘照搬苏联教育模式的时代。这种学习借鉴是全方位的,从聘请苏联专家指导、聘任苏联教师任教,到设置苏联课程、使用苏联教材,再到教学组织和教学方法,都全面苏联化。例如,并校后的大连海运学院第一次教学改革,奠立了以苏联模式为主的高等航海教育体系,教学组织与方法等均具有很强的计划性,影响深远。

---

① 张正军. 中国航海教育的足迹 [J]. 兰台世界,2002 (9):43.
② 高玉德. 用世界眼光、战略思维谋划中国航海教育 [J]. 世界海运,2009 (6):28.

改革开放以来,随着中国更加融入国际社会,更多地走出去交流合作,加之海事高等教育本身具有的国际性以及国际海事组织成立后,相关海事国际公约的强制实施等因素作用,中国海事院校对国外海事高等教育成功经验的学习借鉴进入了全方位、多渠道、多层次的新的历史阶段。总体来说,经过40多年的改革建设和快速发展,国内高等海事院校在校园面积、学生规模、设施设备等硬件方面已经超越了国外的高等海事院校,但是在办学理念、培养模式、师资水平、服务能力等软件方面,我们还有很大差距。美国、丹麦、澳大利亚、加拿大、英国、新加坡、日本等国外海事院校大多完成了从规模发展到集约发展、从低层次发展到高端化发展、从培养普通人才到培养精英人才、从发展一般海事科技向发展高端海事科技的转型。此外,国外高等海事院校大多十分突出以人为本办学理念,注重人才培养质量和海事科技创新,教师专业化水平高,行业经历丰富,对教育教学敬业,培养方式灵活多样,具有很强的针对性,学生责任意识、敬业精神、团队精神以及动手能力、创新能力和应变能力都普遍优于国内的学生。他们的培养规模虽然很小,但是具有精英化教育的特征。国内海事院校也意识到这种现象和趋势,愈发重视加强与国外海事院校的交流合作,注重对国外成功教育教学经验的学习借鉴。改革开放以来,大连海事大学先后与俄罗斯、美国、加拿大等35个国家和地区的134所国际著名院校、单位正式建立合作关系,在培养学生、教师研修、科研合作等方面保持着实质性联系。该校还与多个国际组织和机构保持长期合作关系,其中包括国际海事组织(IMO)、国际劳工组织(ILO)、国际海事大学联合会(IAMU)、全球海事培训协会(GlobalMET)、国际航海教师联合会(IMLA)、亚太经合组织(APEC)、东南亚国家联盟(ASEAN)、国际航运协会(ISF)、国际船级社协会(IACS)、波罗的海航运公会(BIMCO)、英国劳氏船级社(Lloyd's Register)以及日本邮船(NYK)等世界著名的航运公司。

五、逐步走向正规化和制度化

从对海事院校四个发展阶段的回顾可以看出,中国海事院校的发展有一个逐步走向正规化和制度化的过程。1909年船政科的设立标志着中国近代航海高等教育的正式产生,它首次改变了中国航海教育几千年的师傅带徒弟、面授手传的"作坊式"传统教育模式,开始逐步走向专业化、科学化培养高级航海人才的轨道,为挽救国家丧失的航运权,改变洋人操控商船的不利局面迈出了重要的第一步,在中国的航运发展史上和航海教育史上都具有十分重要的意义。

1910年，清政府对船政科的学制做出规定，明确修业年限为四年，前三年为课堂教学，后一年为船上实习。这种三年学习、一年实习的四年学制，被后来的商船学校所继承，并成为我国高等航海教育的主流。而1911年开办的邮传部高等商船学堂，则是中国第一所独立设置的、具有近代特征的商船教育机构。到了1912年，北洋政府教育部颁布的《商船专门学校规程》，则是我国近代第一个成熟的规范高等航海教育的法令，较之清政府1904年颁布的《高等商船学堂章程》，内容更加详尽而科学，它明确了商船专门学校的办学宗旨、学历设置、学习期限、学科设立、课程设置、设施设备，等等。它标志着中国高等航海院校正规化、制度化培养人才的开始。北洋政府还颁布和实施了《商船船员服务证书暂行规则》，首次将高级船员任职资格与商船学校毕业生资历直接挂钩，并鼓励本国航运公司雇佣本国高级船员，这一措施具有开创性意义，并为后来历届政府所继承光大，直到今天还在延续。南京国民政府成立后，中国航海高等教育出现了短暂的恢复与繁荣，国民政府颁布施行了《专科学校组织法》《专科学校规程》等航海高等教育上位法，同时颁布实行了《吴淞商船专科学校章程》以及与之配套的船员检定等方面的实施细则。标志着这一时期的中国航海高等教育开始进入规范化、制度化、规模化和系统化的新阶段。

新中国成立后，中国高等院校按照苏联模式进行了社会主义改造，航海高等院校也不例外，开始全面学习苏联办学经验。首先按照苏联的大学体制对航海高等院校进行了院系调整，合并三所航海院校，集中力量打造了大连海运学院，接着在教学制度方面也全面地按照苏联经验进行了改革。具体地说，就是采用苏联大学的教学计划和教学大纲，翻译使用苏联的教科书，学习苏联的教学方法，按照苏联大学的组织形式成立教学研究组等。这些在教学制度、教学内容、教学方法、教学组织等方面的全面变革，彻底改变了旧大学的性质，从某种意义上讲比管理体制改革对中国大学制度的影响更为深刻。经过调整、合并、改革等方式，航海高等院校根据各自历史禀赋和优势特长设置专业，覆盖了航海、轮机、港务工程、造船修船及海运管理等诸多专业，逐步形成了一个较为完整的高等航海院校体系，并按照苏联模式开展教育教学活动。苏联模式在新中国成立之初具有很大程度上的适恰性，对于大规模、专业化培养各条战线的专门人才，迅速恢复国民经济具有重要历史性作用。改革开放以后，特别是20世纪90年代以来，我国的高等教育立法进程不断加快，高等教育改革政策陆续出台，一系列国际海事公约得到实施，促进我国的海事高等教育在规范化、标准化、法制化方面均达到了新的历史高度。特别是国际海事公约的履行具有强制性，它将中国海事高等教育与国际标准接轨，按照国际通行规则开展海事高等教育，既促进了中国更好地参与国际事务、融入世界，又有力保障了我国海事院校教育教学活动的规范化和制度化。

六、海事院校的内涵不断丰富

一般来说，航海是人类一种征服自然的技术能力，即驾驶船舶在海洋上安全航行的能力，是人类在远古时代就出现的活动。航运则不仅指驾驶船舶在海洋上和内河上航行，还包括利用港口设施设备，将旅客和货物安全送达并由此获得经济利益的活动。在经济全球化时代，海上运输，尤其是国际海上运输是航运的主体。海事的内涵则在航海和航运的基础上进一步拓展，不仅包括航海和航运，还包括一切与海上运输、海上作业有关的事务。海事院校在诞生之初，往往以商船学校或航海学校命名，并没有航运高等院校和海事院校的概念。新中国成立后，我国才开始出现航运高等教育的一些特征。除了积极发展传统的航海驾驶、轮机工程、船舶修造专业以外，航运经济管理中的许多领域也开辟了新的专业（学科），并根据不同院校的特点和优势，形成了交叉互补的专业（学科）群，迅速拓展了航海高等教育的内涵。1966年交通部对所属院校进行院系大调整，专业设置向航运经济管理倾斜和偏重，再次说明随着国家主权的独立和航运经济的发展，重点不仅在于培养航海、轮机和船舶方面的技术人才，也要培养大量的航运经济管理和经营人才。这标志着我国海事高等教育开始向航运高等教育转变，也是向内涵更为丰富的海事高等教育迈进了重要一步。

20世纪80年代以来，随着改革开放的深入推进，我国航运事业实现了大发展，产业领域更为广泛，除了远洋和内河运输以外，港口建设、海上平台、航道管理、物流贸易等产业也迅速兴盛起来，海洋资源开发与利用、海洋安全与环境保护、海上事故与安全处理等产业也得到发展，航运经济产业进一步向更深更广的海事经济产业转变。依托航运经济大发展，航海高等院校也顺应产业变化需求，在专业（学科）设置方面，向航运高等院校方向发展，并逐步向海事院校转型。以大连海事大学为例，在航海教育时代，它的名称为"商船专科学校"；在航运经济时代，它的名称为"大连海运学院"；在海事经济时代，它的名称为"大连海事大学"。学院名称的变化印证了时代产业的变化，也印证了教育内涵的丰富。进入21世纪，我国成为世界最大的贸易国，名副其实的造船大国、航运大国、港口大国、船员大国，上海等沿海城市纷纷建设国际航运中心，给我国海事院校的发展带来了新的机遇。2004年上海海运学院更名为"上海海事大学",与大连海事大学一道成为中国海事高等教育的"双雄"。这标志着我国基本完成了从航海高等院校、航运高等院校到海事院校的发展历程,海事院校的概念得到业内和社会的广泛认同,也与国际海事高等教育实现接轨,并基本保持同步发展的态势。

第二章

我国海事院校的发展困境与转型诉求

我国海事院校诞生百余年来，特别是改革开放以来，取得了令人瞩目的成就，形成了颇具特色的海事院校体系，逐步走向了正规化、制度化的轨道，培养了大批高素质海事技术技能人才，积累了相当丰富的海事院校办学治校经验，为国家涉海战略实施和海事产业发展做出了积极贡献。但随着社会形势、行业形势的变化和高等教育自身的变革，我国海事院校的发展也面临着诸多发展困境，面临着转型的外在压力和内在诉求。本章主要围绕海事院校的发展现状、发展困境与转型诉求进行分析。

第一节 海事院校的发展现状分析

对海事院校发展现状的分析是研究海事院校转型发展的基础性工作。海事院校类型、层次、性质等多样化，规模、学科、师资等不同。特别是本科院校和高职院校差异巨大，需要具体加以分析。

一、公办海事本科院校发展现状

截至 2019 年，我国共有公办海事本科院校（含设置海事专业或学科的本科院校，以下简称"海事院校"）18 所。根据教育主管部门和院校网站信息以及院校内部资料，将我国海事院校的现状梳理为表 4 和表 5。

从纵向来说，我国海事院校近年来发展迅速，事业发展取得了比较明显的成绩。但是，于国家战略需求而言，与国外海事院校相比仍然有不小差距。通过对表 4 的分析，得出以下结论。

表4 2020年我国公办海事本科院校基本状况

序号	院校名称	建校时间	院校地址	校园面积（亩）	院校规模（人、约数）	海事学科专业类规模（人、约数）	主管部门	院校荣誉	软科2020中国大学排名（前600）	U.S.News 2020世界大学综合排名（前1500）
1	大连海事大学	1909	辽宁大连	2040	20000	8000	交通部	"双一流"建设高校（学科）	109	
2	中国海洋大学	1924	山东青岛	2400	27300	5000	教育部	"双一流"建设高校	49	794
3	大连海洋大学	1952	辽宁大连	2205	14000	5000	辽宁省教育厅	省一流大学重点建设高校	285	
4	武汉理工大学	1898	湖北武汉	4000	54000	6000	教育部	"双一流"建设高校（学科）	52	536
5	烟台大学	1984	山东烟台	2100	30000	2300	山东省	省特色名校	220	
6	山东交通学院	1956	山东济南	3200	25000	2500	山东省	省特色名校	438	
7	集美大学	1918	福建厦门	2300	27000	7000	福建省	省"双一流"建设高校	243	

续表

序号	院校名称	建校时间	院校地址	校园面积（亩）	院校规模（人、约数）	海事学科专业类规模（人、约数）	主管部门	院校荣誉	软科2020中国大学排名（前600）	U.S.News 2020世界大学综合排名（前1500）
8	★宁波大学	1986	浙江宁波	3037	24000	2000	浙江省	"双一流"建设高校（学科）	75	
9	浙江海洋大学	1958	浙江舟山	2608	11200	3500	浙江省	省部共建高校	191	
10	广东海洋大学	1935	广东湛江	4892	33000	4500	广东省	省部共建高校	309	
11	广州航海学院	1964	广东广州	557	13700	2500	广东省			
12	北部湾大学	1973	广西钦州	2070	16740	2000	广西壮族自治区	区部共建高校	372	
13	上海海事大学	1909	上海	2400	24000	8500	上海市	市部共建高校	147	
14	重庆交通大学	1951	重庆	3000	27750	2000	重庆市	市部共建高校	174	

续表

序号	院校名称	建校时间	院校地址	校园面积（亩）	院校规模（人、约数）	海事学科专业类规模（人、约数）	主管部门	院校荣誉	软科2020中国大学排名（前600）	U.S.News 2020世界大学综合排名（前1500）
15	江苏海洋大学	1985	江苏连云港	2185	20000	3000	江苏省		324	
16	上海海洋大学	1912	上海	1600	14300	4000	上海市	"双一流"建设高校（学科）	154	
17	海南热带海洋学院	1954	海南三亚	2180	17700	2500	海南省	省部共建高校	469	
18	★哈尔滨工程大学	1953	黑龙江哈尔滨	2070	29000	4500	工信部	"双一流"建设高校（学科）	51	847
备注	1.加"★"为定向培养海军技术军官院校 2.其中，武汉理工大学、烟台大学、宁波大学、集美大学、山东交通学院、北部湾大学、重庆交通大学、哈尔滨工程大学8所大学为涉海院校										

68

1. 院校管理体制不够健全

在我国当前的高等教育管理体制之下，一所大学属于哪个部门管理对大学来说有重大影响。它不仅关涉大学的层次、地位，而且关系大学办学经费和资源获取能力。与省市属地方院校相比，部属院校能够获得更多支持和资源。在18所海事院校中，有4所属于部属院校，但其中的武汉理工大学和哈尔滨工程大学并不属于纯粹意义上的海事院校。其余14所地方所属海事院校得到国家层面的关注和支持相对较少。相比美国来说，国家对海事院校的支持力度远远不够。美国的海事院校全部为公立院校，均属于联邦政府运输部海运管理局管理。海运管理局除了拨付日常办学经费，还直接向学校提供学生学费补助，科研经费支持，训练船购置、维修和保养费等，但并不干涉院校具体的办学活动。美国的海事院校各自属于不同的州立大学系统，但这个大学系统只是一个松散的联盟性质组织。因此，海事院校能够独立自主面向市场办学。因管理体制的不同，美国的海事院校比我国的海事院校具有更多的办学自主权。

2. 人才培养总体规模偏小

目前我国有18所公办本科海事院校，在我国院校体系（公办本科院校1265所[①]）中占比偏小（与师范类、农林类、政法类、财经类等院校相比），仅占1.42%。从海事类专业学科人才培养规模上看，全国海事类学科专业在校生人数约67800人，仅占海事类院校在校生人数（约381990）的17.7%。在大连海事大学、上海海事大学这2所纯粹意义的海事院校中，海事类学科专业在校生比例也不到1/3，在其他院校占比更小。从数量上来说，海事人才培养规模偏小。据《光明日报》报道："随着国家'一带一路'战略的实施，海事人才需求量增加。记者调查发现，即使待遇较高，海事人才流失现象仍日益严重，高级船员短缺已成为江苏乃至全国海事发展的'拦路虎'。专家预计，到2016年仅江苏海事人才缺口将达近10万人。"[②] 从全国来看，海事人才缺口将更加严重。因此，就目前来看，海事院校难以满足国家涉海战略对海事人才和技术的需求。

3. 一流海事院校数量较少

虽然关于大学排名有很多争议，但通过较为公允的大学排名也可以大致勾勒

---

① 教育部. 2019年教育统计数据. http://www.moe.gov.cn/s78/A03/moe_560/jytjsj_2019/qg/202006/t20200611_464789.html. 2020-6-10.

② 郑晋鸣，赵雨晨. 海事人才缺口严重 [N]. 光明日报，2015-5-17.

表5 2020年我国公办海事本科院校海事类学位与学科（专业）状况

序号	院校名称	学士学位	硕士学位	博士学位	博士后流动站	国家级名师	备注
1	大连海事大学	·船舶与海洋工程 ·轮机工程 ·航海技术 ·船舶电子电气工程 ·海洋科学 ·海洋资源与环境 ·救助与打捞工程 ·海事管理 ·海商法学	·海洋科学与技术 ·海上交通工程 ·船舶与海洋结构物设计制造 ·轮机工程 ·水声工程 ·船舶电气工程 ·救助与打捞工程 ·海商法学 ·海洋环境与资源保护法学 ·海洋化学 ·海洋资源管理	·海洋科学与技术 ·海上交通工程 ·船舶与海洋结构物设计制造 ·轮机工程 ·水声工程 ·船舶电气工程 ·救助与打捞工程 ·海商法学 ·海洋环境与资源保护法学	·船舶与海洋工程	·共享院士7人 ·"长江学者"3人	海洋运输工程为国家"双一流"建设学科

<< 第二章　我国海事院校的发展困境与转型诉求

续表

序号	院校名称	学士学位	硕士学位	博士学位	博士后流动站	国家级名师	备注
2	中国海洋大学	·海洋科学 ·水产养殖 ·海洋渔业科学与技术 ·海洋资源与环境 ·海洋技术 ·海洋经济 ·海洋资源开发技术 ·港口航道与海岸工程 ·船舶与海洋工程 ·轮机工程 ·航海技术	·物理海洋学 ·海洋资源与权益综合管理 ·海洋技术 ·海洋化学工程与技术 ·海洋材料技术 ·海洋地质 ·海洋地球物理学 ·水生生物学 ·水产养殖 ·捕捞学 ·渔业资源 ·渔业发展 ·海洋机电装备与仪器 ·港口,海岸及近海工程 ·海洋能利用技术 ·船舶与海洋结构物设计制造 ·轮机工程 ·船舶与海洋工程 ·港口与物流工程	·物理海洋学 ·海洋资源与权益综合管理 ·海洋技术 ·海洋化学 ·海洋化学工程与技术 ·海洋地质 ·海洋地球物理学 ·水生生物学 ·水产养殖 ·捕捞学 ·渔业资源 ·海洋生物学 ·港口,海岸及近海工程 ·海洋能利用技术 ·海洋材料科学与工程 ·海洋产业管理	·海洋科学 ·水产学	·两院院士14人 ·"长江学者"特聘教授7人 ·"杰青"19人 ·"万人计划"15人 ·"百千万"工程11人 ·"优青"11人	·国家"双一流"建设高校（海洋科学、水产） ·第四轮学科评估（海洋科学A⁺）

71

续表

序号	院校名称	学士学位	硕士学位	博士学位	博士后流动站	国家级名师	备注
3	大连海洋大学	·海洋科学 ·海洋技术 ·海洋资源与环境 ·海洋渔业科学与技术 ·水产养殖 ·水族科学与技术 ·水生动物医学 ·港口航道与海岸工程 ·船舶与海洋工程 ·轮机工程 ·航海技术	·水生生物学 ·水产养殖 ·捕捞学 ·渔业资源 ·水产遗传育种与繁殖 ·水产动物营养与饲料学 ·水产医学 ·渔业发展 ·物理海洋学 ·海洋化学 ·海洋生物学 ·海洋环境科学 ·海洋技术 ·水产品加工及贮藏工程 ·港口、海岸及近海工程 ·船舶与海洋结构物设计制造 ·轮机工程与船舶安全	无	无	·双聘院士4人 ·"杰青"1人 ·"百千万"工程2人	第四轮学科评估（海洋科学C）

续表

序号	院校名称	学士学位	硕士学位	博士学位	博士后流动站	国家级名师	备注
4	武汉理工大学	·船舶与海洋工程 ·轮机工程 ·航海技术 ·导航工程 ·海事管理 ·物流管理与工程 ·机械设计制造及其自动化（港口机械）	·物流管理 ·船舶与海洋工程 ·交通运输工程 ·轮机工程 ·导航与信息工程	·船舶水动力性能 ·物流管理 ·船舶与海洋结构物设计制造 ·水声工程 ·绿色船舶与环境保护 ·轮机监测诊断与控制 ·船舶新能源与节能减排技术 ·轮机仿真与自动化 ·船舶动力系统性能优化与运营保障 ·舰船综合电力推进系统 ·船舶推进系统性能优化与仿真 ·水路交通感知与控制 ·船舶控制与智能航海 ·现代船舶通信与导航 ·港口物流与区域经济管理	·船舶与海洋工程 ·交通运输工程	·工程院院士1人 ·"百千万"工程1人	

续表

序号	院校名称	学士学位	硕士学位	博士学位	博士后流动站	国家级名师	备注
5	烟台大学	·水产养殖 ·海洋科学 ·航海技术 ·轮机工程	·海洋科学	无	无	—	
6	山东交通学院	·船舶与海洋工程 ·航海技术 ·轮机工程 ·海事管理 ·港口与航运安全 ·船舶电子电气工程 ·港口机械	·水路运输与安全工程 ·船舶与海洋结构物设计制造 ·轮机工程 ·游艇邮轮工程	无	无	—	
7	集美大学	·航海技术 ·轮机工程 ·船舶与海洋工程 ·船舶电子电气工程 ·海事管理 ·国际航运管理 ·物流管理 ·航海保障 ·水产养殖 ·海洋渔业科学与技术 ·水生动物医学 ·港口航道与海岸工程	·交通运输工程 ·轮机工程 ·船舶与海洋结构物设计制造 ·水产学 ·水产养殖学 ·水生生物学 ·渔业资源学	·船舶与海洋工程 ·水产学	·水产学	·双聘院士2人 ·"长江学者"特聘教授1人	

第二章 我国海事院校的发展困境与转型诉求

续表

序号	院校名称	学士学位	硕士学位	博士学位	博士后流动站	国家级名师	备注
8	宁波大学	·航海技术 ·轮机工程 ·航运与港口物流 ·船舶与海洋工程 ·水产养殖 ·海洋资源与环境 ·海洋药学	·轮机工程 ·船舶与海洋结构物设计制造 ·港航技术与管理工程 ·船舶工程安全技术与机电控制 ·热能动力与新能源 ·水生生物学 ·水产养殖 ·渔业资源 ·渔业发展	·渔业设施与装备 ·船舶工程与动力学 ·水产学 ·渔业经济管理 ·水产资源综合利用 ·渔业工程与材料	·水产学	·外籍院士1人 ·共享院士1人 ·"百千万"工程1人	

续表

序号	院校名称	学士学位	硕士学位	博士学位	博士后流动站	国家级名师	备注
9	浙江海洋大学	·海洋科学 ·海洋技术 ·海洋渔业科学与技术 ·水产养殖 ·海洋资源与环境 ·船舶与海洋工程 ·海洋工程与技术 ·船舶电子电气工程 ·航海技术 ·轮机工程 ·港口航道与海岸工程 ·海洋油气工程	·物理海洋学 ·海洋化学 ·海洋生物学 ·海岛开发与保护 ·捕捞学 ·水产养殖学 ·渔业资源学 ·渔业经济与管理 ·水产品加工与贮藏 ·船舶与海洋结构物设计制造 ·轮机工程 ·水声工程 ·海洋工程 ·海洋油气工程	·船舶与海洋工程 ·海洋科学 ·水产学	无	·双聘（兼职）院士4人 ·"百千万"工程1人	第四轮学科评估（海洋科学B）

续表

序号	院校名称	学士学位	硕士学位	博士学位	博士后流动站	国家级名师	备注
10	广东海洋大学	·物理海洋 ·海洋化学 ·海洋地质 ·海洋气象和气候变化 ·船舶与海道海岸工程 ·港口航道与海岸工程 ·航海技术 ·轮机工程 ·水产养殖 ·海洋渔业科学与技术 ·水生动物医学	·物理海洋学 ·水产养殖 ·渔业资源 ·海洋生物 ·捕捞学	·物理海洋学 ·水产养殖 ·渔业资源 ·海洋生物	无	·双聘（兼职）院士4人	第四轮学科评估（海洋科学C⁺）
11	广州航海学院	·航海技术 ·轮机工程 ·船舶电子电气工程 ·港口航道与海岸工程 ·船舶与海洋工程 ·海事管理 ·邮轮工程与管理 ·海商法 ·游艇休闲管理 ·港口与航运管理 ·报关与国际货运	无	无	无	—	

77

续表

序号	院校名称	学士学位	硕士学位	博士学位	博士后流动站	国家级名师	备注
12	北部湾大学	・水产养殖 ・海洋生物 ・航海技术 ・轮机工程 ・船舶电子电气工程 ・船舶与海洋工程 ・港口航道与海岸工程 ・港口物流	・船舶与海洋工程 ・渔业发展	无	无	—	
13	上海海事大学	・航海技术 ・轮机工程 ・海洋管理 ・船舶电子电气工程 ・航运管理 ・海商法 ・海运与物流经济 ・海运金融 ・港口机械 ・港口航道与海岸工程 ・船舶与海洋工程	・轮机工程 ・船舶与海洋结构物设计制造 ・港口、海岸及近海工程	・轮机工程 ・海洋运输工程材料与防护 ・航运管理与法律 ・海岸与海洋工程管理 ・船舶与海洋工程	・交通运输工程	不详	

78

续表

序号	院校名称	学士学位	硕士学位	博士学位	博士后流动站	国家级名师	备注
14	重庆交通大学	·航海技术 ·轮机工程 ·船舶电子电气工程 ·船舶与海洋工程 ·港口航道与海岸工程	·船舶与海洋工程	·港口、海岸及近海工程	无	·"万人计划"1人	
15	江苏海洋大学	·船舶与海洋工程 ·海洋技术 ·海洋资源与环境 ·海洋资源开发技术 ·水产养殖 ·水族科学与技术	·海洋科学与技术 ·渔业发展	无	无	—	

续表

序号	院校名称	学士学位	硕士学位	博士学位	博士后流动站	国家级名师	备注
16	上海海洋大学	·海洋生物 ·水族科学与技术 ·水生动物医学 ·水产养殖 ·海洋渔业科学与技术 ·海洋技术 ·海洋科学 ·海洋资源与环境	·海洋生物学 ·水产养殖 ·渔业发展 ·物理海洋学 ·海洋化学 ·海洋地质学 ·捕捞学 ·渔业资源 ·渔业经济与管理 ·渔业工程与信息 ·渔业环境保护与治理	·水产养殖 ·海洋生物学 ·捕捞学 ·渔业资源 ·物理海洋学 ·海洋化学 ·海洋地质学 ·渔业经济与管理 ·渔业工程与信息 ·渔业环境保护与治理	·水产学	·双聘院士2人 ·"长江学者"特聘教授1人 ·"杰青"2人 ·"百千万"工程6人	·水产学为国家"双一流"建设学科 ·第四轮学科评估(海洋科学B⁻)
17	海南热带海洋学院	·海洋旅游 ·涉海商务 ·海上运动 ·海洋生物 ·海洋渔业科学与技术 ·海洋生态 ·海洋油气资源 ·海洋环境工程 ·港口物流 ·海洋社会工作	·海洋旅游	无	无	—	

第二章 我国海事院校的发展困境与转型诉求

续表

序号	院校名称	学士学位	硕士学位	博士学位	博士后流动站	国家级名师	备注
18	哈尔滨工程大学	·船舶与海洋工程 ·港口航道与海岸工程 ·轮机工程 ·水声工程 ·电子信息工程(水声)	·船舶与海洋结构物设计与制造 ·力学(港航、海洋) ·水利工程(船舶、海洋) ·土木工程(海洋) ·轮机工程(船舶) ·控制科学与工程(海洋、船舶) ·电子信息(船舶、海洋) ·信息与通讯工程(海洋) ·水声工程 ·海洋科学(物理、技术) ·机械工程(海声) ·环境科学与工程(海洋) ·法学(海事)	·船舶与海洋结构物设计与制造 ·力学(海洋、船舶) ·轮机工程 ·控制科学与工程(海洋、船舶) ·仪器科学与技术 ·水声工程 ·信息与通讯工程(海洋)	·船舶与海洋工程 ·信息与通信工程 ·控制科学与工程 ·仪器科学与技术 ·机械工程 ·力学	·两院院士2人 ·"万人计划"1人 ·"长江学者"特聘教授1人 ·"优青"1人 ·"百千万"工程1人	船舶与海洋工程为国家"双一流"建设学科
备注	因海事类学科非主干学科,占总体学科比例很低,未纳入统计范围的院校有:上海交通大学、海军工程大学、天津大学、西北工业大学、大连理工大学、华中科技大学、江苏科技大学、浙江大学、同济大学、厦门大学、中山大学、中国地质大学、浙江大学、南京大学、河海大学、南京师范大学、华东师范大学、解放军理工大学10所院校的"海洋科学"学科;华中农业大学、南京农业大学、天津农业大学院、西南大学、湖南大学、海南大学6所院校的"水产"学科							

81

出某大学的相对位置。在U. S. News2020世界大学综合排名（前1500）中，有中国海洋大学、武汉理工大学、哈尔滨工程大学3所院校入榜。排名最高的是武汉理工大学（536位）。从这个比较权威的排名可以看出，我国没有一所海事院校是国际一流的大学。从软科2020中国大学排名（前600）中看出，绝大部分海事院校（除广州航海学院）在前600位。从一个侧面说明海事院校整体实力在我国公办院校中处于中上位置。但是从具体院校排名来看，排名最前的是中国海洋大学（49位），排名最后的是海南热带海洋学院（469位）。除了中国海洋大学，没有一所海事院校进入前50位。从院校得到的重点建设项目来看，中国海洋大学是"双一流"建设高校，武汉理工大学、大连海事大学、宁波大学、上海海洋大学、哈尔滨工程大学为"双一流"学科建设高校。其他大多为省部共建高校或省重点建设高校（广州航海学院、江苏海洋大学除外）。"一流"有世界一流和中国一流之分。从两个排行榜大致可以判断出我国还没有世界一流水平海事院校，中国一流海事院校总体数量也很少。

海事院校经过多年建设、发展和演变，形成了较为系统的海事类学位和学科（专业）体系。这一体系具有如下六个特点：

1. 海事特色不够鲜明

我国以"海事"命名的本科院校仅有大连海事大学和上海海事大学，其他海事院校大多并不以海事为特色，在不少院校中海事学科专业占比很低。就海事特色而言不够鲜明。这一点从海事类学科专业的在校生规模和占比就可以看出。而欧美国家海事院校与此不同。以美国为例，美国的7所海事院校均为海事专门院校，学科专业完全围绕海事产业设置，并不设置其他非海事类学科专业，海事特色极为鲜明。

2. 学位体系不够完善

在欧美国家海事高等教育资源集约化利用程度较高，一所海事院校能提供从专科（副学士）到研究生（硕士）等不同层次的海事教育，且大多提供较多的国际合作双学士学位教育。例如美国的海事院校，在一校之内均形成了"副学士学位（大专两年制）——学士学位（大学本科四年）——双学士学位（国际合作项目）——硕士学位"体系（不提供博士学位教育）。我国的海事院校中，本科院校均不提供专科教育，也较少提供国际合作双学士学位教育。这在一定程度上割裂了本科教育和专科教育、国内教育和国际教育的联系。

3. 学科专业实力差距较大

11所海事院校有博士学位授予权，其中8所设有博士后流动站。这些院校有包括两院院士在内的大批高层次人才，海洋科学（中国海洋大学）、海洋水产（中国海洋大学、上海海洋大学）、海洋运输工程（大连海事大学）、船舶与海洋工程（哈尔滨工程大学）等学科水平处于国内一流水平，达到或接近世界一流水平。处于中间位置的则是大连海洋大学、山东交通学院、北部湾大学、江苏海洋大学、海南热带海洋学院等6所具有硕士学位授予权的院校。而广州航海学院仅具有学士学位授予权。

4. 传统学科专业体量偏大

我国海事教育一般从航海技术、轮机工程、船舶电子电气工程三个传统专业发展起来。船舶类、港口类、航道类和航运类、捕捞类、海洋工程类、海洋生物类学科专业在20世纪90年代以后在海事院校迅速发展。几乎所有海事院校中都设置了这些学科专业。就学科专业设置和人才培养而言，以上这些传统学科专业供大于求。当前的海事产业发展需要大批具有国际视野的高素质复合型海事人才。这就需要对传统学科专业进行调整改造，推进学科专业交叉融合，培养一专多能海事人才。

5. 新兴学科专业拓展较慢

随着海事产业的扩张发展，新的产业形态不断形成。海事金融、海事法律、深海考古、海洋旅游、邮轮游艇、海上运动、深海开发等新兴产业发展迅猛，对人才和技术需求旺盛。而我国海事院校相关学科专业发展相对缓慢，难以满足产业发展需求。目前仅有两所院校（大连海事大学和广州航海学院）设有海商法学科，仅有一所院校（上海海事大学）设置海运金融学科，仅有一所院校设置邮轮游艇相关专业（广州航海学院），仅有一所院校设置海上运动专业（海南热带海洋学院）。目前尚无设置深海考古学科专业的院校。欧美国家相关产业发达，海事院校相关学科专业发展迅速，比较而言，我国海事院校相关学科专业发展严重滞后。

6. 海军军事教育相对薄弱

欧美国家，特别是美国和英国，都将高等教育（授予学位）、职业教育（授予职业资格证书）和军事教育有机结合，"三位一体"发展海事教育。美国海事院校的在校生都是海军预备役人员，毕业后必须到海军或海岸警备队服役5年。相比而言，我国仅有哈尔滨工程大学和宁波大学2所院校与海军联合培养少量专业技术军官。强大的海军对国家发展而言重要性不言而喻。海事院校也拥有无可比拟的学科专业资源和技术优势，应该对海军和国防建设贡献更多力量。

二、公办海事专科院校发展现状

我国海事专科院校自20世纪90年代起步并迅速发展，办学规模不断扩大，办学条件明显改善，办学质量明显提升，取得了较为明显的成绩（见表6、表7）。

虽然从横向上看，近年来海事专科院校得到了明显发展，但是由于历史原因和现实制约，海事专科院校仍然面临诸多问题，集中表现在三个方面：

1. 院校整体影响力有限

公办海事专科院校在政府多头管理、集中管理之下，既缺乏整体规划与宏观设计，缺乏支持和资源，也缺乏面向市场办学的自主权。这一管理体制制约，导致海事专科院校发展资源不足，发展活力受限。虽然有9所院校曾经入选国家示范（骨干）高职院校，但是每所院校所获支持仅有1500万元。虽然有8所院校入选"高水平高职院校和专业"建设计划，但没有一所院校入选第一类（5000万元/年）和第二类（2500万元/年），所得建设资金极为有限（最高资金支持额度为1000万元/年）。与海事本科院校相比，从办学资源、办学条件、培养质量等方面来说，总体实力差距巨大。在社会舆论场中，海事专科院校与海事本科院校也属于完全不同的院校序列，存在巨大的等级差，海事专科院校的地位远低于海事本科院校。

2. 人才培养总体规模偏小

目前我国有19所公办海事专科院校，在我国专科院校体系（公办专科院校1418所①）中占比较小（与交通类、机械类、财经类等院校相比），仅占1.33%。从海事类专业学科人才培养规模上看，全国海事类学科专业在校生人数约52500人，仅占海事类院校在校生人数（约203500）的25.8%。在江苏海事职业技术学院、山东海事职业技术学院这2所纯粹意义的海事专科院校中，海事类专业在校生规模也仅占1/3左右的比例。从数量上来说，海事人才培养规模偏小。海事专科院校人才培养规格定位在技术操作层面，就产业对人才需求而言，对专科层次的技术技能人才需求量必然大于对本科层次以上学术型人才的需求量。50000余人的规模体量显然无法满足迅速发展的海事产业对大量一线技术技能人才的需求。

---

① 教育部. 2019年教育统计数据. http：//www.moe.gov.cn/s78/A03/moe_560/jytjsj_2019/qg/202006/t20200611_464789.html. 2020-6-10.

第二章 我国海事院校的发展困境与转型诉求

表6 2020年我国公办海事专科院校基本状况

序号	院校名称	建校时间	院校地址	校园面积（亩）	院校规模（人，约数）	海事类专业规模（人，约数）	主管部门	院校荣誉	GDI高职高专（公办）TOP300榜（2020）①	金苹果2020高职高专院校综合竞争力排行榜（800强）②
1	上海海事职业技术学院	1978	上海	350	3000	2000	中国远洋海运集团			
2	★天津海运职业学院	2006	天津	976	7000	4000	天津市			558
3	河北交通职业技术学院	1949	河北石家庄	685	14000	1100	河北省		205	434
4	★渤海船舶职业学院	1959	辽宁葫芦岛	728	8200	5000	辽宁省	·国家骨干高职院校 ·中国特色高水平高职学校和专业建设C类	262	237

① GDI高职高专排行榜（2020）由广州日报数据和数字化研究院（GDI）发布。该榜单以职称竞争力指数、教育竞争力指数、品牌竞争力指数和二次评估指数四个一级指标构建综合指数，评价国内1414所高职院校。在GDI高职高专排行榜（2020）基础上，GDI对公办院校进行集中分析，研制出GDI高职高专（公办）TOP30榜（2020）。

② 金苹果2020高职高专院校综合竞争力排行榜（800强）由杭州电子科技大学中国科教评价研究院、浙江高等教育研究院和高教强省发展战略研究中心、武汉大学中国科学评价研究中心联合中国科教评价网发布。

续表

序号	院校名称	建校时间	院校地址	校园面积（亩）	院校规模（人，约数）	海事类专业规模（人，约数）	主管部门	院校荣誉	GDI高职高专（公办）TOP300榜（2020）	金苹果2020高职高专院校综合竞争力排行榜（800强）
5	青岛远洋船员职业学院	1976	山东青岛	1200	4500	2300	中国远洋海运集团			
6	青岛港湾职业技术学院	1975	山东青岛	1045	12000	6000	山东省	国家骨干高职院校		229
7	★山东交通职业学院	1973	山东潍坊	1700	13000	3000	山东省	中国特色高水平高职学校和专业建设B类	99	174
8	山东海事职业学院	2005	山东潍坊	822	10000	3500	山东省潍坊市			
9	广东交通职业技术学院	1959	广东广州	1000	15500	1800	广东省	国家骨干高职院校	32	85
10	★江苏海事职业技术学院	1951	江苏南京	1629	12000	4000	江苏省	中国特色高水平高职学校和专业建设B类	57	95

续表

序号	院校名称	建校时间	院校地址	校园面积（亩）	院校规模（人，约数）	海事类专业规模（人，约数）	主管部门	院校荣誉	GDI高职高专（公办）TOP300榜（2020）	金苹果2020高职高专院校综合竞争力排行榜（800强）
11	江苏航运职业技术学院	1960	江苏 南通	1000	10000	3500	江苏省	·国家骨干高职院校 ·中国特色高水平高职学校和专业建设B类	109	66
12	浙江国际海运职业技术学院	2006	浙江 舟山	600	5300	4000	浙江省舟山市			
13	★浙江交通职业技术学院	1958	浙江 杭州	690	10000	2000	浙江省	·国家骨干高职院校 ·中国特色高水平高职学校和专业建设B类	94	81
14	厦门海洋职业技术学院	1920	福建 厦门	1000	12000	1500	福建省			472

续表

序号	院校名称	建校时间	院校地址	校园面积（亩）	院校规模（人、约数）	海事类专业规模（人、约数）	主管部门	院校荣誉	GDI高职高专（公办）TOP300榜（2020）	金苹果2020高职高专院校综合竞争力排行榜（800强）
15	福建船政交通职业学院	1866	福建 福州	700	16000	1000	福建省	·国家示范高职院校 ·中国特色高水平高职学校和专业建设C类	84	46
16	武汉航海职业技术学院	1955	湖北 武汉	330	8000	3000	长江航运集团			
17	★湖北交通职业技术学院	1953	湖北 武汉	1000	13000	800	湖北省	中国特色高水平高职学校和专业建设C类	171	284
18	★武汉交通职业学院	1953	湖北 武汉	1020	15000	2500	湖北省		202	245

续表

序号	院校名称	建校时间	院校地址	校园面积（亩）	院校规模（人，约数）	海事类专业规模（人，约数）	主管部门	院校荣誉	GDI高职高专（公办）TOP300榜（2020）	金苹果2020高职高专院校综合竞争力排行榜（800强）
19	★武汉船舶职业技术学院	1950	湖北 武汉	600	15000	1500	湖北省	·国家示范高职院校 ·中国特色高水平高职学校和专业建设C类	108	63
备注	1.加"★"为定向培养海军士官院校 2.其中，河北交通职业技术学院、山东交通职业技术学院、浙江交通职业技术学院、湖北交通职业技术学院、广东交通职业学院6所院校为涉海院校									

89

3. 缺乏高水平海事专科院校

在 GDI 高职高专（公办）TOP300 榜（2020）中，有广东交通职业技术学院等 11 所院校入榜。排名最高的是广东交通职业技术学院（32 位）。但这所院校并不以海事类专业见长。因此，江苏海事职业技术学院（57 位）和福建船政交通职业学院（84 位）更具代表性和说服力。金苹果 2020 高职高专院校综合竞争力排行榜（800 强）与 GDI 的排名有较大差异。该排行榜中共有 14 所院校进入。在海事专门院校中，福建船政交通职业学院排名最高（46 位），其次为武汉船舶职业技术学院（63 位）和南通航运职业技术学院（66 位）。从这两个比较权威的排名可以看出，我国缺乏高水平海事专科院校。

值得肯定的是，与海事本科院校相比，海事专科院校海军军事教育的发展迅速。从 2012 年起，为充分利用国民教育资源培养高素质军事人才，海军开始委托地方高职院校直招士官。到 2020 年，已经有 8 所海事专科院校与海军联合培养士官人才。据不完全统计，目前已经为海军培养 5000 余名士官人才，分布于各大海军舰队。总体来看，8 所院校均将扩大海军士官培养规模、服务海军发展作为重点战略之一。江苏海事职业技术学院、武汉船舶职业技术学院还相继成立了海军士官学院。将职业教育和军事教育相结合，是欧美国家海事教育的普遍做法，对于海军发展和海防建设具有重要意义。相比于海事本科院校，海事专科院校的军事教育发展迅速，成效明显。

表 7　2020 年我国公办海事专科院校海事类专业及师资状况

序号	院校名称	专业设置	师资队伍概况
1	上海海事职业技术学院	·航海技术 ·轮机工程 ·船舶电子电气技术 ·船舶工程技术 ·国际航运业务管理 ·集装箱运输管理 ·报关与国际货运	教职工 131 人，教师中研究生学历（学位）占 25.6%； 青年教师中研究生学历（学位）占 66%； 教师中中高级专业技术职务占 81.8%； 船长、轮机长等各类双师资质教师占 72.1%

续表

序号	院校名称	专业设置	师资队伍概况
2	天津海运职业学院	·航海技术 ·海事管理 ·轮机工程 ·船机制造与维修 ·船舶电子电气技术 ·集装箱运输管理 ·港口业务管理 ·国际邮轮乘务 ·航运金融 ·游艇维修技术 ·邮轮烹饪 ·船舶通信设备 ·焊接技术及自动化	教职工432人，其中256名专任教师； 甲类（无限航区）3000总吨及以上远洋船长8人、轮机长12人； 副教授以上高级职称人员25人
3	河北交通职业技术学院	·航海技术 ·轮机工程 ·水路运输与海事管理 ·船舶工程技术 ·国际邮轮乘务	不详
4	渤海船舶职业学院	·船舶工程技术 ·船舶舾装工程技术 ·船舶涂装工程技术 ·船舶游艇设计与制造 ·海洋工程技术 ·船舶检验 ·船舶动力工程技术 ·轮机工程技术 ·船舶电气工程技术 ·船舶通信与导航 ·焊接技术与自动化	教职工622人，其中正高级职称61人，副高级职称203人； 博士学位7人，硕士学位201人； 省级教学名师6人、省级优秀教学团队5个，省级专业带头人5人； 省级以上专家10人，"百千万人才工程"百人层次1人、千人层次1人； "双师型"专业课教师比例90%

续表

序号	院校名称	专业设置	师资队伍概况
5	青岛远洋船员职业学院	·船舶电子电气技术 ·船舶工程技术 ·安全技术与管理 ·海洋工程技术 ·港口与航运管理 ·物流管理 ·集装箱运输管理 ·国际邮轮乘务	教职工407人，其中专任教师231人； 正高级职称25人，副高级职称146人； 博士或硕士学位教师占专任教师的81.4%； 船长、轮机长等双师型教师比例90%； 山东省高校教学名师4人、交通运输职业教育教学名师3人
6	青岛港湾职业技术学院	·港口机械应用技术 ·港口物流设备与自动控制 ·港口电气技术 ·船舶电气工程技术 ·航海技术 ·轮机工程 ·船舶电子电气技术 ·港口业务管理 ·集装箱运输管理 ·国际航运业务管理 ·物流管理 ·报关与国际货运 ·国际贸易实务 ·港口工程技术	专任教师96人，持有船长、大副、轮机长、大管轮等适任证书的专任教师17人； 全国优秀教师1人、交通运输职业教育教学名师2人
7	山东交通职业学院	·航海技术 ·轮机工程技术 ·船舶电子电气技术 ·国际邮轮乘务管理	专任教师52人，双师素质教师占比92%； 高级船长3人、船长/轮机长12人
8	山东海事职业学院	·航海技术 ·轮机工程技术 ·船舶电子电气技术 ·安全与技术管理 ·水上运输与海事管理 ·水上救捞 ·港口与航运管理 ·港口机械与自动控制 ·国际邮轮乘务 ·国际邮轮烹饪	专任教师约75人，其中教授、副教授约20人，具有船长/轮机长等船上职务的"双师型"教师41人

续表

序号	院校名称	专业设置	师资队伍概况
9	广东交通职业技术学院	・航海技术 ・轮机工程技术 ・船舶与电气工程技术 ・港口与航运管理 ・国际乘务与管理 ・报关与国际货运	教职工45人，其中教授3人，副教授15人，船长4人，轮机长4人； 硕士及以上学历学位教师占比60%以上； 省（部）级教学名师、优秀教师、五一劳动模范等5人
10	江苏海事职业技术学院	・航海技术 ・轮机工程 ・水路运输与管理 ・船舶电子电气技术 ・港口机械与自动控制 ・船舶工程技术 ・海洋工程技术 ・船舶动力工程技术 ・船舶检验技术 ・焊接技术与自动化	专任教师140余人，其中教授9人、副教授45人、博士15人； 远洋船长12人、轮机长20人，专任教师双师素质比例90%； 海军护航船长2人、全国技术能手1人、全国交通职业教育教学名师1人、享受国务院政府津贴1人、江苏工匠1人
11	江苏航运职业技术学院	・航海技术 ・商检技术 ・水路运输与海事管理 ・轮机工程技术 ・船舶电子电气技术 ・船机机械工程技术 ・港口机械与自动控制 ・船舶工程技术 ・船舶检验 ・海洋工程技术 ・焊接技术与自动化 ・港口与航道工程技术	专任教师约158人，其中教授约20人，博士研究生及博士在读人员15人； 船长15人、轮机长9人； 国务院特殊津贴专家3人、省级以上教学名师4人

续表

序号	院校名称	专业设置	师资队伍概况
12	浙江国际海运职业技术学院	·航海技术 ·轮机工程技术 ·港口与航运管理 ·船舶电子电气技术 ·船舶工程技术 ·船舶电气工程技术 ·船舶动力工程 ·港口机械与自动控制 ·港口与航运管理 ·报关与国际货运 ·国际邮轮乘务 ·国际邮轮领队	专业教师169人,其中高级职称教师42人;双师素质教师近80%
13	浙江交通职业技术学院	·航海技术 ·轮机工程技术 ·船舶工程技术 ·船舶电子电气技术 ·船舶制造与维修 ·游艇设计与制造 ·国际航运业务管理 ·国际邮轮乘务	专任教师60人,双师素质比例达90%以上; 船长、轮机长等28人
14	厦门海洋职业技术学院	·航海技术 ·水路运输与海事管理 ·轮机工程技术 ·船舶检验 ·港口与航运管理 ·报关与国际货运 ·集装箱运输管理 ·港口物流 ·国际邮轮乘务 ·水产养殖技术 ·水族科学与技术	专业教师约80人,其中副高级以上职称约30人; 船长、轮机长等24人

续表

序号	院校名称	专业设置	师资队伍概况
15	福建船政交通职业学院	·港口机械与自动化 ·港口与航道工程技术 ·航海技术 ·水路运输与海事管理 ·港口与航运管理 ·国际邮轮乘务 ·轮机工程技术 ·船舶工程技术 ·船舶机械工程技术 ·报关与国际货运 ·集装箱运输管理 ·港口物流管理	专任教师约105人，教授4人，副高级职称约40人； 船长8人、轮机长5人
16	武汉航海职业技术学院	·航海技术 ·轮机工程技术 ·船舶设计与制造 ·国际邮轮乘务管理 ·国际航运业务管理 ·船舶工程技术 ·港口机械与自动控制 ·港口与航运管理 ·报关与国际货运	不详
17	湖北交通职业技术学院	·轮机工程技术 ·航海技术 ·船舶电子电气技术 ·港口与航运管理 ·港口机械与自动控制	专兼职教师40余人，其中副教授10人、船长5人、轮机长4人、高级船员12人、"楚天技能名师"4人，专任教师双师素质比例95%

续表

序号	院校名称	专业设置	师资队伍概况
18	武汉交通职业学院	·港口与航运管理 ·报关与国际货运 ·船舶工程技术 ·船舶机械工程技术 ·航海技术 ·轮机工程技术 ·船舶电子电气技术 ·焊接技术及自动化 ·水路运输与海事管理	专任教师约80人，副高级以上职称37人； "双师型"教师比例85%； 远洋船长6人、轮机长5人； 国家技术能手1人、交通运输职业教育教学名师1人、"楚天技能名师"4人
19	武汉船舶职业技术学院	·船舶工程技术 ·船舶舾装工程技术 ·焊接技术与自动化 ·游艇设计与制造 ·海洋工程技术	副教授以上专业技术职称教师16人； 全国优秀教师1人，湖北省教学名师1人，"楚天技能名师"4人
备注		1. 师资队伍概况为海事类专业师资队伍情况，因部分院校公开师资信息有限，统计稍有误差 2. 因海事类专业非主干专业，占总体专业比例很低，未纳入统计范围的院校有6所：四川交通职业技术学院的航海技术、轮机工程专业，安徽交通职业技术学院的航海技术、轮机工程专业，日照职业技术学院的水产养殖技术专业，延安职业技术学院的航海技术、轮机工程、国际邮轮乘务专业，滨州职业技术学院的航海技术、轮机工程、港口业务与管理专业，新乡职业技术学院的航海技术、轮机工程、国际邮轮乘务专业	

海事专科院校的专业发展具有与海事本科院校截然不同的特点。总体来说，航海特色比较突出，传统专业占据主导地位，新兴专业拓展速度缓慢。专业师资力量比较薄弱，院校之间师资差距较大。

1. 航海特色比较鲜明

从"航海"到"航运"，再到"海事"，是海事院校三个不同的发展阶段。从对各院校专业设置情况来看，我国海事专科院校大多还停留在"航海"院校阶段，以航海技术、轮机工程、船舶工程等传统航海类专业为主干，覆盖面更广的海事类专业占比较低。以"海事"命名的专科院校仅有上海海事职业技术学院、江苏海事职业技术学院、山东海事职业学院3所院校，其他多冠以"交通""船舶""航海""海运""海洋"院校之名。交通类院校以及以城市命名的院校也并不以海事类专业为特色和重点。显示出海事专科院校尚未普遍转型。

2. 专业实力差距较大

在19所海事专科院校之中，福建船政交通职业学院、武汉船舶职业技术学院、江苏海事职业技术学院、江苏航运职业技术学院4所院校处于第一方阵，专业综合实力较强。与此对应，这些院校的师资力量也最强。相对而言，其他海事专科院校专业设置各有侧重，但总体专业实力偏弱。

3. 传统专业设置偏多

我国海事专科教育也与海事本科教育相似，一般从航海技术、轮机工程、船舶电子电气工程3个传统专业发展起来。船舶类、港口类、航道类和航运类等专业在20世纪90年代以后在海事专科院校得到发展。几乎所有海事专科院校中都设置了这些专业。就专业设置和人才培养而言，以上这些传统专业供大于求。

4. 新兴专业拓展较慢

随着海事产业的迅猛发展，新的产业岗位不断出现。特别是金融、法律、旅游、水产等新兴产业对一线技术技能人才需求迫切。而我国海事专科院校相关专业发展相对缓慢，普遍没有设置海事金融、海事法律、海上旅游、水产养殖等新兴专业。就专业设置和人才培养而言，以上这些新兴专业供不应求。

综上，对海事本专科院校的分析表明：我国海事院校虽然近年来得到了迅速发展，但学科专业设置较为陈旧，新兴学科专业拓展缓慢，整体实力较薄弱，总体影响力有限，缺乏高水平的海事院校，在我国的院校体系中彰显度不够。对于国家海洋强国战略和海军海防建设而言，虽然海事院校积极策应海洋强国战略，并逐步参与海军和海防建设，但因整体规模有限、实力有限，未能做出应有的更大贡献。

第二节 海事院校发展的现实困境

海事院校的办学不仅受到国际海事公约、国内法律法规的制约，还受到瞬息万变的行业形势和高等教育领域改革的影响，其发展面临着诸多现实困境。

一、管理体制机制不畅之困

当前就我国海事院校而言,管理体制机制主要涉及三个方面:国家对海事院校的管理体制、海事院校的内部运行体制机制以及海事院校的对外合作机制。

首先是国家对海事院校的管理体制方面存在的困境。在我国这样一个高等教育集中统一管理的国家,高等教育的管理体制对高等院校的发展具有决定性作用。目前全国46所公办海事本专科院校中,有的隶属于交通部门(7所),有的隶属于教育部门(32所),有的隶属于地方政府(2所),有的隶属于国有企业(3所),有的隶属于海洋渔业部门(1所),有的隶属于科技部门(1所)。① 这种管理体制固然有利于改变过去管理体制僵化、海事院校缺乏办学自主权的计划模式弊端,调动地方政府和社会各界参与海事高等教育的积极性,增强海事院校的发展活力,减轻中央政府的财政负担。但是"这种体制的实施在客观上弱化了政府管理航海教育的职能。地方教育行政部门对航海教育不熟悉,在管理上显得力不从心。由于缺乏统一归口的政府协调机构,航海教育机构之间的交流也逐步减少"。② 现实情况是,绝大部分海事院校事实上面对两个主管部门:一个是行政主管部门,一个是业务指导部门,有时地方政府还要对海事院校"指手画脚",其付出的"左右逢源"的努力,面对的无所适从的困境可想而知。例如,江苏某海事院校副院长C女士在接受访谈时说:

> 我们学校隶属于教育厅管理,各方面工作肯定要接受教育厅领导。同时,我们的教学、培训等业务工作还要接受海事局指导。这是履行国际海事公约的强制要求。这种指导不是空泛的,海事局的人几乎每个星期都会出现在校园里,比教育厅来人还要频繁。再比如,我们每年从教育厅和海事局收到的指示性工作文件的数量几乎不相上下,这个很能说明海事局的指导力度。我们学校又在远离主城区的大学城办学,还要接受地方政府的属地管理。地方政府对学校虽然没有管理权限,但在人家地面上办学,也要和人家搞好关系。所以,他们的一些要求,我们一般也要落实。③

---

① 资料来源:附录2. 我国公办海事院校一览表(截至2019年12月).
② 吴兆麟,王跃辉,陈敬根. 论中国航海教育的定位[J]. 航海教育研究,2012(2):48.
③ 资料来源:访谈资料,个别访谈,2019年12月7日.

其次是海事院校内部运行体制机制面临的问题。海事院校属于高等院校的一种类型，按照《高等教育法》和相关政策制度办学运行，具体来说就是实行"党委领导、校长负责、教授治学、民主管理"的领导体制和运行机制。对二级教学单位来说，实行的则是院（系）党政共同负责制，这既是二级教学单位的领导体制，也是日常工作运行机制，遵循集体领导、民主决策、分工合作、共同负责的基本原则。但是海事院校的管理模式具有不同于一般高等院校的特殊性，主要表现在它的人才培养模式的特殊性和日常管理模式的特殊性。

在人才培养模式方面：因为中国政府是IMO（国际海事组织）履约国，"IMO也为培训船舶驾驶员、轮机员、验船师、船务管理和港务管理干部，编制了几十种培训课程大纲，每种大纲规定了授课时数、授课内容、主要参考书目等。"① 作为履约的强制性要求，中国的航海院校必须按照这些要求来进行人才培养。这种特殊性与上述校院两级的领导体制与运行机制（按照教育部门的要求）不可避免地会发生冲突。江苏某海事学院教务处W处长如是说：

> 我们制定和执行人才培养方案经常感到为难。因为海事部门和教育部门的要求是不一样的，甚至在很多方面是冲突的。一边是履约强制要求，一边是行政主管部门，都不能不考虑。比如，我们一直想按照教育部门要求，改革航海类人才培养模式，但是海事部门不允许，他们规定的课程、课时、教学方式、考试方式都不能随便改动。所以这么多年来，我们在国家级教学成果奖方面成果就不明显，因为较大幅度的人才培养模式改革搞不起来。②

在日常管理模式方面："为了提高作为未来商船驾驶员的行为水准，我国航海类院校学生在校期间实行海军预备役制度，普遍采用半军事化管理，这是由航海类专业的性质与任务、航海事业对人才需求的特殊性决定的。"③ 半军事化管理模式是一整套管理制度和完整的管理流程，与高等院校的日常管理很难相融，虽然实施确实很有必要，但实施过程却相当难。负责半军事化管理工作5年多的江苏某海事学院学工处D处长曾经颇为苦恼：

---

① 浦宝康. 航海教育与国际海事组织［J］. 航海教育研究，1999（3）：22.
② 资料来源：访谈资料，个别访谈，2019年12月8日.
③ 周娟，顾鸿. 半军事化管理对航海类高职生心理健康影响的实证研究［J］. 中国健康心理学杂志，2012（10）：1574.

半军事化管理是海事院校多年的传统,也是很有必要的。但是在一个学校里有三种学生管理模式:大约4000名航海类学生实行半军事化管理;大约600名海军士官生实行准军事化管理;7000多名其他专业学生按照一般模式管理。三个方面都要照顾到,这无形中增加了很多工作量。特别是半军事化管理,有一整套制度和流程,需要付出大量的时间、精力和成本。三种管理模式之间还经常发生矛盾,有时会顾此失彼,这种矛盾情况在二级学院尤为明显,一时也没有更好的办法解决。①

最后是海事院校的校企合作机制方面存在的障碍。在20世纪末之前,大多数海事院校属于交通部门主管,并与海事类企业保持密切联系和深度合作,依托行业、根植企业、特色办学是海事类高职院校得到快速发展的宝贵经验之一。但从2000年左右开始,大部分的行业院校随着高等教育改革,划转下放到地方政府,由地方教育部门主管,与行业企业关系越来越疏远,也逐渐失去了自身特色和发展优势。因为"行业院校初设时,其行业性、独特性很明显。不过,随着社会发展及行业自身的变化,特别是国家教育政策的变化,其独特性会慢慢淡化,甚至会消失。这一变化最大的问题在于,很可能在失去独特性的过程中,失去其发展优势和竞争力,并陷于发展的恶性循环当中"。② 江苏某海事学院L书记认为:

> 海事院校的办学不仅仅是学校的事情,需要各利益相关方共同发力,打破现有的人才培养体系,对接海事产业发展需求,重新整合海事教育资源。政府层面,最好由省级政府统筹,落实产教融合、校企合作的相关配套政策,形成多元参与、多元治理的办学格局,推动海事院校从外延发展转变为内涵发展,从规模扩张转变为高质量发展。企业也需要增强社会责任感和教育情怀,和院校结成利益共同体,学校和企业之间不能互相推诿,互相抱怨,那样于事无补,而且从长远

---

① 资料来源:访谈资料,电话访谈,2019年11月28日.
② 林建忠,李海芬. 行业院校特色发展的路径探析[J]. 教育发展研究,2012(13-14):21.

来说，损害双方利益。①

海事高等教育是实践性很强、就业指向明确的教育，离不开行业企业的支持，产教融合、校企合作是海事院校发展的必由之路。但按照现在的管理体制，行业企业缺乏与海事院校合作的内在动力和利益冲动，而且国家在税收减免等政策方面也没有系统支持校企合作的措施。虽然不少海事院校成立了各种以校企合作为中心的教育联盟和教育集团，但绝大部分是徒有虚名，成员之间关系非常松散，相关制度机制虽然都有，但绝大部分没有约束力，校企合作办学大多数是口头而言，没有多少实质性内容。有学者将这些问题概括为四个方面的典型问题：企业缺乏参与办学的内在意愿，"冷热不均""两张皮"问题依然突出；校企合作政策不完善，部分政策陷入"失效"危机；校企合作项目缺乏深度和广度，流于表层和形式；政府缺乏对企业成本的分担和补偿机制。② 江苏某海事学院合作发展处 X 处长也抱怨道：

> 现在想争取企业来支持办学太难了。过去学校和企业是一家，什么事情都好说。现在关系不一样了，企业首先要考虑利益。学校除了毕业生，也没有多少能提供给企业的，所以企业没有多少积极性。现在的一些合作项目，大都是靠私人关系好不容易拉过来的，合作层次大部分也很浅，顶岗实习、教师实践方面的多，很少有为企业提供技术服务和咨询的项目。③

二、国家扶持力度不够之困

海事高等教育是一项国家事业，海事院校发展与国家相关战略目标息息相关，本应得到国家的大力扶持，但是现实并非如此，国家在法律、政策、资金等方面对海事院校的支持或投入力度远远不够。

首先是法律法规不够健全。相对于世界上一些海事教育发达国家，我国在

---

① 资料来源：访谈资料，个别访谈，2019 年 12 月 8 日.
② 万的，胡炜骏. 新时代职教集团化办学校企合作的典型问题与解决对策［J］. 教育与职业，2019（23）：20-23.
③ 资料来源：访谈资料，个别访谈，2018 年 10 月 20 日.

海事教育立法方面相当薄弱。① 由于我国一直是一个农业大国，少有发展海洋、利用海洋的意识、传统和能力，加之近代以来我国的海权一直垄断在外国人手中，海事产业和海事教育发展举步维艰，法律法规建设显得十分滞后。一些发达国家则不同，尤其是美国、日本，对海事教育立法特别重视。例如，美国早在1874年就通过了设立州立航海学校的立法；1936年国会通过了商船法，要求联邦政府直接介入高级船员培训；1958年通过了《海运学院法案》；又在1980年通过了《海运教育与培训法》。"美国是世界上海运教育与培训立法体系最为完整的国家之一，而且这种完整性不仅体现在立法的层次方面，还体现在立法的内容方面。在管理体制方面，美国航海教育立法也做出了比较详尽的规定。"② 日本也是一个海事教育法律相当健全的国家，主要体现在《高等专门学校设置基准》《运输省设置法》《海技大学校组织规则》《航海训练所组织规则》《海员学校组织规则》等法律法规中。在这些法律法规中，对日本航海教育的设置基准、管理原则和权利义务关系都做了非常细致的规定。③ 我国学者早在20世纪90年代就呼吁航海教育立法。认为政府主管部门颁布的规章和文件不能代替由国家最高权力机关正式颁布的有关航海教育的法律。航海教育活动不应处于"无法可依"的状况，航海教育的法规建设不应滞后于航海教育，我们应当加快航海教育立法。④ 虽然经过20多年的努力，我国建立了对海事教育起到指导作用的高等教育法、教师法、海商法等法律法规，也建立了船员教育、培训、评估和发证方面的规则规范。但从严格意义上来说，我国还没有航海教育立法。⑤ 这是我国海事教育没有受到应有重视，改革发展欠缺法律法规保障的表现。在强调依法治国的新时代，海事教育立法工作尤为紧迫。对此，江苏某海事学院T副院长深有感触，他在受访时举过一个例子：

---

① 早期海事教育活动以航海教育为主，因此早期的海事教育立法一般称为"航海教育立法"。20世纪90年代前后，覆盖范围更广、内涵更丰富的海事教育开始兴起和发展以来，"海事教育立法"的概念才开始出现。但是，目前仍有不少学者和业界人士按照惯例把"海事教育"称为"航海教育"，把"海事教育立法"称为"航海教育立法"。
② 庞国斌. 国外航海教育管理体系的立法比较研究及对我们的启示 [J]. 航海教育研究，2003（2）：24.
③ 庞国斌. 国外航海教育管理体系的立法比较研究及对我们的启示 [J]. 航海教育研究，2003（2）：25.
④ 江彦桥. 航海教育应当立法 [J]. 航海教育研究，1996（1）：17.
⑤ 王祖温. 加快航海教育立法，培养高素质航海人才 [J]. 航海教育研究，2009（3）：15.

我们有一条教学实习船，因为市政府建设需要搬迁新址。我们就趁这个机会准备换一条新船。从申请规划到审批新址，从建码头到划岸线、购新船，前后花了四五年时间，跑了十多个部门去审批，投入的时间、精力和财力成本非常高昂，真是太难了，差点就搞不下来。归根结底，就是国家在政策上扶持不够，多头管理，政出多门，没有一个部门牵头协调推进，而且审批程序过于复杂，涉及部门太多，很多部门之间还互相不买账、互相推诿扯皮。①

其次是政策扶持力度较弱。政策的重要性不言而喻，在我国具有生命线的作用。就海事教育而言，虽然政策的地位不如法律法规，但对海事院校的办学具有更为实质性的影响。从几个较为典型的例子可以看出国家在政策扶持方面的薄弱。例如，只承认教授等专业技术职务，不承认船长和轮机长等行业专业技术职务；只承认教育部组织的大学生技能大赛，不承认国家海事局组织的海员技能大比武。这些对于海事院校而言非常关键，但得不到有关部门的重视和政策支持。江苏某海事学院 M 副院长在受访时指出：

与世界上一些海事教育发达国家相比，我们国家的政策扶持力度还非常有限。比如，人事部门和教育部门都不承认航海专业技术职务，这对教师的积极性是个很大的打击。据我所知，国内只有 2~3 所海事院校是承认航海专业技术职务并兑现待遇的，但这也是"内部粮票"。对大部分院校来说，教师不想出海，就想评个教授。这与海事教育的初衷和要求是背道而驰的。再比如，国家只承认教育部门组织的大学生技能大赛，对海事部门组织的大学生技能大赛成绩不认可。这样一来，教师和学生就没有积极性，都想参加教育部门的技能大赛，那样可以名利双收。这对海事院校的教学和实训非常不利。②

2012 年 2 月，教育部和交通部出台了《关于提高航海教育质量的若干意见》③。这是近年来国家关于航海教育的最重要的政策文件之一。《意见》认为

---

① 资料来源：访谈资料，个别访谈，2020 年 1 月 18 日.
② 资料来源：访谈资料，个别访谈，2017 年 11 月 24 日.
③ 教育部，交通运输部. 关于进一步提高航海教育质量的若干意见 [EB/OL]. http://www.gov.cn/zwgk/2012-03/16/content_ 2092932. htm，2012-03-16.

"航海教育各有关方面应从开发和利用海洋、维护国家海洋权益、促进海上运输业发展以及适应海上国防事业需要的战略高度，充分认识航海类专门人才培养的重要性和必要性。"并决定"建立教育行政部门和交通运输主管部门协同管理航海教育的体制和机制。两部门共同研究制定航海类专门人才培养工作的有关政策，共建高校航海类专业（包括航海技术、轮机工程和船舶电子电气工程等），共同指导航海人才培养工作"。这一文件充分认识到了航海教育的重要意义，并采取了一系列措施促进航海教育发展，但只是在航海类人才（未覆盖更为广泛的海事类专业）培养等技术层面加强了两个部门的协调，人事、劳动、财政、税务等关键部门没有参与，且未涉及财政拨款、人事分配、职称评审等其他重要事项，难以解决海事院校面临的一些重大核心问题。

最后是办学经费严重不足。海事院校的专业一般分两类，一类是航海技术、轮机工程和船舶电子电气等航海类专业，属于工科；另一类是航运管理、物流管理、国际贸易等海事经济类专业，属于文科。第二类专业办学成本正常，但第一类专业办学成本很高。因其办学场地、实施、设备必须符合国际海事公约和我国交通（海事）部门的相关规定，需要大量经费的投入，包括航海技能训练设备、航行教学实习船、大型航海模拟器和半军事化管理等费用。所以，航海类专业的教育经费投入远高于陆上专业的经费投入。如，江苏海事职业技术学院建设一个轮机自动化机舱投入就高达 1 亿元人民币，后期运营维护成本也很高，且建设难度很大（技术要求高），建设周期很长（至少要 3 年）。再如，由于航行教学实习船购置和运行维护费用极高（满足最低需求的二手船舶购置价格在 2000 万元人民币左右，维护费用每年以百万计），目前在 46 所海事类高等院校中仅有 9 所拥有自己的教学实习船。海事院校的办学经费绝大多数来自政府的投入，只能获得普通高等院校的正常生均拨款（个别省份如江苏，对航海技术专业拨款系数有所提高）和学杂费收入。除大连海事大学、上海海事大学等少数海事名校以外，其他院校大多缺少校友捐赠、企业投入等资金筹措渠道。因此，大部分海事院校办学资金捉襟见肘。江苏某海事学院 W 院长对此深有体会：

> 海事院校的办学成本，和其他同类院校比起来，那不是一般的高，投入很大。这不但是国内外海事组织的强制要求，也是海事人才培养的内在需要。例如，我们建设一个全真的轮机自动化机舱，从论证到建成，前后花了三四年时间，投入了近一个亿（人民币）。再如，我们

最近买了一条教学实习船，各种费用加在一起，大概投入了近2000万元。后期用于学生实习实训和日常维护的费用，粗略估计每年也要好几十万，经费压力很大。国外海事院校，例如美国和澳大利亚，他们的教学实习船都是由政府投入经费或是提供船舶，运行费用也由政府承担。[①]

三、人才培养质量不高之困

高等院校的人才培养按照时间顺序可以分为招生、教育教学、就业三个环节，我们从这三个环节分析探讨海事院校人才培养存在的问题。

首先是生源素质有待提高。只有生源素质好，培养质量才能高，这是被反复证明的人才培养经验。但是由于中国是一个近乎缺乏海洋文化传统的国家，加之相关宣传、教育、引导不到位，家长和考生在选择专业时，谈及海事类专业，首先想到的可能是"海难""海盗""漂泊""孤独""辛苦"这些字眼。他们往往认为从事和海洋有关的工作，就是漂泊在茫茫大海上，或是流浪在异国他乡，不但远离亲朋好友，而且结婚生子都困难。加之，近年来，受国际金融危机的影响，海事类院校就业普遍不景气，收入水平与陆上职业的差距也在不断缩小，这也反过来影响了招生的效果。此外，随着经济社会的发展和家庭生活条件的改善以及独生子女的增多，社会上普遍不愿意自己的子女从事航海类所谓艰苦行业。目标生源的减少导致优质生源的下降。问卷调查也发现，关于选择海事院校的意愿，有51%的学生承认报考海事院校"不是出于自己的意愿"；关于未来职业的思考，有52%的学生明确表示"将来不想从事海事相关职业"，并认为主要原因是"海事职业比较辛苦，远离大陆和亲人"（82%）和"考试难度太大，就业薪酬与陆上职业差距不够大"（76%）。[②] 从2008年开始，按照国家发展改革委"中西部协作计划"，东部地区海事院校开始从中西部地区招收学生。虽然中西部地区生源众多且学生有一定报考意愿，但由于中西部地区基础教育薄弱，生源的基础素质很难达到培养要求。浙江某交通学院J院长在访谈中说道：

---

① 资料来源：访谈资料，个别访谈，2019年12月7日。
② 资料来源：问卷调查，学生问卷，2019年12月。

> 我们学校航海类专业每年招生200人左右，以外省中西部地区生源为主。像浙江这样经济比较发达的省份，每年只能招到1~2个学生。因为中西部地区缺乏海事文化底蕴，学生很少有海的概念，对海没有天然的感情，文化基础也很薄弱，所以每年毕业生中从事海事行业的也就10%~20%。而且现在的薪酬体系也有问题，以海员为例，税费太高，拿到手的不多，和岸上工作的差距不大，所以没有什么吸引力。我们的培训考试也有问题，考试难度太大，通过率太低，打击了学生的信心。在几个因素的共同作用下，造成了海事院校招生难的问题。①

地处安徽省的某交通学院W副院长对此感触更深：

> 我们学院航海类专业2005年首次招生。这几年本省生源持续下降，所以我们主要招收中西部地区学生，就这样每年招生计划也只能完成一半左右，而参加海航适任证书考试的还不到一半的学生。我知道，海事类本科学院，比如大连海事大学、上海海事大学，他们的学生考证率也非常低，估计都不到10%。这肯定会影响到学生的报考意愿。②

其次是教育教学质量不高。海事类专业一般包括两个类别：一是传统的航海类专业；另一个是涉海类其他专业。航海类专业的教育教学有国际标准，目前按照STCW78/95公约2010马尼拉修正案执行。2010年修正案更新了1978年公约的各个方面。随后IMO又于2014—2017年之间进行了4次局部修正。这对我国航海教育机构产生了重大影响。海事院校的质量管理体系、课程教材及培训大纲等都需要按照修正案要求全面更新。"履行2010年修正案对我国的海事教育机构是一项艰巨的任务，特别是船员教育、培训、考试、评估和发证各个环节。"③ 因为中国自20世纪70年代加入该公约近40年来，已经形成了一套根

---

① 资料来源：访谈资料，中国海事职业教育服务"一带一路"建设高峰对话，2019年12月7日。
② 资料来源：访谈资料，中国海事职业教育服务"一带一路"建设高峰对话，2019年12月7日。
③ 史继才. STCW公约马尼拉修正案下的海船船员履约培训策略［J］. 中国水运，2012（9）：40.

深蒂固的教育教学模式，短期内很难按照新公约的要求进行更新。在场地、设备、师资、课程、教材等方面条件一时难以更新的情况下，教育教学质量和人才培养质量无疑会"打折扣"。从事国际船员外派业务多年的北京某船舶管理有限公司 W 先生在受访时说道：

> 我国是世界第一船员大国，目前有 26.9 万国际注册海船船员。2018 年的劳务外派量达到 14 万人次，是世界第一。但是我们船员的素质能力在国际上并不被看好。菲律宾等国家的船员比我们更受国际市场的青睐。造成这种问题的原因很多，就我从事这一领域多年的了解，有两个原因是比较重要的。第一个就是我们的船员动手能力不强；第二个就是外语（主要指英语）能力比较薄弱。[①]

目前国内最大的国有船员劳务外派公司副总经理 L 先生认为：

> 目前，我们海事院校的人才培养模式是学历教育模式，为了考证，临时突击，组织学生"刷题"。这种模式不适应海事人才培养要求，所以海事人才从事海事产业后流失率极高，主要因为他们不具备过硬的实践技能。像特种船舶、化学船舶、旅游邮轮上的工作，等等，都是实践性很强的岗位，偏重理论教学的学历培养模式是很难培养出这方面人才的。[②]

江苏某国有船员管理有限公司总经理 H 先生则认为：

> 仅仅靠学校的资源无法解决大批量学生的实践能力培养问题。从企业来说，有参与院校培养人才的责任，但目前企业的积极性不够，配合度不够。企业也有企业的困难，实习有难度，船舶实行高度集中、统一计划管理，很难拿出批量岗位供学生顶岗实习，而且实习期间的

---

① 资料来源：访谈资料，中国海事职业教育服务"一带一路"建设高峰对话，2019 年 12 月 7 日.
② 资料来源：访谈资料，中国海事职业教育服务"一带一路"建设高峰对话，2019 年 12 月 7 日.

学生人身安全、培养成本和待遇问题，也是企业非常关心的现实问题。①

涉海类的其他海事人才培养质量也不容乐观。随着中国改革开放的深入，加入世界贸易组织，实施"一带一路"倡议等，中国日益融入国际社会，与其他国家的人员、经贸、物资往来日益频繁，对海事类人才的需求也越来越多。但是"目前，我国的海事教育主要集中在传统船员教育与培训领域，涉及海事生僻领域的教育几乎鲜有涉足。而海事服务人才培养教育机构则呈现出数量少、质量低的态势，整体也尚未形成内容全面、层次清晰的战略布局。日常教学中，一些海事院校的教学实践、实验条件不能够满足学生的实际需求。教学设备数量短缺，老化问题严重，个别设备甚至已经过时。更可惜的是，师资力量捉襟见肘。严重短缺的师资力量难以保障教育教学任务的顺利完成，严重限制了我国海事教育规模的进一步扩大"②。我国的海事高等教育近二十年左右才起步并逐步发展，人才培养经验积累不够。以目前的水平，很难培养出大批具有国际视野、熟悉国际规则、能够处理涉外事务的高级海事人才。

最后是就业质量不高。生源素质欠缺导致培养质量不高，培养质量不高导致就业质量不高。这是一个清晰的逻辑关系，且他们之间相互作用、互为因果。虽然前一个因素并不是导致后一个结果的唯一因素，但它是重要的因素。海事院校毕业生的就业去向大多为大型国有航运企业（如中国远洋海运集团、中国长江航运集团等）、国外航运企业（丹麦马士基、日本新海丰等）、国内民营企业（据交通运输部水运局2015年统计，目前中国航运企业中，经营远洋运输的约300家，经营沿海运输的约2000多家，经营内河运输的数量众多，有4000余家，其中经营沿海和内河运输的，绝大多数是民营航运企业③），还有国内外的国际贸易公司。由于海事院校行业特色鲜明，大部分毕业生就业去向集中在国有企业、私营企业。只有少部分毕业生进入党政机关、事业单位、科研院所等单位工作。例如，大连海事大学2017届本科毕业生就业去向主要集中在国有企业、其他企业和升学，比例达83.13%。研究生就业去向主要集中在国有企业、

---

① 资料来源：访谈资料，中国海事职业教育服务"一带一路"建设高峰对话，2019年12月7日。
② 李振福.中国海事人才培养面临两大新挑战［J］.中国航务周刊，2018（24）：1.
③ 马智丽.民营航运企业有多难［N］.航运交易公报，2015-03-16.

其他企业、高等教育单位和事业单位，比例达87.82%。① 虽然大连海事大学、上海海事大学、集美大学等本科院校毕业生就业情况差强人意，② 但总体而言，海事院校毕业生就业状况不容乐观。由于招生"入口"环节难以吸引到较多优质生源，加上教育教学环节的薄弱，导致海事类院校人才培养质量不高，不少毕业生存在敬业精神和责任心欠缺的问题；专业技能不过硬，实践动手能力不足的问题；纪律意识和团队协作精神缺乏的问题，等等。这些问题直接导致毕业生就业质量难以提高。另外，2008年开始的全球金融危机造成世界贸易大幅缩水，导致海事产业陷入低迷。不少海事企业因大面积亏损而破产，也有不少海事企业大幅裁员，能够为海事类毕业生提供的就业岗位迅速减少，对毕业生的要求也随之提高。这在很大程度上加剧了海事类毕业生的就业难度，降低了就业质量。毕业生个人因素加上行业波动因素，造成海事类毕业生总体就业质量不高。北京某船员管理有限公司副总经理L先生对此评价到：

> 目前，海事产业经过了低谷后开始复苏，急需大量从业人员，但当前的状况是高级船员等海事人才奇缺，待遇很高但找不到合适的人。主要是由于2008年开始的行业低谷造成的影响太大，流失了很多优质资源，特别是人才资源，海事院校和企业还没有恢复元气，培养资源和能力都不足，导致了今天的就业局面。③

南京某远洋船员管理有限公司总经理H先生认为：

> 关键在于提高海事人才培养质量，质量问题比数量问题更重要。现在的海事企业信息化和技术化水平很高，无人船舶和无人港口都已经出现并在迅速发展，对普通人力的需求在减少，但对高素质技术技能人才的需求在增加。也就是说岗位发生了转移，对能力素质的要求在提升。现在的培养模式打造出来的学生很难达到岗位的要求，所以造成了海事院校毕业生就业难的问题。其实这是一种就业结构性错位

---

① 数据来源："辽宁省高校毕业生就业信息管理系统"2017届毕业生就业数据.
② 刘颖平. 毕业季来啦！你知道三大海事高校的毕业生都去哪儿了吗？[J]. 中国航务周刊, 2018（24）: 1-5.
③ 资料来源：访谈资料，中国海事职业教育服务"一带一路"建设高峰对话，2019年12月7日.

的问题。①

四、服务社会能力不强之困

与发达国家海事院校相比，与现代海事产业要求相比，我国的海事院校策应国家相关发展战略，服务社会能力还比较薄弱。

第一是学校服务国家战略能力的不足。进入21世纪，高等教育的地位愈发重要，各国都把发展高等教育作为抢占全球人才和科技制高点的重要战略，作为提升国家综合实力和核心竞争力的有力武器。习近平总书记曾经强调："教育强则国家强。高等教育发展水平是一个国家发展水平和发展潜力的重要标志。""实现中华民族伟大复兴，教育的地位和作用不可忽视。我们对高等教育的需要比以往任何时候都更加迫切，对科学知识和卓越人才的渴求比以往任何时候都更加强烈。"② 近年来，我国从建设海洋强国、扩大对外开放的战略高度出发提出并实施了一系列涉海战略和"一带一路"倡议。特别是党的十八大以来，国家新一轮对外开放及安全、能源、交通等战略格局基本形成，"一带一路"倡议、长江经济带发展、海洋强国建设等国家战略深入推进。这些国家战略的实施对海事院校的人才培养和科技创新提出了更高要求。国家海事局局长曹德胜曾经指出："新时代应正确审视海事教育在经济社会发展、航运业发展、蓝色海洋文化传播方面的角色和重要性，其高质量的发展应着眼于一流海事人才的培养、海事技术的革新、一流学科的建设，将中国特色与全球视野相结合，为世界贡献中国智慧。"③ 但是由于海事院校的生源质量越来越难以得到保障、传统海事教育模式越来越难以适应形势发展等原因，大部分海事院校还不具备高层次的服务国家战略能力。大连海事大学校长孙玉清认为：我国海事院校在加强战略性、全局性、前瞻性问题的政策研究，加快建设具有海事特色和世界影响的新型智库，积极主动参与国内相关政策法规和国际海事公约、标准的研究与制定工作，以及服务国家和行业科学决策、提升国家在世界海事领域的影响力

---

① 资料来源：访谈资料，中国海事职业教育服务"一带一路"建设高峰对话，2019年12月7日。
② 习近平. 习近平谈治国理政：第2卷 [M]. 北京：外文出版社，2017.
③ 陈亮. "合作·共享"国际海事教育创新发展论坛成功举办 [J]. 航海教育研究，2019（2）：111.

提供智力支持方面的能力还比较薄弱，需要持续不断加强。① 特别是海事职业院校因办学时间短、体制机制不健全、服务社会能力弱、获取社会资源有限等因素的制约而更加缺乏服务国家战略的能力。② 江苏某港口集团生产事业部部长 T 女士指出：

> 港航产业是海事产业的重要组成部分。在全球十大港口中，中国占有 7 个，上海港是世界第一大港。随着国家"智慧港航""绿色港航"理念的提出和实施，港口转型升级、港航企业一体化经营、专业化管理和高质量发展的特征更加鲜明，这些都对海事院校服务国家港航战略提出了迫切需求。但是江苏乃至全国海事院校港航人才的培养，在数量和质量上都明显不足，人才服务事业能力、技术服务产业能力相对欠缺。③

第二是专业服务产业能力的不足。专业建设是高校教学基本建设的核心，是人才培养、科学研究、社会服务的基本平台。它以经济社会发展及产业结构调整的需要为导向，以人才培养模式和课程建设为核心，并面向市场需求，适时调整专业结构，改革专业内涵。④ 但是海事院校的专业建设在适应海事产业发展需要、服务海事产业发展方面还比较薄弱。海事产业兴起于航运业，在此基础上其内涵不断丰富、外延也不断拓展。当前的海事产业已经发展成为包含航运业、造船业、港口业、海事服务业、近海工程、海洋资源开发等多个产业集群的链式网络。⑤ 我国的海事院校普遍是在航运业兴起时期从举办航海类专业起步并发展起来的，主要面向海事产业链的下游——船舶操作运营阶段。面向海事产业链中游（船舶制图、产生、建造等）和产业链上游（研发、设计、服务等）的专业没有发展起来，或发展速度比较慢。从国际经验来看，面向海事产业链下游设置专业的海事院校均逐渐走向萎缩，例如美国、英国、荷兰等

---

① 孙玉清. 以创新发展理念应对海事人才培养变革［J］. 中国船检，2018（9）：19.
② 黄锦鹏，丁振国. 航海高职教育转型及其发展研究［J］. 天津航海，2012（2）：49.
③ 资料来源：访谈资料，中国海事职业教育服务"一带一路"建设高峰对话，2019 年 12 月 7 日.
④ 钟秉林，李志河. 试析本科院校学科建设与专业建设［J］. 中国高等教育，2015（22）：19-23.
⑤ 彭放，邢辉. 面向海事产业链的海事院校专业布局［J］. 航海教育研究，2019（3）：1.

国的航海专门院校。而面向海事产业链上中下游设置专业的海事院校依然能够保持领先地位，如英国伦敦大学学院、格拉斯哥大学、南安普顿大学、纽卡斯尔大学、卡迪夫大学，瑞典查尔姆斯理工大学，挪威科技大学，荷兰代尔夫特理工大学，新加坡南洋理工大学等。① 随着物联网、云计算、人工智能等技术的快速发展，以智能船舶、智慧港口、自动化码头等为先导的海事产业已经成为行业热点，市场导向和产业发展需求更加迫切需要海事院校调整优化专业结构。但海事院校还普遍难以根据产业发展需求调整优化专业结构，现有的海事专业也存在同质化发展、低水平重复、无序竞争等问题。2016年访问纽约州立大学海事学院时，该校海事教育和培训部主任厄恩斯特·芬克（Ernst Fink）船长曾介绍道：

> 纽约州立大学海事学院围绕纽约海事产业布局专业，并和邻近的美国海事学院错位设置专业，形成良性互补。学院的专业旨在为纽约港、纽约海事服务中心等海事企业服务，并重点打造服务纽约海事政策研究、海事决策咨询、高端技术培训的高端专业。②

江苏某海事学院分管专业建设的副院长 M 船长谈及专业结构调整优化时则说到：

> 专业结构调整，说起来容易，做起来很难。专业调整涉及一系列利益的深刻变化和重新分配，我们不可能让教师下岗，让教师转专业又很难胜任。虽然我们有专业动态调整机制，其实很难短期内做到，各方面资源跟不上，只能一步一步来。最近十多年，我们根据产业发展趋势，慢慢调整专业方向，压缩传统航海类专业，逐步拓展新兴海事类专业，但是有一个比较长的过程。③

第三是技术服务海事企业能力的不足。作为高校来说，主要能为企业提供的，除了人才就是技术。高校本应积极搭建校企合作平台，依托应用技术协同

---

① 彭放，邢辉. 面向海事产业链的海事院校专业布局 [J]. 航海教育研究，2019（3）：4.
② 资料来源：美国纽约州立大学海事学院介绍资料，2015年9月14日.
③ 资料来源：访谈资料，个别访谈，2019年5月17日.

创新中心、技术研发与服务中心、科技创新团队等载体，主动面向行业企业开展技术研发、技术攻关、产品升级、成果转化等各类应用性技术服务。但是就海事院校而言，除少数的研究型高校，如中国海洋大学、大连海事大学等以外，一般的海事院校，特别是海事职业院校技术服务企业能力相当薄弱。"这些专科学校或职业性大学，无论在师资力量、科研条件、研究设备、地理位置、国内外信息的交流、国家经费资助等方面，都受到很大的局限。科研力量的薄弱和科研条件的不足，使得这些大学事实上无法进行像综合大学那样庞大的研究，与之相应，也无法取得像综合性大学那么巨大的科研成果。"① 2014年6月国务院印发的《关于加快发展现代职业教育的决定》明确提出，高职高专院校要"密切产学研合作，重点服务企业特别是中小微企业的技术研发和产品升级，加强社区教育和终身学习服务。"② 促进中小微企业技术研发和产品升级，助推中小微企业发展，是海事职业院校社会服务的重要内容之一。但是现实状况不容乐观。江苏某海事学院原副院长C教授认为：

> 学校希望发挥高端人才的技术优势为企业的发展提供技术支持，特别是帮助解决生产中遇到的重点、难点问题；企业也希望"导师式的高技术人才"直接到生产一线顶岗，通过言传身教带动生产一线技术团队的成长。但是由于多数教师缺乏实践经验，为企业提供的技术服务太少，企业的需求得不到满足，时间长了，企业的合作积极性自然逐步减退，参与度难以提高。③

从海事职业院校方面来说，技术服务的相关制度机制也普遍不健全、对技术服务项目缺乏统筹设计，同时还存在"科技研发、产业园区建设与地方产业集群发展目标结合不够紧密，科技成果成熟度低，技术转移与成果转化的协调机制不畅，公共研发平台建设协同性不强等问题"。④ 随着第四次工业革命的深入开展，海事技术将产生深刻的变革。数字技术、机器人技术、人工智能和大数据等方面的专业知识和技术将对海事院校技术服务水平提出更高的要求。海

---

① 黄勇.大学科研服务社会研究[J].科技管理研究，2010(7)：87.
② 国务院关于加快发展现代职业教育的决定（国发〔2014〕19）[Z].2014-5-2.
③ 资料来源：学院科技工作会议上的发言，2018年4月17日.
④ 张菊霞，王琪.高职院校社会服务的实践样态、存在问题及提升策略——基于浙江省47所高职院校质量报告的分析[J].职教论坛，2017(4)：40.

事院校如何主动迎接变革，研究高精尖海事技术，为企业提供有力服务，受到企业的认可，将是一项严峻的挑战。

第三节　海事院校转型的动力、诉求与困惑

面临困境的海事院校必然存在转型发展的内在诉求，但由于缺乏历史经验的积淀和对历史使命的认识，海事院校也面临着诸多困惑和迷茫。也就是说，虽然有转型的压力和动力，但是缺乏转型的思路和办法。

一、海事院校的转型动力

转型既是外界的要求，也是自身发展的需要。当前海事院校转型的动力主要来自三个方面：

一是行业产业发展的需要。2008年的国际金融危机，让海事产业遭遇重创，行业企业痛定思痛，开始谋划并实施转型。一些行业标杆企业开始逐渐改变过去高能耗、铺摊子的粗放式增长模式，开始走集约化、品牌化的内涵发展模式，更加注重集中优势资源，打造核心产业，更加注重人力资本投入和技术创造革新，更加注重风险管理和规范经验。行业企业发展方向的转型变化必然带来对人才和技术需求新的变化，进而对海事院校的教育提出新的要求。而金融危机到来之际，海事院校大多还沉浸在"黄金时代"高速发展的美梦中，并没有感受到行业产业危机带来的巨大变化和严峻挑战。服务行业企业发展需要是海事院校存在的重要价值和意义所在，行业企业的需要就是海事院校发展和努力的方向，行业产业需求的变化要求海事院校做出积极回应。

二是摆脱发展困境的需要。海事院校近年来，特别是国际金融危机以来，面临着招生、就业、培养等诸多发展困境。由于行业不景气，导致对人才需求的萎缩，进而造成海事类专业毕业生的就业困难；就业困难反过来又加剧了招生的困难，形成了恶性循环。而且，由于过去良好的行业形势，不需要做任何努力，就有火爆的招生和就业。因此，海事院校纷纷扩招，一时间积累了大量的师资、场地和设备资源，这些资源在行业危机到来之时，又成了转型的沉重负担。加之，国际海事组织和国家海事部门对船员适任证书考试要求的提高，以及海事院校人才培养模式改革的滞后，人才培养质量难以达到行业企业要求，这就形成了海事院校发展的最大瓶颈。再由于行业企业自身陷于水深火热之中，

再也没有过去那样对海事院校的支持力度,离开了行业企业的支持帮助,海事院校的办学就成了无源之水,丧失了很大的活力和动力。最后,要说的是,海事院校还是高等院校系统的一个领域,也面临着和其他类型院校之间的激烈竞争,各种排行榜、项目遴选和荣誉竞争,给海事院校带来很大的压力。

三是实现自我价值的需要。马克思主义认为,人的价值,就是指人对自己、他人乃至社会需要的满足。① 人的价值包含两个方面,其一是社会价值,其二是人的自我价值。具体地说,就是人通过自身的实践活动,充分发挥其潜能,不断创造出物质财富和精神财富,在满足自身需要的同时,满足他人和社会的需要。高等院校作为一个集体,其价值也如个体的人,也有实现自身价值的需要。这种价值主要体现在两个方面:一方面,是促进学生身心的健康发展、帮助学生实现人生价值;另一方面是通过培养高级海事专门人才,满足国家和社会的需要。但是,由于历史传统、办学条件和育人模式等方面的限制,海事院校在满足国家、社会和个人需要方面尚不能充分实现自身价值。转型就是更好实现自身价值的需要,海事院校必须通过转型,成为相对独立、面向市场、参与竞争、体制灵活的办学实体,在招生、就业和培养方面充分彰显自身的海事特色。只有成功实现转型,才能在办学理念、招生录取、培养模式等方面实现根本的变化,以提升海事院校的办学实力,促使海事院校更好实现自身价值,更好地服务社会和他人。

二、海事院校的转型诉求

关于海事院校转型的诉求,站在不同的立场,不同的行为主体,会有不同的表述,就海事院校而言,主要集中在三个方面:

一是加大政府法律法规保障和政策扶持力度。发展海事高等教育对于促进海事经济发展,开发和利用海洋,维护国家海洋权益,促进海上贸易发展以及适应海上国防事业需要具有重要的战略意义。因此,各国政府都将海事高等教育作为国家战略重要部分加以重视,往往以法律法规的形式保障其地位,并以行政命令的形式给予具体的政策支持。可以说,海事高等教育离不开国家的扶持和干预,国家支持力度决定海事高等教育的成败。相对而言,我国政府在保障和扶持海事院校方面力度比较有限。比如,我国还没有专门的《海事教育

---

① 中共中央马克思恩格斯列宁斯大林著作编译局. 马克思恩格斯全集(第3卷)[C]. 北京:人民出版社,1960.

法》，海事院校的法律地位没有保障，从根本上限制了海事院校的发展。另外，在学制年限、收费标准、招生政策、校企合作、实习训练等方面也没有倾斜或是专门的政策，海事高等教育的特殊性淹没在普通高等教育之中，没有得到任何特别的关注和扶持，并且与其他类型高等教育相比，反而因为规模太小而处于弱势地位。这与海事院校的特殊地位和重要作用不相匹配。近年来，虽然国家实施了一系列涉海战略和建设倡议，但是海事院校对此感受并不深刻。没有受到国家应有的重视，完全依靠自己办学，这仍然是海事院校的普遍感受。

二是加大项目支持和资金投入力度。在高等教育领域，自改革开放以来，国家实施了一系列重点建设项目，涉及学校、专业、学科、师资、实验实训、学生等各方面，最著名的莫过于"211"工程、"985"工程和"双一流"建设，以及正在实施的高职院校"双高"计划。可以说，包括海事院校在内的高等院校所面临的项目竞争从来没有间断过，并且愈演愈烈，竞争近于白热化。高等院校深感压力巨大，常年疲于应对。这些所谓的项目评选，对海事院校而言非常不利，因为评审指标无法反映出学校的特色和个性，跟着指标走，将丧失学校的特点；不跟着指标走，学校将丧失发展机会。海事院校长年累月面临这样的激烈竞争和两难选择，根本无心回归教育的根本，从事真正的教书育人事业。因此，海事院校普遍都强烈呼吁国家给予建设项目方面的单独支持，并在评价方面充分考虑海事院校的特殊性，不要总是用排名先后和数量指标衡量其价值和地位。另外，海事高等教育是一种办学成本极高的教育，特别是其中的航海类专业，实训设备投入极大，实习、实训成本高昂，远高于一般专业的投入，但是目前海事院校所得拨款不仅与其他专业相同，而且，数量众多的海事高职院校所得拨款还在本科院校的基础上打折扣。因此，海事院校大多办学经费紧张，普遍呼吁大幅度增加生均拨款。

三是扩大海事院校办学自主权。对于高等院校而言，来自政府的监管和指导是必要的，但是管得过多过死，就会束缚高等院校的发展，遏制高等教育的活力。目前海事院校的专业收费权、聘任用人权、招生自主权、收入分配权等方面都受到比较严格的限制，很难展开手脚办学。落实和扩大学校办学自主权，成为学校当前的迫切诉求。例如，由于国家统一招生政策的限制，加之生源竞争的日益激烈，有大量基础较差的学生进入学校，学生进校后的教育教学质量难以保证。但是海事院校的大部分专业都是涉外专业，人才培养有严格的国际标准，没有良好的生源无法达成培养目标。因此，海事院校普遍希望落实并扩大招生自主权，可以自主选拔优质生源。再如，由于海事类专业办学成本高，但是收费标准并不高，海事院校普遍希望给予学费收取自主权，由省级政府制定学费上下限，让高校自主确定专业收费标准，并根据市场变化调节收费标准。还有，落实人才使用自主权方面，也是海事院校非常关注的热点问题。海事院校希望尽快解决对高层次人才编制的控制问题，尊重海事院校的特点，由海事院校自主招聘人才，从企业引进一批优秀技术人员和能工巧匠。同时，特别希望能够落实船长、轮机长这些只有海事院校才有的高层次人才的地位和待遇问题。还有一项极为关键的权力是内部分配自主权。海事院校和其他高等学校一样，薪酬分配的自主权相当有限，无法起到激励先进、鞭笞后进的效果；一旦使用不当，还有违纪违规的风险。这样的状况非常不利于激发办学活力。

三、海事院校的转型困惑

虽然海事院校有转型的动力和诉求，但是对于如何转型也很困惑和迷茫。这种困惑主要体现在三个方面：

一是如何认识海事院校的一般性和特殊性。海事院校自诞生以来，就一直面对一个两难的问题：究竟是应该突出海事院校的一般高等教育特征，还是应该突出它的海事高等教育特征。关于这一点，不同时期有不同的认识和做法，也因此产生不同的效果和结果，似乎没有是非对错，也没有完全正确的做法。回顾历史我们发现，当时都有不得不如此的理由，但是发展到一定程度又被加以否定。往往特别强调一方面的时候，就会矫枉过正，走向极端。例如，当行业形势发展良好，对人才需求迫切的时候，就会强调海事院校的特殊性，在政策支持和资金投入方面的力度就会加大，在学制年限、教学方式、课程设置和考试安排等方面也给予特殊对待。但是行业形势低迷的时候，对海事院校的"特殊照顾"就少之又少，更多的是要求其服从教育部门统一安排，忽略其作为海事院校的特殊性。海事院校面对频繁转换的历史场景和变化要求，付出的时间、精力和物力成本均非常高昂。如何把握天平的"平衡点"，找到游标卡尺的"游标点"，还将是海事院校长期面对的问题。

二是如何认识海事院校的高等性和职业性。一般高等教育则强调高等性，而海事高等教育则强调职业性。作为海事院校，必然属于高等院校序列，要求体现它的高等性。高等性主要表现在它的培养层次高，有本科教育和研究生教育；研究水平高，强调学术研究和论文著作发表；服务水平高，能够通过高层次的人才和高水平的研究成果服务经济社会发展。但是海事院校天然具有职业性和实践性特征，强调动手能力和实际运用。只有少数如大连海事大学这样的综合性研究型大学，它的高等性体现才较为充分；其他大量的海事类院校很难达到这一要求。但是国家和社会在衡量和评价海事院校时，采用的指标体系主要依据高等性指标，而非常弱化职业性指标，这就导致海事院校向普通高等院校看齐，从而逐渐丧失自身本来可贵的职业性。比如，教授、博士在一般高等院校是受到重视的人才，但是对海事院校而言，教授和博士实际上并不那么重要，至少不如船长、轮机长、高级工程师发挥的作用更大。可社会评价和待遇体系并不承认船长、轮机长、高级工程师的价值和地位。

三是如何认识海事院校的教育性和行业性。这里主要指的是海事院校的行政隶属关系问题（属于教育部门，体现教育性；还是属于交通部门，体现行业性）。作为一个高等教育集中统一管理的国家，某一高等院校的行政隶属关系对该高校的事业发展有举足轻重的作用。比如部属院校，特别是教育部直属院校，都是中国最好的高校，得到的支持力度也最大。相对而言，地方的厅属院校，得到的支持力度就要小得多。海事院校，属于国家交通部门管理，还是属于国家教育部门管理，或是属于地方教育部门和交通部门管理，对于海事院校而言，具有完全不同的意义。海事高等教育在晚清诞生之初，海事院校在绝大部分时间里，属于国家交通部门管理（短时间里归属国家教育部门管理），受到极大的重视。新中国成立后，最好的海事院校如大连海运学院，也属于国家交通部门管理，体现了国家对海事高等教育的重视。但是改革开放以后，属于国家交通部或国家教育部管理的海事院校（或举办海事类专业的高等院校）只有大连海事大学、中国海洋大学和武汉理工大学，其他绝大部分海事院校都属于地方教育部门或交通部门管理。两者受到的重视、得到的支持千差万别，不可同日而语。隶属关系的不同造成院校地位的巨大差别，这种带有"出身论"色彩的现象，已经对海事院校造成了很大的困惑。

第四节 转型期我国海事院校发展态势的 SWOT 分析

SWOT 分析方法最先由美国旧金山大学 H. Weihrich 教授于 20 世纪 80 年代初提出。这种方法是综合考虑组织内部条件和外部环境的各种因素，进行系统评价，从而选择最佳经营战略的方法。其中的 S 是指组织内部的优势（Strength），W 是指组织内部的劣势（Weak-nesses），O 是指组织外部环境的机会（Opportunities），T 是指组织外部环境的威胁（Threats）。① SWOT 分析法又被称为"态势分析法"，是一种能较客观而准确地分析和研究一个组织现实情况的方法。

一、我国海事院校发展的 SWOT 分析

（一）海事院校自身的优势（S）

1. 整体办学实力大幅提升

中国的海事院校从无到有、从小到大，经历百余年的时间，经过数代人的努力，已经取得明显的成绩。特别是在 20 世纪末 21 世纪初，海事院校进入了加速发展时期，不仅形成了世界上数量最多、规模最大的海事高等教育系统，而且逐步拓展了覆盖广泛的学科专业领域，基本形成了办学性质多元、类型层次多种、学科专业多样的海事院校体系。目前中国已跻身海事教育大国行列，为中国航运业乃至世界航运业培养了大批技术和管理人才。② 以大连海事大学、上海海事大学、中国海洋大学、武汉理工大学、集美大学等为代表的一批海事本科院校积极顺应时代需求，转变观念，创新发展，特色办学，取得了令人瞩目的成绩。例如，国际海事组织（IMO）秘书长米乔普勒斯曾盛赞"大连海事大学对国际海事组织具有举足轻重的作用，是中国一所著名的海事教育院校，其优秀的业绩能够和世界所有顶级海事大学相媲美，是世界一流的国际性海事教育院校"。③ 以福建船政交通职业学院、江苏海事职业技术学院、武汉船舶职业技术学院、南通航运职业技术学院为代表的一批具有悠久办学历史（50 年以上）的海事类高职院校也积淀了较为深厚的办学底蕴，形成了鲜明的办学特色，具备了良好的办学条件和较高的办学水平。这些海事院校绝大多数处于沿海城市，依托海岸线和大港口，拥有丰富的校区资源、万人以上办学规模，以及过十亿的固定资产，具有悠久的海事人才培养历史、广泛的行业和校友资源，积淀了深厚的文化底蕴和良好的社会声誉。

2. 与社会各界建立了良好的关系

阿什比认为，"为了生存，一个机构要满足两个条件：必须足够稳定地保持

---

① 王双年. 天津市高等院校发展战略的 SWOT 分析 [J]. 情报理论与实践，2005（1）：53.
② 王艳华，陈海泉. 2009 年国际海事教育论坛主题演讲综述 [J]. 航海教育研究，2009（3）：1.
③ 孙宏利. 航海院校的卓越发展与特色办学 [J]. 航海教育研究，2008（1）：15.

它得以产生的理念,必须有足够的行动同支撑它的社会保持联系。"① 高等院校作为社会系统的一部分,生存与发展在当今社会,必然要与政府、行业、企业等社会各界建立合作关系,进行信息、资金、人员、物质等交换,唯此才能获得发展动力,保持发展活力。海事院校能够迅猛发展,取得今天的成绩,离不开政府的领导、行业的依托和企业的支持,也离不开家长、学生以及媒体、银行等社会各界的认可和青睐。近年来,政府从战略层面给予的政策支持越来越多,涉及海上丝绸之路建设、长江黄金水道建设、十大港口建设规划、海洋装备制造业振兴计划等。行业企业从对技术和人才需求的角度也愈发重视介入高校的人才培养,例如,中国远洋海运集团有限公司和招商局集团有限公司这两大行业巨头及其下属众多企业,与绝大部分海事院校建立了战略合作关系,并开展了多个领域的项目合作。作为海事院校来说,也比过去更加注重公共关系维护和院校形象塑造,注意处理好和社会各方面的关系,努力争取资源,扩大社会影响力。据不完全统计,我国海事院校已经成立了约60个政府、行业、企业、学会、媒体等参与的职业教育集团(或合作联盟理事会)。

3. 为行业企业提供了技术和人才支持

海事是一个较为特殊的行业,对从业人员有强制性标准要求。从业人员必须接受教育培训和考核评估,取得相应证书后,才有上岗从业资格。海事从业人员在取得更高一级任职资格之前,都必须接受新的教育培训和考核评估。例如航海技术专业毕业生,从最低级的水手,到高级的三副、二副、大副,以至最高级的船长,都必须接受海事部门规定的教育培训,并参加考核评估,取得不同级别的船员适任证书。一般来说,从三副到船长,平均需要12年的时间。② 即使取得船长证书以后,也要定期接受知识更新和技能培训。海事院校是具体承担教育和培训事务,并组织学生(或社会人员)接受考核评估的主要机构,通过学校教育和社会培训为行业企业提供大量技术和人才支持,在海事从业人员的职业生涯中起到了至关重要的作用。目前我国有40余所海事类本专科院校,集中了全国最优质的海事教育资源,为中国海事行业企业培养和输送了绝大部分的高级海事人才,并通过他们的系统教育和持续培训,使学生具备了最新的专业技术能力,得以胜任技术要求颇高的岗位工作。中国是世界第一海员

---

① Eric Ashby. Universities: British, Indian, African; a Study in the Ecology of Higher Education [M]. London: The Weldenfeld and Nicolson Press, 1966. 5.
② 段尊雷,周炜,印绍周. 中国海员职业发展研究 [J]. 航海教育研究, 2017(1): 11.

输出大国，中国一大批海员敬业精神强、英语应用能力强、实践动手能力强、服从服务意识好、团结协作精神好，得到如中国远洋海运、丹麦马士基航运、瑞士地中海航运、法国达飞航运、中国台湾长荣航运等国内外著名航运公司的青睐。

（二）海事院校自身的劣势（W）

1. 办学理念相对落后

海事院校面临的时代背景和办学环境以及海事高等教育的内涵和形式均已经发生了深刻的变化，但是不少海事院校的思维和理念还停留在过去的航海高等教育和航运高等教育时代，相对保守落后，缺乏与时俱进。思想是行动的先导，落后的思想，无法产生先进的行动。例如，不少海事院校还沉浸在过去的航运大发展时代的辉煌之中，或是自困在航运业危机冲击下的迷茫之中，不能充分感知市场变化，主动适应市场需求，围绕产业办专业；不能以开放的心胸、互利共赢的原则，充分利用企业资源办学，依托行业建专业；不能用最新的教育理念和教学方法改革人才培养模式和教学模式，提高人才培养质量；不能以超前的意识和眼光引入市场和企业最先进的技术和最高级的工艺，传授最前沿的知识和技术。思想观念落后是一切落后的根源。长期的封闭保守，必然导致学校与外界隔离，惧怕市场风雨，畏惧创新变化，人为地把学校"围起来"，并在自我"小天地"里感觉良好。

2. 改革创新意识不强

改革是发展的动力，创新是发展的必然要求。大部分海事院校之所以能够升格转制，校园面积之所以有了数倍的扩展，办学规模之所以达到万人以上，之所以能够取得显著的办学成效，根本的一点就在于能够不断改革创新。实践在发展，思想认识也必须不断发展，办学治校的措施也必须不断更新和改变。但是面临剧烈变化的时代背景、严峻的行业形势和激烈竞争的环境，不少海事院校由于思想的保守落后，导致了改革创新的相对滞后。例如，有的海事院校未能及时调整优化适应市场竞争的机构部门，管理制度机制改革比较滞后，二级管理体制和运行机制不健全，二级部门职责权利不明确，目标考核和奖惩淘汰机制不完善，基层积极性和创造性无法有效调动。例如，有的海事院校在课程改革与人才培养模式改革方面推进缓慢，企业参与人才培养的激励机制不健全，实践教学环节流于形式，不能做到岗位主导，产教结合，学做一体。例如，有的海事院校在师资队伍建设方面，引培手段和激励措施效果欠佳，人事分配制度不能有效调动高层次人才的积极性和主动性。

3. 内涵建设质量不高

2008年之前的10年左右时间，是海事院校快速发展的"黄金时代"。但是规模扩张也带来了办学质量下降的问题。"过去几年，我国航海职业教育规模空前增大，尤其是中专层次的航海职业教育规模增加速度惊人。在一些地方受航海职业教育投入产出比高的表面现象诱惑，出现了一大批航海职业教育与培训机构，这些缺少航海职业教育经验、合格师资和设备的航海职业教育与培训机构招收大量的学生接受航海职业教育，使得航海职业教育资源与招生规模不相称。"① 内涵建设质量不高，体现在很多方面，但主要集中在：有重大影响力的、原创性的科研方面标志性成果不多；校企合作的层次和水平不高，大部分师生没有能力真正参与到企业活动中去；教学模式整齐划一，缺乏特色和个性，教育教学改革还没有深入推进，项目教学、案例教学、仿真教学、分层教学等没有全面展开；"水课"多，"金课"少，课堂教学质量没有保障，课堂教学效果差；缺少高层次领军人才，特别是高水平的教学团队、科研团队、科技创新团队；现代大学制度尚不健全，治理体系不完善，现代治理能力不足。

4. 发展内生动力不足

由于海事教育实施集中统一的管理体制，上级的政策文件必然成为海事院校的生命线和指挥棒。政府主导的科层制管理模式强调权威、服从、统一、执行，较少考虑院校的实际和师生的发展需求。院校和师生被上级各种各样的通知要求、建设项目、科研课题和荣誉头衔牵着走。而这些所谓的办学治校活动大多无法下沉、惠及师生，对师生真正的成长与发展作用有限。政府主导型的发展模式难以激发院校自主发展的内生动力。政府对于高等教育的超强控制，既弱化了高学办学自主权，又强化了高等教育发展对于政府的过度依赖。② 同时，由于时代氛围、社会体制等方面的巨大变化，当前海事教育从业者缺乏改革开放前的家国情怀和集体意识，缺乏责任心和事业心、荣誉感和自豪感。改革开放后，市场经济的逐利本性对海事院校影响不可小觑，海事院校里的不少教师已经不是出于对海事教育的热爱和对国家、社会和学生的责任而教书育人，或是为了养家糊口或是向往功名利禄，早就失去了对理想和情怀的追求。对物

---

① 朱小檬，秦龙，姜秀敏. 发展我国高等航海职业教育的思考［J］. 中国国情国力，2011 (10)：26.
② 王建华. 改革中的高等教育体制［J］. 苏州大学学报（教育科学版），2014 (3)：14.

质利益的追求,属于外在的短期刺激,代替不了内生的持续动力。

(三) 海事院校面临的机遇(O)

(1) 中国经济社会形态的发展变化、经济发展的方式转变和海事产业转型升级给海事高等教育的发展带来了机遇。当前中国经济社会形态正在发生前所未有的深刻变化,可以用"四化"来概括:第一个是工业化。工业化带来产业结构的变化,并导致职业分化和细化,职业门类快速增加,急需大量高级专门人才。第二个是城市化。城市化带来居住地的变化,大量农村人口进入城市,职业发生变化,需要进行技术培训,提升职业能力。第三个是市场化。市场强调资源优化配置,提升职业效率。优质的人力、技术、资本等资源是参与市场竞争的核心要素。第四个是国际化。中国要发展必须参与国际竞争,产品和服务必须达到国际标准,这就需要提升职业技术技能水平。[①] 伴随着经济社会形态的发展变化,中国经济发展呈现出两个特征:一个是经济发展方式的转变,从依靠自然资源转向依靠人力资源和科学技术,从松散粗放型向紧凑集约化转变。第二个是产业结构的转型升级,从低端产业转向高端产业,从以第二产业为主转向二、三产业并重。中国经济社会形态的发展变化、生产方式的转变、产业结构的调整升级对劳动者素质和科学技术水平提出了更高的要求,也为包括海事高等教育在内的所有高等教育发展带来了机遇。中国海事高等教育自改革开放以来,抓住经济社会转型的契机,实现了跨越式发展,院校数和在校生规模数都实现了显著增长。随着改革开放的深入推进,以"四化"为特征的经济社会转型,必将为海事高等教育带来新的发展机遇。

(2) 政府和社会、企业对涉海经济、海洋权益和海上安全的重视给海事类院校发展带来了前所未有的机遇。近年来,我国对涉海战略的重视可谓前所未有。党的十六大做出了"实施海洋开发"的具有深远影响的部署。党的十七大做出了"发展海洋产业"的具有号召力的动员。党的十七届五中全会提出了"大力发展海洋经济"的百字方针。党的十八大又提出了"提高海洋资源开发能力,发展海洋经济,保护海洋生态环境,坚决维护国家海洋权益,建设海洋强国"。[②]《国民经济和社会发展第十三个五年规划纲要(2016—2020年)》也指出要"拓展蓝色经济空间。坚持陆海统筹,壮大海洋经济,科学开发海洋资源,

---

[①] 钱克明. 工业化、城市化、市场化和国际化进程中的"三农"问题——国际经验及对我国的启示(一)[J]. 群言,2007(9):21-24.

[②] 郑贵斌. 海洋强国战略与高校的责任[J]. 中国高等教育,2013(8):8.

保护海洋生态环境，维护我国海洋权益，建设海洋强国"。① 伴随着一系列涉海战略规划的出台，我国对涉海管理机构进行了重组整合，发起了"一带一路"倡议、沿海开发战略等行动，实施了亚丁湾护航、海岛权益维护、海洋专属经济区划定等重大行动，提出了建设世界一流船队、区域性国际航运和物流中心，打造世界级大港等战略目标。中央和地方政府部门以及行业企业纷纷投入涉海经济发展战略，出台了一系列涉海战略举措和配套政策，海事行业企业纷纷策应国家涉海战略，调整发展规划，整合优势资源，发展海事产业。涉海经济发展需要大量海事人才和技术支撑，这无疑为海事类院校发展提供了难得机遇。

(3) 海事高等教育本身正在发生的"四大转变"给海事院校带来了发展机遇。第一是由规模扩张转向内涵建设和高质量发展。海事院校经历了初期的升级、扩招、大建设时期，已经转入了内涵建设时期。大部分海事院校抓住了之前升级、扩招、大建设的机遇。当前加强内涵建设，提高高等教育质量成为政府引导和支持的重点，也是海事院校面临的又一次难得机遇。第二是由低层次高等教育逐渐向高层次高等教育迁移。有研究表明："我国高等教育层次结构虽然能随经济的发展而调整变化，但近年高等教育层次结构已明显滞后于经济发展水平，主要表现为层次结构重心偏低、高层次人才培养不适应创新型经济的发展要求。"② 海事经济对人才的素质和技术要求高于一般行业，海事院校由低层次向高层次的迁移可能走在其他院校之前。第三是由"一般教育或高等教育"属性向"高等职业教育"属性转变。海事高等教育区别于一般教育，也不同于普通高等教育，同时具有高等性和职业性。这与国家引导高等教育增强应用性、工程性、实践性的方向一致，海事高等院校将获得更多发展机会。第四是由断层海事高等教育向体系性海事高等教育转变。过去的海事高等教育是断裂的、没有系统的，中职教育是一块，高职教育是一块，本科教育是一块，互相没有衔接。当前这种情况正在发生变化。随着高等教育综合改革的深入推进，体系化高等教育正在逐步形成，中高职教育和本科教育之间正在建立一种立交桥式的互通关系。海事高等教育的体系化发展是大势所趋，将为海事院校提供更多的发展空间。

(4) "双一流"建设、"双高"建设等重点建设政策为海事院校的发展提供

---

① 中华人民共和国国民经济和社会发展第十三个五年规划纲要 [N]. 人民日报，2016-03-18.
② 刘志林. 高等教育层次结构与社会经济发展关系分析 [J]. 高等工程教育研究，2019 (5)：120.

了机遇。过去几十年,高等教育大扩招、大建设,为海事院校的发展奠定了物质基础,又通过教学工作评估、人才培养工作评估、"985工程""211工程"建设、"示范校""骨干校"建设等措施,大大提高了包括海事院校在内的高等院校的办学质量和综合实力。例如,中国海洋大学入选"985工程""211工程"建设高校,武汉理工大学、大连海事大学入选"211"工程建设高校。南通航运职业技术学院、武汉船舶职业技术学院、四川交通职业技术学院等入选国家示范(骨干)高职院校建设单位。其他亦有不少海事院校入选各省市和行业的重点建设计划,获得了大量政策、资金和项目支持。近年来,国家又先后实施本科院校"双一流"建设计划和高职院校"双高"建设计划。中国海洋大学、上海海洋大学、大连海事大学3所大学入选"双一流"建设行列。武汉船舶职业技术学院、福建船政交通职业学院、江苏海事职业技术学院等9所高职院校入选"双高"建设计划。海事院校再次迎来重大发展机遇。

(四)海事院校面临的威胁(T)

(1)经济结构调整、产业转型升级给海事院校的专业建设和人才培养带来了挑战。经济结构调整必然导致产业重组,进而带动高校进行专业调整优化。正在转型中的海事经济和海事产业必然要求海事院校做出相应的专业调整。为了适应经济和产业发展需要,海事院校的老旧专业需要改造,落后专业需要停办,新兴专业需要拓展。但是,专业是高校办学的核心和根本,专业的调整是一项复杂的系统工程,涉及办学资源的重新整合和利益关系的深刻调整,这对海事院校来说是一项巨大的挑战。世界经济论坛《全球竞争力报告2017—2018》显示,我国经济发展已经进入效率驱动阶段,效率驱动的关键因素之一就是高等教育;经济发展所处的阶段越高,要素和投资驱动对其发展的贡献越小,效率和创新驱动对其发展的贡献越大。[①] 效率和创新驱动要求高等院校提供最新的知识和技术支撑。海事产业链覆盖了航运、修造船、豪华邮轮、水上客运、游艇、海洋工程、港口、深海养殖、海洋渔业等广阔领域。如何在专业教学中融入最新的知识和技术,为产业发展提供高技术技能人才,对海事院校的人才培养提出了新的挑战。但是"教育自身的使命和任务有别于人类的其他社会活

---

① WEF. The Global Competitiveness Report 2017-2018 [EB/OL]. http://www3.weforum.or/docs/GCR 2017-2018/05full Report/The Global Competitiveness Report 2017%E2%80%932018.pdf,2018-11-26.

动，其本身具有着保守的特质，这是不以人的意志为转移的"。① 高等院校由于其天然的"保守"特性，一般来说总是滞后于社会变化的步伐。因此，能否培养出大批高素质技术技能人才，是海事院校必须面对和解决的重要问题。

（2）海事产业处于低迷状态，生源变化以及院校之间的生源竞争给海事院校的招生就业等带来了严峻挑战。2008年全球金融危机造成的行业低迷态势尚未改观，2019年蔓延全球的新冠肺炎疫情又对海运事业造成严重冲击。据上海国际航运研究中心发布的《2020年第一季度中国航运景气报告》显示：受新冠肺炎疫情影响，中国航运企业经营严重受挫，中国航运景气指数跌至62.95点，进入"较为不景气"区间；中国航运信心指数仅39.05点，跌至"较重不景气"区间。中国航运景气指数与信心指数均创历史新低，中国航运业再入低谷。② 行业低迷将使海事院校办学面临艰难困境。它最直接的影响是毕业生无法顺利就业，进而影响今后的招生工作。以生源减少、素质下降为标志的生源变化已经对海事院校的办学造成了明显影响。以江苏为例，2014年，全省有考生47万左右，2016年减少到36万左右，2017年减少到31万左右，2018年达到最低谷，不到30万人。虽然2019年开始，生源数缓慢回升，但每年仅增加3000人左右。生源减少必然导致院校之间的生源竞争。没有生源就没有办学依托，这个挑战是非常现实的。伴随生源减少的是生源素质的整体下降，这对人才培养质量要求很高的海事院校来说无疑是雪上加霜，但又是不得不面对的现实状况。

（3）海事院校面临着日趋激烈的全方位竞争的挑战。总体来说，争先进位、资源、人才、招生就业四个方面的竞争最为激烈。这种竞争不限于海事院校之间，而是在全部高校系统之间进行。几乎所有的海事院校都能感受到这种竞争的全面性、持续性和激烈性。我国高等教育资源相对紧张，属于大国办强教育。在高等教育资源有限的情况下，必须全力以赴去争取，所以竞争必然十分激烈。相对来说，海事院校属于小众化的、特色化的高等院校，受到各方面的关注和支持也相对较少，因此，面临的竞争挑战就更为严峻。以2018年、2019年江苏高职院校争创国家特色高职院校为例，是否能够进入"国家队"，对海事院校来说至关重要。"国家队"院校将获得大量的资金、资源、项目支持，同时可赢得更多的社会认同，获得一系列无形的办学效益。江苏在全省92所高职院校中遴选了22所省级高水平高职院校，又在22所高水平高职院校中遴选了8所省级卓

---

① 冉亚辉. 论教育发展的适度保守主义 [J]. 教育理论与实践, 2018 (3): 3.
② 周德全. 中国航运业期待驱寒向暖 [N]. 中国水运报, 2020-4-7.

越高职院校作为申报国家特色高职院校的备选名单。在22所省级高水平高职院校中,尚有南通航运职业技术学院和江苏海事职业技术学院2所海事高职院校在激烈竞争中入围,但是在8所省级卓越高职院校中,无一所海事高职院校入选。由此可见,由于内外部多重因素的影响,海事院校获取办学资源的能力仍然非常有限。

二、我国海事院校发展的应对策略

针对海事院校自身的优势与劣势,面对的机会与威胁,可以采取矩阵分析(见表8)的方法提出应对策略。

表8 海事院校发展的SWOT矩阵

内部因素 外部因素	优势(S) 1. 整体办学实力大幅提升 2. 与社会各界建立了良好关系 3. 为行业企业提供了技术和人才支持	劣势(W) 1. 办学理念相对落后 2. 改革创新意识不强 3. 内涵建设质量不高 4. 发展内生动力不足
机会(O) 1. 中国经济社会形态的发展变化、经济发展的方式转变和海事产业转型升级 2. 政府和社会、企业对涉海经济、海洋权益和海上安全的重视 3. 海事高等教育本身正在发生的"四大转变" 4. "双一流"建设、"双高"建设等重点建设政策	SO策略 (依托优势把握机遇) 1. 抓住有利政策导向,争取财政和资源支持 2. 服务地方和行业发展,强化市场经营意识	WO策略 (利用机遇弥补劣势) 1. 精准研判内外部形势,持续更新办学理念 2. 完善内部管理机制,提升内部治理水平
威胁(T) 1. 经济结构调整、产业转型升级对专业建设和人才培养的新要求 2. 海事产业处于低迷状态,生源变化以及院校之间的生源竞争 3. 日趋激烈的全方位竞争的挑战	ST策略 (发挥优势减少威胁) 1. 彰显特色优势,突出发展重点 2. 积极应对产业变革,创新人才培养模式	WT策略 (克服劣势弱化威胁) 1. 主动对外交流合作,提升社会美誉度 2. 营造海事文化氛围,增强发展内生动力

1. 抓住有利政策导向，争取财政和资源支持

当前的海事院校拥有有利的外部政策环境：系列涉海战略和配套政策陆续出台并实施，广泛涉及海事教育多个领域，将为海事院校发展提供更多政策支持和资源保障；经济社会发展转型升级进入更深层次，高等教育高质量发展成为时代主题，提升海事人才技术技能素质契合经济社会发展和高等教育发展趋势。这种情况下，就要抓住机遇，顺势发展。争取政策支持，首先必须研究吃透政策，找到争取支持的依据。《国家"十二五"海洋科学和技术发展规划纲要》中要求"通过国家各类科技计划、海洋公益性行业科研专项等项目布局和经费支持，引导涉海院校在专业设置、课程选择等方面与海洋科技发展的需求紧密结合，加强科技人才的培养和科普人才队伍建设"。[①]《国家"十三五"海洋领域科技创新专项规划》提出要"支持青岛、天津、大连、上海、杭州、厦门、广州、深圳等，建设各具特色和优势的区域海洋科技创新体系，建成若干具有国际影响力的海洋科技创新中心"。[②] 国家关于发展港口、船舶、海洋装备、外贸物流、邮轮旅游等方面也推出了诸多政策。中央和一些地方政府也出台了配套政策、建设项目和资金支持计划。海事院校应该结合自身条件和发展需要，积极争取这些政策、资金和项目支持。高等教育方面的政策文件也必须密切关注、积极争取。例如，设立高等教育综合改革试验区的政策、建设世界一流大学和一流学科的政策、建设高水平特色高职院校和高水平特色专业的政策，特别是提高海事教育质量的若干政策、海员适任证书培训考试改革的若干政策等。还有增加航海教育经费投入、鼓励社会支持办学、税费减免和财政补贴等方面的政策。以江苏为例，经过海事院校的积极争取，从2014年起，海事院校的航海类专业生均拨款系数调整为2.0，当年航海类专业学生生均拨款就人均增加了10000元左右，有效缓解了办学资金不足的问题。再如，上海海事大学充分利用政策，在建造教学实习船（"育鹏"轮造价3.4亿元人民币）时得到了交通部、财政部、上海市近亿元的经费支持。

2. 服务地方和行业发展，强化市场经营意识

海事院校大多为地方院校，且行业特色鲜明，所以既要关注地方发展需求，

[①] 国家海洋局，科技部，教育部，国家自然科学基金委员会.国家"十二五"海洋科学和技术发展规划纲要[N].中国海洋报，2011-9-16.

[②] 科技部，国土资源部，国家海洋局.国家"十三五"海洋领域科技创新专项规划[N].科技导报，2017-5-8.

也要关注行业发展需求。这也是市场经济环境下高等院校办学的必然要求。"高等学校的三大职能之一便是社会服务。无论是为社会培养和输送人才，还是将科研成果转化为社会生产力，高等学校都应该紧贴社会的需要，树立市场观念，以市场为导向，建立面向市场需求的发展战略，更直接地为国家经济建设和社会发展做出贡献。"① 全国37所海事院校中，有33所位于沿江沿海城市，具有独特的地理位置优势。这些城市涉海资源丰富，联系利用方便，为海事院校发展提供了有利环境。海事院校应立足地方，依托地方，服务地方。要转变发展观念，克服行业思维，跳出高校圈子，坚持服务地方和服务行业"两条腿"走路；要主动研究地方经济社会发展现状和重点产业布局，前瞻性地预测地方发展需要，调整本校专业和资源布局，使得本校能够与地方产业发展同频共振；要利用地利之便，加强和地方的联系，在地方政府的协调下，和地方企业、高校、科研院所、中学等机构建立交流机制，共享信息资源，寻找合作机会。在服务地方上，除了学历教育和技术服务，还可以提供短期培训、信息咨询、设计研发、社区服务等服务。在服务地方的同时，必须服务行业发展。作为行业特色性高校，海事院校产生于行业，服务于行业，依托于行业，任何时候都不能游离于行业之外。这是海事院校生存所需、特色所在。海事院校应像"温度计"一样保持对行业动态的敏感度，密切跟踪、研判行业发展态势，及时调整优化与行业高度契合的学科专业，形成适应行业发展需要的人才培养特色。在产学研合作上，应积极联合行业企业，搭建产学研合作平台，推动技术研究和成果转化，主动帮助行业企业解决面临的技术难题。

3. 精准研判内外部形势，持续更新办学理念

在开放办学的时代，大学的发展既决定于内部治理水平，也取决于对外部资源的利用能力。是否能够精准研判内外部形势，并根据变化的形势不断更新办学理念，厘清发展思路，明确发展任务显得比过去任何时候都重要。海事院校面对的办学形势更为开放、更为复杂，变化也更为迅速。海事规则、行业发展、学生来源、教学方式等方面均发生了不同于以往的变化。海事院校需要经常性地研判外部形势的变化，以及这种变化对学校的最新要求。同时精准分析自身条件和状况，对这种变化做出"变"或是"不变"的反应。理念是行动的先导，创新是发展的要求。符合时代要求的科学理念必然建立在对内外部形势

---

① 赵昕，薛岩松. 高等学校的发展战略初探［J］. 东南大学学报（哲学社会科学版），2019（11）：223.

精准研判的基础上。比如，国际海事规则发生变化以后，海事院校必须做出相应的调整；行业发展遭遇危机之后，海事院校必须要改变过去跟着行业"随波逐流"的被动状态，更多重视内涵提升和高质量发展；过去实践教学往往由于资源限制无法开展，现在必须重点投入确保实践教学实实在在开展；过去强调学生要服从管理、遵守纪律，现在也要强调以人为本、学生为重；过去校企合作大多流于形式，现在必须以项目为中心、有深度的利益联结，等等。总之，海事院校面临的办学形势可谓瞬息万变，办学治校理念必须随之做出调整和改变，决不能以过去形势下确立的办学理念指导今天的办学实践。

4. 完善内部管理机制，提升内部治理水平

通过管理体制改革，提高内部治理水平，是海事院校应对当前挑战的有效途径，也是海事院校转型发展的必然要求。要主动适应市场竞争和教学改革需求，调整优化机构和岗位设置，尽量做到职能相配、人岗相宜。要深化两级管理体制改革，明确职能部门和二级单位之间责权利，落实职能部门的统筹协调、监控考核、指导服务等职责，扩大落实二级单位办学自主权，激发基层单位办学活力。要改革和理顺内部运行机制，在加强日常管理的同时，实行重点工作目标管理和绩效考核，并加强对考核奖惩结果的运用。要完善以章程为统揽的制度建设，形成科学合理的制度体系，从严管理，依规办事，制度面前没有特权，制度约束没有例外。要深化干部人事制度改革，不断完善岗位聘任制，改革完善考核办法，按照能力和业绩考核干部职工，逐步建立起能进能出、能上能下的竞争机制。要强化日常监督管理，提高标准化保障和精细化管理服务水平，提高师生员工的获得感和满意度。改革完善内部管理，最终目标在于建立激励人向上的机制，并进而形成人内在的向上动力。为此要在制度上围绕人做文章。要勇于打破束缚人、限制人发展的旧框框，在政策上重视、培育人才，特别是创新拔尖人才。要在物质上给予重奖，在精神上加以鼓励，在声誉上予以彰显，在学校形成尊重人才、爱护人才、使用人才的良好氛围，让越来越多的优秀人才脱颖而出。

5. 彰显特色优势，突出发展重点

海事院校在多年的发展中大多积淀了一定的办学特色和相对优势，有各自重点发展的学科和专业，有各自服务面向和独特价值。在国家调整优化高等院校结构，鼓励错位发展、资源互补的情况下，尤须做大做强传统特色优势，打造"拳头"产品，放大品牌效应。应坚持"有所为、有所不为"，在发展重点上应"有所为"，在一般事务上应"有所不为"。一所学校的资源和能力是有限

的，不可能把所有事情都办好，平均用力只会造成学校的平庸。"要根据现有资源和能力，从实际情况出发，把重点聚焦于既具有内部优势条件，同时也具备外部环境优势的方面，使既有优势得到强化和突显，发挥排头兵和领跑者作用。"① 目前，我国海事院校的教育供给还不能满足行业和地方的发展需求，或者说，行业和地方发展所急需的人才和技术，海事院校还不能有效供给；而行业和地方发展不那么需要的人才和技术，海事院校供给过剩。随着经济社会发展转型和行业产业调整转向，人工智能、云计算、大数据等新技术的发展，岗位类型日益呈现出细分化的趋势，由此产生了许多新兴岗位。这些岗位需要新的人才和新的技术。海事院校应瞄准这些空白处，主动抢占和填补这些空白，并形成自身不可替代的作用。例如，天津海运职业学院瞄准国际邮轮旅游这一新兴市场，利用自身处于天津国际邮轮旅游母港的区位优势，因地制宜重点发展国际邮轮旅游专业，专为皇家加勒比游轮有限公司等国际知名邮轮旅游公司提供人才和技术服务，在海事院校中具有广泛声誉，打造了属于自己的特色品牌。将发展的重点集中在一个特定的目标市场，为特定区域的某一类型企业提供特定岗位的人才和技术，是海事院校抢占发展制高点，形成自身办学特色品牌的有效途径。

6. 积极应对产业变革，创新人才培养模式

随着科学技术，特别是海事技术的飞速发展，以智能化为主要特征的新理念、新技术将对船舶、港口、航运等海事业态带来革命性的变化。具有高度智能化特征的无人船、无人港已经成为现实。这意味着，包括船舶设计与建造、船舶运营与管理、船舶监管、航运保障、港口运营与管理等所有和海事有关的产业，其格局都将发生重大变化，与此相关的海事法规标准体系都将重新建立。以智能化为特征的海事产业变革，将对海事院校的人才培养提出全新的、更高的要求。海事院校必须未雨绸缪，积极应对产业变革趋势。首先要以创新理念改革人才培养模式。在智能海事背景下，传统海事人才将逐步减少并向全能型、复合型转变，更多要求他们具备智能管理能力和技术支撑能力。② 海事院校应积极探索新型人才培养模式，改革人才培养方案和课程体系，分层分类培养适应智能海事产业发展需求的海事人才。其次要及时调整海事专业教材体系和课

---

① 魏小琳. 地方高校发展策略：基于 SWOT 的分析 [J]. 教育发展研究，2009（13-14）：74.
② 孙玉清，胥苗苗. 以创新发展理念应对海事人才培养变革 [J]. 中国船检，2018（9）：16-20.

程内容。通过教材体系、课程内容、教学方式等方面的革新，使学生掌握互联网、大数据、云计算、物联网、人工智能等方面的知识，以适应未来智能海事的新要求。最后要实践全方位合作培养模式。海事业是一项国际性和实践性都非常强的产业，必须要通过校产教融合、校企合作等形式，让师生走进企业，走向岗位，锻炼能力。同时要积极引进国外先进教学理念和优质教育资源，让学生掌握最新海事知识和技术，了解最新海事动态、最新海事法规，培养具有国际视野、创新能力的复合型高端海事人才。

7. 主动对外交流合作，提升学校社会声誉

开放办学、对外交流，是市场经济环境下海事院校办学的必然要求，也是海事院校获取办学资源，建立社会声誉的重要途径。主动开放办学才能把握政府对海事高等教育的要求，了解海事行业发展动态以及海事企业对海事院校的需求，才能学习借鉴其他海事院校改革发展的成功经验。特别是在高等教育市场化环境下，必须有海纳百川、汇通天下的胸襟气度，必须摒弃行业办学时代"等靠要"的思想，主动出击，广泛宣传，积极争取，才能从政府、企业、社会获得更多的办学资源。开放办学、对外交流的过程也是海事院校对外宣传、提高声誉的过程。社会声誉是评价大学的重要维度之一。"大学社会声誉是大学在长期办学过程中给各利益相关者留下的综合印象，是大学整体价值和竞争力的外显形式。获得良好的社会声誉是大学在竞争群体中脱颖而出的关键。"[①] 可见一所大学其社会声誉的重要性。大学社会声誉的建立是一个长期努力的过程，既需要对大学形象的有意识、有计划的系统性塑造和宣传，更需要回归高等教育的本质，潜心提升内涵发展水平。正如学者所言："高校的社会声誉通过学生择校、毕业生评价、校友发展、科研声誉、资源获取、国际化水平等多个方面彰显，是一个需要长期建设和积累的过程。守住发展高等教育三大职能的初心，踏实地教书育人、努力创新科研和服务是建立高校社会声誉的基本途径。"[②] 海事院校不应该仅仅关注外在的数据指标增长和短期的院校排名上升，而应该从人才培养、科学研究和社会服务这些基本职能入手，着眼于高质量发展和长期积累，建立提升社会声誉的坚实基础。

---

① 季小天，江育恒，赵文华. 大学社会声誉的形成机理初探：基于"身份—形象—声誉"分析框架 [J]. 江苏高教，2019（8）：21.
② 周南平，蔡媛梦. "双一流"建设中地方行业特色型高校的发展思考 [J]. 江苏高教，2020（2）：53.

8. 营造海事文化氛围，增强发展内生动力

仅仅依靠制度、依靠治理难以完全激发人的内在发展动力，只有大部分人从内心自觉自愿才是发展长久之道。"被动执行"与"主动参与"有本质的差别，决定这一差别的内在因素说到底是文化。唯有文化才具有如此持久而深入人心的力量。当前的海事教育正处在大发展、大变革、大调整时期，文化在海事教育中的地位和作用就愈加凸显。海事院校的海事文化是海事院校全体师生员工所共有的、经过历史沉淀下来的、持久稳定的精神产物。它涵盖物质文化、制度文化、精神文化等诸多内容，与海事院校的组织运行、工作方式、精神面貌、外在形象等密切相关。海事文化建设的最终目的是为海事院校提供共同的价值理念和精神动力，引导师生员工团结一致、形成合力，朝着共同目标奋斗。重塑海事院校组织文化，需要系统的顶层设计，长期的精心实施，最终使师生员工深刻理解大学精神、人文精神、时代精神的精髓，认同学校的文化传统、办学理念、奋斗目标和发展战略，形成团结和谐、改革创新、积极进取的文化氛围，形成师生员工普遍认可的价值观念和行为规范，使之成为师生员工的共识并付诸行动。

第三章

国外海事院校发展的经验与启示

发达国家如英国、美国、日本等无一例外都是航海大国、海洋大国、海事大国，他们的兴衰成败无一不与"海"休戚相关。与此相对应的，他们也都拥有先进发达的海事高等教育体系，为海事业的发展提供人才和技术支撑。与我国的海事院校相比，虽然他们的院校规模不大、从业人员数量不多，但依然处于全球领先位置，在办学理念、管理体制、培养模式、技术开发、社会服务、资源保障和社会氛围营造等多个方面都值得我们学习和借鉴。本章将通过对主要海事高等教育发达国家海事院校发展历史的回顾，梳理其主要特点，以期为我国海事院校的转型发展提供经验启示。

第一节 国外海事院校发展的历史回顾

1418年，葡萄牙王子恩里克在大西洋最南端的海角萨格里什开办了世界上第一所航海学校。他修建了天文台、研究所、图书馆以及小教堂等，并把当时最有经验的航海家以及最知名的地理学家、天文学家、物理学家、数学家、制图家、造船家、仪器家等人聚集于此。恩里克王子还大力招募学员培养本国海员，提高他们的航海技艺，培养了葡萄牙大航海时代所需的专门人才。这是国外航海教育的起点。自那时起，国外航海教育已经走过了600余年的历程，并进入了当前的海事高等教育时代。下面主要回顾英国、美国、日本等海事高等教育发达国家的海事院校发展历史。另外，瑞典、荷兰、新加坡、澳大利亚等国的海事院校也颇具实力和特色，本节也将做一概述。

一、英国的海事院校

从地理位置上看，英国是一个岛国，完全被大海包围，因此，英国的发展很大程度上依赖于海洋。英国的海运业起步早、发展快，并由此带动了港口贸易和国内经济的繁荣。从18世纪初到19世纪末，英国称雄海上百余年，是世界公认的海上霸主。时至今日，得益于长期的发展积累，英国仍然是老牌的海运大国、港口大国、贸易大国。例如，海运承担了英国95%的对外贸易运输，英国吞吐量超过1000万吨的港口有10多个。2017年9月，英国海事协会主席戴维·丁格尔（David Dingle）曾表示："作为英国贸易的引擎，英国海事业支持近100万个就业岗位，为英国GDP贡献了数百亿美元，推动了出口和内向投资。每年有价值5万亿英镑的货物通过英国港口。"① 进入21世纪，通过发展航运金融和海事服务等新兴业务领域，英国继续保持着全球航运中心和管理中心地位。伦敦是国际海事组织、国际海运联合会等国际航运机构总部所在地，这些海事机构多年来一直发挥着全球影响力。英国海事业的强盛不衰与海事教育的有力支撑密不可分。

英国制度化的航海教育起步较晚。19世纪后半期，英国政府开始明确要求船员必须通过严格的考试才能取得任职资格，但是系统完整的航海教育制度仍然没有建立起来。直到1935年，著名船长韦克福德被任命为南安普顿航海学校校长，英国正规化的航海教育才开始起步。他精心设计了一套"三明治"式航海教育制度，即"学校学习"和"船上实习"交替进行的一种培养模式。这种模式备受关注和欢迎，被许多国家学习和效仿，至今仍然是航海教育的主要模式之一。它的建立与实践标志着英国正规化航海教育的开始。与航海院校的办学实践同步，从20世纪30年代开始，英国通过半个多世纪的时间建立了有关航海教育和培训的法律制度，并根据这些法律制度，逐步建立了管理机构，构建了教育体系，制定了运行标准，形成了一套系统完整、成熟稳定的制度和政策体系。例如《1997年商船航运培训和发证规则》在满足国际海事组织国际公约的同时，规定了海员的培训和发证应满足的各项要求，并要求英国海事与海岸警卫队（英国政府指定的履行国际海事公约和国内海事法规的主管机关）制定相应的指导性文件，加以补充和完善，使中央政府层面的法律规定具有可操作性。在具体执行层面，英国政府还针对每一个具体的岗位或任务，制定了国家海上职业标准，详细规定不同资质人员在知识、技能和素质等方面应达到的国家标准。在海事院校层面，英国政府也制定了专门的强制性课程标准和建议性课程标准。在法律制度的引导和鼓励之下，经过半个多世纪的努力，英国建

---

① SIMIC，吕长红. 2017伦敦国际航运周概要［J］. 海运纵览，2017（10）：8-10.

立了和其高度发达的海事业相得益彰的海事高等教育体系。到 20 世纪 80 年代，英国已经拥有 17 所与海洋或海运有关的大学，其中世界著名的如纽卡斯尔大学、普利茅斯大学、南安普顿大学、格拉斯哥大学等。它们为英国海事业保持世界领先地位提供了源源不断的人才和智力支持。

近几十年来，英国为了继续保持其世界海事强国的地位，主动适应国际经济发展、技术革新和产业变化需求，在保持和巩固传统航海教育优势的基础上，大力拓展海事金融与保险、海事经济与法律、海事安全与政策等新兴领域，还向海事考古、水道测量等生僻领域开拓，形成了新的海事服务教育集群优势，将为英国在未来保持国际海事中心的地位提供支撑。例如，世界著名的卡斯商学院金融系开设航运贸易与金融等服务于海事金融的硕士学位课程，并提供 4 个与海事金融相关的学士学位课程。其博士学位课程也有不少与海事金融相关，很好地满足了航运市场对海事金融人才的需求。卡迪夫商学院、索伦特大学、约翰摩尔斯大学等具有海事背景的院校，他们所提供的航运业务方面的学位课程为海事经纪人的培养提供了主要依托。英国的航运经济商在国际航运业占有举足轻重的地位，据统计，全球约 30%左右的干散货和 50%的邮轮租约是由英国船舶经纪公司完成交易的。[①] 这主要得益于其发达的海事经纪教育体系提供的优秀人才支撑。而南安普顿大学海事法律研究所、斯旺西国际航运及贸易法律研究所等高等海事教育机构，致力于为全球有志于海事法律行业的人员提供具有针对性的高质量教育，已经成为英国乃至全球领先的海事法律教育、咨询和研究中心。"在处理船舶建造与租赁、航运金融与保险、货物运输、船舶碰撞、海难救助等海事纠纷时，英国（海事）法律的运用比世界上其他国家（海事）法律都要广泛。"[②] 格林尼治海事研究院、卡迪夫大学、伦敦城市大学等提供的海事安全与海事政策方面的学位教育、短期培训与咨询研究，则保证了英国在海事安全与海事政策领域拥有强大的国际话语权。除了传统的和新兴的海事教育领域，在一些较为生僻的海事教育领域，英国也能够提供高水平的学位教育或培训项目。例如，伦敦大学学院、普利茅斯大学、格拉斯哥大学等提供的水道测量方面的硕士学位教育，使得英国的海图出版业在世界上继续保持主导地位。牛津大学、南安普顿大学、伯恩茅斯大学、阿尔斯特大学等则可以提

---

① 董岗. 伦敦国际航运服务集群的发展研究 [J]. 中国航海, 2010 (1): 80-83.
② 董岗. 伦敦国际航运中心和英国航运业的动态演变规律研究 [J]. 水运工程, 2009 (12): 17-23.

供海事考古方面的学位教育和技术研究。海事考古教育投入大、要求高,代表一个国家的海事高等教育和海事技术水平。

时至今日,英国已经形成了一个涵盖航海、船舶、贸易、港口等传统专业和海事金融、经纪、法律、保险、安全、政策、考古等新兴领域,能够提供高质量的短期培训、本科、硕士以及博士层次教育,并具备高水平研究和咨询能力的海事院校体系,它们为英国保持世界海事强国和海事中心地位提供了有力的人才和技术支撑。[1]

二、美国的海事院校

美国政府历来重视发展海事业,将其作为国家经济发展和战略安全的重要组成部分加以管理。美国的海事高等教育历史悠久,最早的海事高等教育机构——纽约州立大学海运学院诞生于1874年。这所学校至今仍然是美国知名度最高、教育教学和研究水平最高的两所海事院校之一(另一所是美国商船学院)。虽然美国的海事院校诞生较早,但是相对来说数量不多。按照美国相关法律的认定,美国目前共有7所海事院校,分别是美国商船学院、纽约州立大学海运学院、马萨诸塞海运学院、加利福尼亚海运学院、德克萨斯海运学院、大湖海运学院、缅因海运学院。在这7所海事院校中,只有美国商船学院是由联邦政府建立和管理,其他海事院校均由各州建立和管理。目前美国还没有一所私立的海事高等教育机构。这些院校在成立之初,主要任务是培养商船驾驶员和轮机员,后来又作为"国家海上力量的一部分",为海军培养储备人才。时至今日,美国的海事院校在为海事和海军服务的同时也已拓展和丰富了内涵,为现代海事业的繁荣和发展提供教育支撑。这7所海事院校均有很强的综合办学实力和高质量的教育教学能力,提供本科以上的高端海事教育(美国高等海事教育没有普通教育和职业教育之分),他们为美国海事业的持续繁荣和领先全球提供了高质量的精英海事人才和世界一流的海事尖端科技。总的来说,美国海事院校都大致经历了从船上办学到陆上办学、从两年制(无学位)到四年制(授予学位)、专门培养高级船员(只举办航海类专业)到以培养高级船员为主(以航海类专业为主,拓展海事相关专业)、从纵向领导体制(主要由联邦政府海事部门管理)到纵横向交错领导体制(在接受联邦政府海事部门管理的同时,

---

[1] 董文海. 英国海事服务教育集群现状与启示 [J]. 航海教育研究,2014(2):18.

纳入各州立大学系统管理）的主要变化过程。①

以美国最为著名、实力最强的两所海事院校为例。它们是美国海事高等教育的典型代表，具有办学规模小、师资队伍优、教学质量高、管理严格规范、技术服务能力强的特点。纽约州立大学海运学院成立于1874年，是美国历史最悠久、规模最大的海事学院，被称为美国高等海事教育的先导和世界海事高等教育的典范。纽约州立大学海运学院充分利用纽约港口事业繁荣、海事产业发达的优势，围绕纽约地区海事重点产业布局，设置航海、轮机、造船、海洋环境科学、商务、贸易等专业，提供从专科到本科、研究生等不同层次的教育，较好满足了地方海事经济的市场需求和不同层次学生的教育需求。学院专业教师数量充足，担任航海技术和轮机工程专业课的教师，绝大多数都具有海上任职资历，且担任过船长和轮机长的居多。航海专业和轮机等水上专业学生实行严格的军事化管理，是美国海军的后备力量。他们统一按照美国海岸警卫队的标准着装，学习和生活均按照严格的军队管理条例进行。每一名学生都要接受180天的船上实习训练。位于纽约金斯伯因特的美国商船学院正式成立于1943年，目前是美国最好，也是世界一流的海事高等学府。不同于其他海事院校由州政府开办，美国商船学院由联邦政府海事局开办，属于一个国家机构。在成立之初，当时的美国总统罗斯福为它题词，要求该学院"要像西点为陆军服务，安纳波利斯为海军服务那样，为商船服务"。商船学院提供本科、硕士和博士教育，专业课程主要包括：物流和多式联运、海洋工程、海洋工程和船厂管理、海洋工程系统、海上运输、海事操作和技术等。商船学院提出的使命和目标是在战争或和平年代向美国海上运输业和军事力量提供合格的高级船员和受过良好教育的专门人才和领导。2012年，学院启动五年（2012—2017年）战略计划，从专业建设、领导团队、基础设施、校园文化和沟通合作等方面提升学院的实力，以保持学院的竞争力。

重视立法管理是美国海事高等教育的一个显著特点。美国被视为世界上海事高等教育与培训立法体系最为健全的国家之一。从立法层次上看，美国通过国会立法这一最高强制手段加强海事高等教育。1874年美国国会就通过了设立公立航海学校的法案。1936年国会通过了《商船法》，授权联邦政府直接介入高级船员教育。1940年国会通过了对航海学校及其实习船进行检查的法案。1947年国会通过了建立美国商船学院学术咨询委员会的法案。1958年国会通过

---

① 吴兆麟、王建新. 美国高等海运院校现状 [M]. 大连海事大学出版社, 2017.

了《海运学院法案》。专门针对美国海事院校的重要法案是 1980 年国会通过的《海运教育与培训法案》。与此同时，美国联邦政府又根据国会通过的法律制定了一系列针对海事院校的具体行政法规。这些法律法规在内容上明确了联邦政府和各州必须资助海事院校办学，包括提供财政补贴、学生补助和科研资助，以及提供实习训练用船和全部燃油费用等。同时，对海事院校的行政管理体制、基本办学条件、校长和教师任命、学制和学位授予、日常行政服务和教学管理等方面也做了非常具体的规定。国会最高立法保障和联邦政府有力推动，奠定了美国海事院校的法律地位，营造了良好的社会支持氛围，稳定了院校内部办学秩序，对海事院校的发展起到了不可替代的重要作用。

纳入国家战略管理、军事色彩浓厚是美国海事院校的另一个显著特点。美国政府基于全球战略的考虑，高度重视海事院校的发展，将海事院校视为"第四防卫力量"。1936 年的《商船法》和 1980 年的《海运教育与培训法案》都明确要求航海类专业学生毕业时获得学士学位证书，通过美国海岸警备队考试获得三副、三管轮职业资格证书，并由美国海军授予海军预备役少尉军衔或美国海军陆战队少尉军衔。学生毕业后至少维持美国商船高级船员证书 6 年，在美国海军服役（包括美国商船预备役和美国海军预备役）、海岸警备队预备役或任何其他美国武装部队的预备役中服务 5 年。[①] 美国规定海事院校实行"海军院校学生管辖制度"（即全军事化管理），其管理要求与美国海军学院相当。美国海事院校的海军课程和训练大纲也由美国海军部负责制订，是一项 4 年一贯制的计划，学校负责实施，海军理论课程共四门，即海军科学、海军武器系统、海军工作、运输管理后勤学，共 180 学时，其课程标准与美国安纳波利斯海军学院完全一致。[②] 纽约州立大学海运学院的历任和现任院长、系主任都是海岸警备队退役军官，专业教师也有不少来自海岸警备队。美国商船学院的毕业生在"二战""越战"等战争中对美国的海军运输发挥了重要作用。

三、日本的海事院校

日本是一个名副其实的岛国，海事业如同国家的生命线。日本政府历来高度重视发展海事产业，并通过促进海事高等教育发展为海事产业发展提供保障。

---

① 孔定新."三位一体"高等海事教育改革的新思维分析［J］. 南通航运职业技术学院学报，2012（2）：87.
② 孔定新."三位一体"高等海事教育改革的新思维分析［J］. 南通航运职业技术学院学报，2012（2）：87.

日本正规的海事高等教育至今有百余年历史，业已形成一个较为稳定的海事院校体系。日本的海事院校虽然规模不算庞大，但是以其高质量的海事教育，培养了一大批精英海事人才，有力支撑了日本海事业的持续繁荣。目前日本主要的航海类院校有 58 所，包括东京海洋大学、神户大学 2 所大学，大岛、广岛、富山、鸟羽、弓削 5 所商船专科学校，1 所海技大学，5 个航海训练所，7 个海员学校以及多所公立水产院校。① 日本的海事院校分为国立、公立和私立三种性质。国立的海事院校有 3 所，分别是东京商船大学、神户商船大学和海技大学，由文部省领导。东京商船大学和神户商船大学已经分别被并入相关综合性大学（东京商船大学并入了东京海洋大学，神户商船大学并入了神户大学），海事高等教育成为其所在综合性大学的一部分。5 所公立的商船高等专科学校也由文部省领导。海技大学、航海训练所和海员学校负责航海实践教育，则由运输省领导。设有航海相关专业的公立水产院校则隶属于地方政府部门领导。

  日本国立和公立的海事院校地位、性质、职能各有差异，且相互补充，这是日本海事高等教育的一个鲜明特色。文部省管理的、国立的海事院校（东京海洋大学、神户大学）主要负责高层次理论教学和高水平科学研究；运输省管理的、国立的海事院校（海技大学）主要负责全国的航海实践教学；文部省管理的、公立的商船高等专科学校和地方政府领导的、公立的水产学校主要负责基本理论教学和一般性实践教学。这两类学校各有分工、互相配合，是日本高等海事院校体系的主要组成部分。下面以东京海洋大学、神户大学和海技大学为例分析这一特点。东京海洋大学和神户大学都是研究型、综合性大学，海事类学科（专业）人数约占在校生总数的 40%，具有博士、硕士学位授予权。它们提供海事相关基础课程、专业理论课程，以及大量的选修课程，并以商船、贸易、航海、海洋等学科（专业）闻名。两校的海事高等教育都实行学分制，学生修满一定学分并完成毕业论文才可以毕业（但是不能取得职业资格证书）。两校的教风和学分都有日本特有的严谨特点，无论是基础理论水平还是科学研究能力，都代表日本海事高等教育的最高层次。海技大学则是一所对船员进行继续教育的学校，它的目的是通过对船员进行航行知识传授和技术培训，让他们有能力参加国家各种船员考试并获取相应的资格证书。虽然海技大学的培训并非强制，但是从东京海洋大学和神户大学毕业的航海类毕业生大部分都经过该校的培训，并取得船员适任资格。海技大学提供本科、特修科、讲习科等教

---

① 李晓蕙. 中日航海教育行政管理体制比较研究 [J]. 航海教育研究，2015（3）：38.

育项目。本科教育分为航海和轮机 2 个专业，学制为 1~2 年，主要针对商船大学或商船高等专科学校的毕业生。他们进入海技大学学习属于高级进修性质，目的在于知识和技术更新。特修科学制为 1 年，参加学习并考试合格后，可以取得更高一级的船员证书。讲习科则相当于短训班性质，每期 6 个月左右。海技大学特别重视专业理论与操作能力的培养，且尤为重视对学员操作能力的培养，这是海技大学不同于一般商船大学的主要特点。①

四、其他国家的海事院校

瑞典本国的海事教育并不突出。但是世界海事大学总部设在瑞典，它在全球海事教育领域享有盛誉，也是瑞典最具特色的海事高等学府。世界海事大学是由国际海事组织（IMO）于 1983 年建立的一所旨在为各国海事当局、航运公司、港航企业、海事院校培养高级管理人才的大学。学校位于瑞典马尔默市，享有联合国机构的地位、特权和免责。世界海事大学以研究生教育为主，不提供本科教育，学制为两年，兼有专业培训项目，其所有课程都用英语授课。该校设有航海教育与培训、海上安全与环境培训、航运管理、港口管理等学科，每年为约 80 个国家培养近 200 名硕士研究生，还与英国威尔士大学合作培养博士生。目前世界海事大学共有 50 名教职员工，包括 25 人组成的长期教师队伍。此外，还有 130 多名来自世界各地的客座教授提供短期的教学服务。每位教师在各自领域都有很高的造诣，主要是来自世界著名航运公司、国际组织的高级官员、世界知名大学的教授。它不仅以一流的师资培养各国海事精英，还是一个国际性的海事教育交流、讨论、展示综合性平台，也是世界海事高等教育的一个研究、咨询、服务中心。它不仅是一所大学，更是一个国际组织。由于这个组织作为联合国机构的特殊背景，其在海事领域的影响力广泛而巨大。

荷兰是 17 世纪的世界航海和贸易强国，被誉为"海上马车夫"，也是当时世界上最大的殖民国家，以称霸海洋而称霸全球。荷兰的海事教育有 500 余年的悠久历史，为荷兰成为海上霸主提供了有力保障。其最著名的海事大学是荷兰海事大学，这是一所具有世界声誉的海事大学。荷兰海事大学 2007 年建校，由沙特电信集团投资建设。它是荷兰唯一一所为整个运输领域、港口石油及化工行业提供教育与培训的大学，在物流及运输供应链的运行及管理岗位教育方面处于领先地位。它可以为航运、港口及与港口相关的行业、各类运输及物流

---

① 黄少卿. 世界航海教育一瞥 [J]. 航海, 1993 (5): 30.

领域的各个职业提供培训，它的教育范围包括职业教育、本科教育和硕士专业。由于和商业领域保持密切的合作关系，它是荷兰唯一一所被荷兰教育文化科学部认证的提供航海、运输与物流教育的学校。荷兰海事大学大约有3500名学生，它的毕业生在世界范围内受到认可和欢迎。该校拥有世界上数量最多、最专业、最先进的航海模拟器集群，轮机智能化机舱、航海操纵模拟器、港口吊装模拟器等设施设备齐全、现代化水平高，并可实现联动模拟，而且这些设备布局合理，占用空间小，利用率极高，维护保养到位。荷兰海事大学的海事文化氛围非常浓厚，校园布满海事元素的建筑、设施、景观，很多建筑按照船舶内部架构装修布置为教学和实训场所，并将海事文化巧妙融入其中。高质量的教学和高品质的毕业生是荷兰海事大学的一张闪亮"名片"。

新加坡地处马六甲海峡东端，被誉为"东方十字路口"，是世界上最大的转运中心，也是世界最大的集装箱中转枢纽港之一。根据挪威著名咨询公司Menon发布的2015年"全球领先海事中心"（The Leading Maritime Capital of the World）排名报告显示，新加坡已连续三年保持全球领先海事中心综合排名首位，并在航运、港口与物流，以及吸引力和竞争力三个领域内均高居榜首，在海事技术领域位居第二。[①] 新加坡海事业的繁荣离不开海事高等教育的支撑。新加坡国立大学、南洋理工大学、新加坡管理大学这最好的三所公立大学虽然不是专门的海事院校，但均提供海事、物流、港口等方面的高等教育课程，承担了新加坡海事高等教育的主要职能。而新加坡理工学院下属的航海分院则是新加坡唯一一所专门开展航海类专业教学的学校。基于国家战略和经济发展考虑，新加坡政府历来高度重视海事人才的培养，在当下新加坡海事转型升级关键期更是如此。例如，为继续加大对海事人才专业技能培养，以满足未来海事业发展需要，新加坡政府2019年推出了一项新的全球人才计划（GTP）。GTP旨在培养一批新加坡本地海事人才，供未来领导和管理职位使用。并在海事管理局启动一项新的海事监管专业文凭课程，为未来海事就业人才提供新文凭。海事人才的培养造就了新加坡优质的港口服务和高效的航运管理系统，是促进新加坡海事高水平发展的重要举措之一。

澳大利亚从事海事高等教育的院校主要有3所，其中，澳大利亚海事学院是唯一一所从事航海教育和培训的公立院校，在国际上也被公认为是最佳的海

---

① 秦正茂，周丽亚. 借鉴新加坡经验，打造深圳全球海洋中心城市 [J]. 特区经济，2017（10）：20.

事教育、培训及研究中心之一,在世界范围内的海事教育机构中排名前10位。澳大利亚海事学院是为了满足海事行业发展的需要,由澳大利亚联邦议会法案通过,成立于1978年的一所澳大利亚最重要的国家海事教育、培训和研究基地。目前已经由当初的集中于短期远洋课程的小学校发展成为大型海事高等教育机构,吸引了来自近40个国家和地区的工作人员和学生,其提供课程的范围从证书教育到博士教育一应俱全。本科及职业教育体系包括海洋环境、海事工程、海事与物流管理、近海船员(驾驶、轮机)、远洋船员(驾驶、轮机)等模块;研究生教育包括海事研究、海事工程、海洋环境、海事与物流管理、货运体系管理等。① 学院有2个校区,由3个国家中心组成,分别是国家海洋资源保护和可持续发展中心、国家海洋工程和流体力学中心、国家港口和航运中心。2008年,该校并入塔斯马尼亚大学,成为一所集职业教育、本科教育、硕博士研究生教育于一体的国立综合性二级学院。澳大利亚的海事院校在国家的立法管理和宏观调控下拥有广泛的自治权利,独立自主面向社会和市场办学。政府几乎和海事院校不发生直接联系,也不干涉海事院校具体的办学活动。这是澳大利亚海事院校的一个显著特点。另外,澳大利亚的海事院校结构相对合理,海事教育资源集约化程度高。一所海事院校往往能够提供面向不同层次学生教育需求的专科、本科和研究生教育,还提供不同级别的职业资格证书培训服务。

第二节 国外海事院校发展的主要特点

通过对欧美等海事业发达国家海事高等教育的回顾,以及对其部分海事院校基本情况的梳理,可以归纳出六个方面共同特征:海事高等教育立法健全,能够独立自主面向市场办学,海事院校结构体系比较合理,有成熟的海事人才培养模式,有过硬的社会服务能力,海事院校有较高的社会认同。

一、海事高等教育立法健全

国外海事高等教育法律法规普遍比较健全,并以法律手段为主,以行政命令为辅,对海事院校进行规范管理,从根本上保障了海事院校的健康发展。而

---

① 曾东,陈洪达.澳大利亚海事学院航海教育特点及启示[J].航海教育研究,2017(1):46.

我国的海事院校管理模式相反，是以行政命令为主，以法律手段为辅，权威性明显不够，系统性相对不足，随意性相对较大。例如美国，通过联邦立法引导、鼓励和规范海事高等教育，是其海事高等教育发展的鲜明特点。美国政府经常性地通过国会立法这一强有力的手段加强对海事高等教育的管理和规范，有效促进了全国范围内海事院校的发展。再如英国，与高度发达的海事业相匹配，英国的海事高等教育立法起步很早。世界上多部重要的国际海事公约、法规，如国际海上人命安全，防止船舶造成污染，海员培训、发证与值班等公约，在英国起草、修订和实施。日本也极为注重以法律法规促进海事高等教育发展。日本有关海事高等教育的法律法规是一个完整体系，包括两个部分。一个部分是对海事高等教育机构作为一般高等教育机构需要遵循的普遍规定，如《大学设置基准》《高等专门学校组织规则》等；另一个部分是专门针对海事高等教育机构的，如《运输省设置法》《海技大学组织规则》《海员学校组织规则》等。这些法律法规对日本海事高等教育，特别是高等海事教育的设置标准、组织原则、管理体制和权利义务，乃至具体的学制年限、教师资格、课程设置、实践教学等都做了明确详细的规定。

二、独立自主面向市场办学

拥有广泛的自主权利、面向市场独立办学是欧美澳等地区海事院校一个重要的特色，也是他们能够持续保持活力的一个重要因素。以美国为例，伯顿·克拉克曾经指出，"在世界上几个主要的先进国家的高等教育系统中，美国的系统是最缺乏组织的，几乎完全是一种相互之间自由竞争的市场。"① 市场主导的高等教育资源配置机制，使得海事院校必须参与适者生存、优胜劣汰的激烈竞争，及时根据市场需要调整专业课程，革新培养模式，加强自我管理，以吸引优秀师资和生源，并更好服务社会需要，赢得更多的社会声誉。在这方面，纽约州立大学海事学院是个典型的例子。全方位的激烈竞争既从整体上提高了美国海事高等教育的质量，也密切了院校与市场的联系，更好地回应了社会需要。再如澳大利亚，1978年的《澳大利亚海运学院法》明确规定了海运学院是一个永久性的独立法人实体，拥有法人实体享有的所有权利和义务。也就是说，学院可以自行处置一系列本校事务，也可以以法人的名义起诉和被起诉；同时还

---

① 约翰·范德格拉夫. 学术权力[M]. 王承绪，等，译. 杭州：浙江教育出版社，2001.

规定了学院可以购买、拥有及处置不动产及个人财产。① 学校拥有充分的自主权，才能实现自治、独立办学。但是，独立自主就必然要面对市场风雨，面临激烈市场竞争。市场经济的"丛林法则"让那些在竞争中败下阵的高校面临生存的危机，因此任何一所院校也不敢懈怠。总之，通过国家立法和宏观调控等方式进行统筹管理，院校独立自主面向市场办学，两者相互结合，既有秩序又有效率，是欧美等国家海事高等教育能够保持很高水准和持续活力的一个极为重要的因素。

三、海事院校结构体系合理

"高等教育结构是指高等教育系统的内部各组成部分之间的联系方式、比例关系和相互作用的形式。功能是系统作用于外部环境的能力。功能总是具有一定结构的系统的功能；而结构也总是具有某种功能的系统的结构。"② 高等教育的结构是否合理与其功能是否能够充分发挥密切相关。调整和优化高等教育的结构，包括数量、层次、科类、形式和地区结构，是高等教育改革的一项重要任务。经过数百年的调整优化和累积渐进，欧美日等地区的海事院校结构相对比较合理，大多与其所在国海事产业发展相适应。例如美国的海事院校共计只有7所，但是合理分布在美国6个州，且大多坐落在临海港口城市。虽然总的来说，海事院校在美国高等院校中规模是比较小的，但是就美国对海事业专门人才的需求而言，美国海事院校的规模是适当的，充分彰显了"小而精"的特点，供大于求或供小于求的情况不是很明显。③ 而且因为它们都将高等教育、职业教育和军事教育有机结合，在所属的国立或州立大学系统中颇具特色，并不受到忽视。欧美国家的海事教育资源集约化程度很高，例如美国、荷兰、澳大利亚的海事学院均能够在一校之内提供多样化的海事专业教育，培养从专科到博士等不同层次的海事人才。再如日本的海事院校数量较为充足，合理分布于全国重要的临海港口城市，在办学层次上呈合理的"正三角形"分布，且每所大学都有不同侧重的学科专业，在地域结构、数量结构、层次结构和形式结构上都较为合理。

---

① 张仁平. 1978 年澳大利亚海运学院法述评［J］. 航海教育研究，2002（1）：13-16.
② 薛天祥. 高等教育学［M］. 桂林：广西师范大学出版社，2009.
③ 吴兆麟、王建新. 美国高等海运院校现状［M］. 大连海事大学出版社，2017.

四、海事人才培养模式成熟

"海事人才"作为一个概念,其涵盖的范围极其广泛,大致包括航海技术类、海事管理类、船舶海工类、港口航道类和航运服务类五大类人才。以航海技术人才培养模式为例,航海教育作为早期海事教育的一种,按照航海人才培养方法的不同,总体上可分为三种模式:一贯式培养模式、分段式培养模式、驾机合一培养模式。① 一贯式是最早也最为传统的航海人才培养模式,以美国、日本为代表。该培养模式最大的特点是把学位教育与职业教育相结合,故又被称为"双证书教育"。分段式是当前较为主流的一种培养模式,就是把航海人才培养分为课堂理论学习—船上实践锻炼—课堂理论学习三个阶段来实施,注重理论与实践相结合,又被称为"三明治"培养模式,以英国和澳大利亚为主要代表。"驾机合一"是当代航海教育中比较先进的、代表未来趋势的航海人才培养模式。该培养模式的主要特点是航海驾驶与轮机工程两个专业合一,强调综合实训。这种模式以法国和荷兰为代表,美囗德等国家也有不少海事院校采用这种培养模式。海上工作具有环境多变、不确定性高、依赖资源有限等特点,加之航海技术迅猛发展,大量高技术装备在船上集成应用,导致任何一种单一的培养模式都难以满足航海人才培养的需要。当前,以"驾机合一"模式为主,吸纳一贯式和分段式的不同长处,形成一种综合培养模式,是航海教育模式的发展方向和未来趋势。这种模式下培养的毕业生既能成为熟悉海上运输、港口物流、监督、安检、海事等业务的专门人才,又能成为熟悉相关外语、金融、法律、管理等知识的复合型人才。②

表9 世界主要国家航海教育模式

国家	学历教育		
	一贯式	分段式	驾机合一式
美国	★★★		
英国		★★★	
日本	★★★		

---

① 赵健,赵璐,王新建. 中外航海教育模式对比分析与借鉴 [J]. 航海教育研究,2017(1):41.

② 刘驹. 国外航海教育模式给国内海事院校的启示 [J]. 企业导报,2010(4):212.

续表

国家	学历教育		
	一贯式	分段式	驾机合一式
法国			★★★
荷兰			★★★
澳大利亚		★★★	
新加坡		★★★	

五、社会服务能力强

欧美日等地区的海事院校通过培养精英海事人才，开发尖端海事技术，提供高端项目培训，展示出强大的社会服务能力。例如美国商船学院，致力于培养船舶高级船员、海运界领导者和美国海军军官，并使他们成为"美国在世界的代表"。例如纽约州立大学海事学院，其目标使命是提供全球范围内的高质量海事教育，培养"全球海事环境中的卓越领导者"。① 例如东京海洋大学、神户大学、韩国海洋大学一直以来都提供高质量的研究生教育，为社会提供高层次海事精英人才。致力于尖端海事技术研发和最新海事法律法规研究是世界知名海事院校的普遍做法。例如世界海事大学、英国普利茅斯大学、澳大利亚海事学院等，它们依托国际知名的海事企业如马士基、康斯伯格等，建设了世界一流的海事技术实验室和海事法律法规研究中心，为社会提供高水平的技术教育、社会培训和海事咨询服务。海事教育是一种非常明显的终身教育，不同层级的海事从业人员有不同的知识和技术要求，必须定期接受培训和考核才具备职业资格。欧美等地区的海事院校都非常重视这一社会职能。例如荷兰海事大学，拥有世界上数量最多、最专业、最先进的模拟器集群。这些实训场所和实训设备，既面向校内学生，也面向社会企业人员，提供与海事相关的、高端的技术技能项目培训，既为学校获得了大量办学经费，也为学校赢得了良好社会声誉。

六、社会认同度高

所谓社会认同，指的是"个体意识到自己属于某个特定的社会群体，并感

---

① 吴兆麟、王建新. 美国高等海运院校现状 [M]. 大连海事大学出版社，2017.

知到这种群体成员身份带给自己的情感与价值体验"。① 社会认同是社会成员共同拥有的信仰、价值和行动取向的集中体现，本质上是一种集体观念。与利益联系相比，注重归属感的社会认同更加具有稳定性。社会认同是各种因素综合作用的结果，社会认同度的高低与历史传承、文化传统、情感认同、价值观念、舆论氛围、社会地位、福利待遇等密切相关。欧美发达国家大多因海而兴，甚至被有的学者称之为"海洋文明"国家，以此区别于中国这样的"农业文明"国家。近代世界500多年来，先后或同时崛起的9个大国如葡萄牙、西班牙、荷兰、英国、法国、德国、日本、俄罗斯和美国，绝大多数崛起于海洋，并依靠海洋保持兴盛。这些国家的海上武装力量非常强大，海事相关产业也繁荣发达，海事历史文化传统积淀深厚，与海相关的事务和人员，属于高端职业和上流社会，得到社会舆论和社会大众的普遍认同。纵横海洋、开疆拓土的海军将领受到特别的器重；寻找"新大陆"的航海家、冒险家，往往得到皇室和国家的资助奖掖；从事海外贸易的人，往往被认为是最聪明和富有的一批人；提供海事教育的大学往往是最好的大学，这些最好的大学是国家乃至全球海事教育的中心。正因为海事行业和海事人才受到尊重、待遇良好、前途光明，培养海事人才的高等院校才得到广泛的社会认同。例如，纽约州立大学海事学院，坐落于繁华的大都市纽约，三面环海，濒临大港，以古代城堡为校园，风光优美、设施设备先进、文化气息浓厚。师生充满自信和热情，言行举止得体而庄重，都为他们即将从事的职业感到自豪。例如，韩国海洋大学如同国家"宝贝"，得到全方位的关爱和支持，能够进入韩国海洋大学学习，是韩国学生和家长梦寐以求的目标，因为那就意味着光明的前途。

第三节 国外海事院校发展的经验启示

中国是一个发展中国家，还不是一个发达国家；是一个海事大国，还不是一个海事强国。欧美不少国家既是发达国家，也是海事强国，在海事高等教育方面积累了丰富的经验，可以给我国海事院校许多的启示。总结欧美等地区海事院校的发展历史，梳理其发展过程中的主要特征，对我国有以下启示。

---

① Tajfel, H., & Turner, J. (1979). An integrative theory of intergroup conflict. Social Psychology of Inter-group Relations, 33, 94–109.

一、加强海事高等教育立法

美国、英国、日本、韩国、澳大利亚等国都有专门的海事教育和培训法案。由于有了海事教育法律法规和制度体系的保障，政府对海事高等教育的管理就有了连续性和稳定性。目前为止，我国在海事教育方面还没有明确的法律。关于海事教育的相关法律法规广泛分布于各种宽泛的教育法律法规中，尚未形成专门的海事教育法律法规体系。当务之急是要学习借鉴欧美等地区经验，尽快研究出台专门的海事高等教育与培训法等法律法规体系。海事高等教育立法是一项系统工程，必须加强顶层设计。既应该有顶层的国家级法律法规，也应该有省级和部委层面的政策规定。从顶层来说，主要解决两个问题，一个是国际海事公约的国内化问题。对国际上共同认可、必须遵守的海事公约，必须将其作为我国海事高等教育立法的基本要求，在国内立法中严格执行；另一个是为海事高等教育提供办学根本遵循。要通过立法，明确海事院校国家为主办学、其他办学形式为辅的大方向，明确海事院校的法律地位、举办方式、经费来源、管理制度、教育模式、保障措施、对外关系、权利义务，等等。从中观层面来说，也要解决两个问题，一是在《高等教育法》的基础上，制定专门的《海事教育和培训法》，引导海事高等教育规范化、法制化发展。二是更多以上述法律法规为依据，以规划、拨款、评估等为手段，而不是以行政命令为主要方式管理海事高等教育事业。中观层面承上启下，上接国家法律法规，下对具体海事院校，因此非常重要。

二、赋予更多办学自主权

国家对海事教育的重视必须体现在真正的行动上，解决海事院校地位不高、多头管理、投入不足等问题。同时，还要下放更多的办学自主权。世界高等教育发展的历史经验和教训表明，国家对高等院校大力扶持但不直接干预具体办学是高等院校健康持续发展的一条宝贵经验。海事高等教育也不例外。管理者往往从良好的主观愿望出发，认为管得更多，给得更多，就是最大的重视和支持，而且认为，既然我"管"大学，还"给"大学钱，就可以让大学干什么就干什么，殊不知，违反教育规律的管理行为，往往适得其反。现在的大学普遍都在抱怨教育主管部门该管的不管，不该管的要管，大学获得的"重视"和"支持"是太多了，而不是太少了。而所谓的"重视"和"支持"成了管理者干涉大学的借口，对于大学来说，却是对具体办学行为的"掣肘"和"限制"。

与此相反，拥有大学自治权利，享有学术自由空间，保持学术中立立场，是欧美大学的古老传统，是获得各方公认的价值观念。欧美等国家的政府一般不会直接管理海事院校，但会给予法律和政策保障，提供必要的指导和支持，创造良好的氛围和环境。大学拥有广泛的办学权利，可以按照教育教学规律和市场经济规律办学。既有国家的支持，又按照教育规律办学，自主参与市场竞争，保障了大学沿着正确的方向发展，且充满持续发展的活力。这也是我国政府在管理海事院校时所必须依持的理念和采取的行动。唯此，海事院校才能有独立负责的意识，并有自由行动的权利，去主动提高教育质量，保持自身的竞争力，赢得市场的认可。

三、调整优化院校结构体系

高等教育存在的价值在于其职能的履行，履行职能的过程就是发挥高等教育功能的过程，而功能与结构总是相互联系、密不可分的。"为了使高等教育更好地发挥其功能，必须认真研究内部各组成部分之间的合理结合方式和比例关系。因此调整、优化高等教育的结构包括层次、科类、形式和地区结构，是我国当前高等教育改革的一项重要任务。"① 欧美等地区的海事院校在政府的宏观调控和市场经济的优化选择下，经过多年的调整优化，在数量、层次、科类、形式和地区结构方面已经趋于合理化，与经济社会发展形成了良性互动关系。从数量结构来看，欧美等地区的海事院校虽然数量不多，但是层次很高，普遍能够提供高水平、高质量的海事教育。20世纪90年代末以来，随着我国海事业的蓬勃发展，以及对海事人才需求的急剧上升，海事高等教育开始盲目扩张，很多没有办学基础的普通高校，"一哄而上"开办海事类专业，到2008年金融危机爆发时，我国已经有各类海事院校90余所，海事人才供应数量远远超出了海事业发展需求，当年就出现了海事类学生就业难的问题。从科类结构来看，欧美等地区的海事院校都注重围绕海事主干和新兴产业，拓展更为广泛的海事教育领域，如海洋保护、游艇管理、海事安全、海底考古等。而我国不少海事院校的思维、理念和行动还停留在航海教育阶段，对新兴海事领域缺乏关注，专业设置比较陈旧单一。从形式结构来看，欧美等地区大多有国家举办并重点支持的海事院校，也有数量众多的私立海事院校和各具特色的教育方式，提供不同类型、不同学制、不同形式的海事教育，多种形式的海事教育能够相得益

---

① 薛天祥. 高等教育学 [M]. 桂林：广西师范大学出版社，2009.

彰、相互补充，满足社会多样化需求。而我国国家举办的海事院校仅有2所，没有私立的、本科层次的海事院校。从地区结构来看，欧美等地区的海事院校布局较为科学，而我国海事院校的分布则不尽合理，一些沿海省份（如江苏），海事产业发达，却没有一所本科层次的海事院校。一些内地省份（如河南、陕西）并没有举办海事教育的条件，却开设了大量的航海技术等海事类专业。

四、更加聚焦内涵质量建设

聚焦内涵建设、提升质量水平是高等教育的生命线和办学治校的永恒主题，无论哪种类型的高等教育都不例外。欧美等地区海事高等教育之所以走在全世界前列，主要在于其能够提供高质量的海事教育，能够通过人才培养和科学研究等活动为社会提供高水平服务。在内涵质量建设方面，欧美等地区的海事院校有某些共同的特点，就是都非常重视教师发展，关注教学质量，突出高水平科研。这三个方面是决定一所院校内涵质量水平高低的关键要素。从教师发展来看，以美国的海事院校为例，它们十分重视从企业、军队等一线引进管理人员和专业教师，而且大多实行"非升即走"优胜劣汰制度，有效保障了教师队伍的水平。再以与人才培养关系最密切的教学质量为例，欧美国家的海事院校绝大多数有明确的教学目标、严格的教学标准和成熟的教学模式，并且在教学过程中严格执行，还能够根据社会需求和技术发展不断革新，他们尤为重视实践能力培养和综合素质教育，半军事化、准军事化管理严格有效。欧美国家是以研究型大学为标杆和榜样的，海事院校也受此影响，把科学研究作为衡量学校实力的标志，提供的技术研究成果得到社会的广泛认可。我国的海事院校应牢牢抓住这三个决定内涵实力的关键，主动学习借鉴欧美等国家的先进经验。

五、构建社会支持体系

在欧美国家，海事院校的社会支持氛围非常浓厚。海事院校办学经费充足，师生员工福利待遇优厚，在社会上受到广泛甚至特别的尊重。这些情况在我国恰恰相反，海事院校普遍办学经费不足，师生员工福利待遇和其他院校没有差别甚至更低，在社会上海事院校和海事从业人员不受重视甚至受到轻视和歧视。海事高等教育成本投入高，但是我国对海事院校除了正常的经费拨款，并没有专门的额外投入，海事院校与其他普通高校的学费标准一样。办学经费短缺是海事院校的常态。为了缩减开支，很多院校不得不削减必要的设施设备投入和必要的技能训练。从福利待遇来看，以美国海事院校为例，横向比较而言，教职员工的福利待遇远远高于国内院校，可以维持一个中产阶级体面而有尊严的生活。而他们的学生也得到政府各类奖学金、补助金的支持，学生实习、出海、服装等方面都有专项资金拨付。但是在国内的海事院校，学生很少得到特别的资助和支持。从事涉海职业在欧美等地区自古以来就倍受尊重，从业者也感到自豪和光荣，这是长期历史文化传统积淀的结果。我国是一个农业国家，没有深厚的海洋文化传统，自古以来，涉海职业被认为是艰苦的、危险的、漂泊不定的、没有发展前途的。这种认识是普通公众的普遍心理，已经相对固化，短时间很难改变。这种情况对海事院校的办学极为不利，它直接影响海事院校的招生就业和办学环境，并进而影响海事院校的各项事业。21世纪是海洋的世纪，海事教育也应该拥有更好的社会支持氛围，唯此才可以为海事产业的发展和国家海洋强国的建设提供强有力的支持和保障。

第四章

我国海事院校转型发展的理论之思

海事院校是一个社会组织,这是对它的本质的一种规定。海事院校还是培养海事人才的主要制度性场所。这就决定了研究海事院校不能离开对社会、组织和制度的分析。本章关于海事院校转型发展的理论研究,将分别以社会转型理论、组织转型理论和制度化理论群作为工具,从社会、组织和制度三个维度展开,诠释我国海事院校转型所面临的基本课题:适应社会转型需要,完成整体制度转型,实现组织持续发展。

第一节 作为社会子系统的海事院校转型

"转型"无疑是我们这个时代一个长盛不衰的话题。虽然大多数人并不能说清楚"何为转型""为何转型"以及"如何转型",但是都会承认我们正在经历着转型。转型的涉及面非常广泛,高等教育的转型是其中之一。英国高等教育学家阿什比认为,"高等教育系统作为整个社会系统的子系统之一,必须迎合整个大环境的发展趋势,不断地进行调整与改革,才能顺应时代发展的潮流,能动地促进社会的发展"[1]。"调整与改革"其实就是转型的另一种表述,海事院校当前所面临的情况也大致如此。在时代转型的压力下,他们一时无法适应,遭遇发展困境,亟须转型突破。当前社会转型的特征如何、社会转型对海事院校的影响何在、海事院校如何实现有效转型,这些都是本节探讨的主要内容。

---

[1] 艾里克·阿什比. 科技发达时代的大学教育[M]. 滕大春,滕大生,译. 北京:人民教育出版社,1983.

一、社会转型的理论意蕴与海事范畴

20世纪80年代以来，在国际国内诸多因素的共同作用下，苏联、东欧国家、中国等社会主义国家普遍从计划体制向市场体制转换。1989年前后，苏联、东欧国家更是发生了社会形态的剧烈变化，中国也经历了一场严重的政治风波。这种转换具有自身独特性，不是从传统走向现代，不是从低级走向高级，也不是边缘走向中心，明显超出一般社会理论分析框架。20世纪80年代末、90年代初，国内学者在上述理论的基础上，结合社会主义国家特别是中国改革开放以来的实践，形成了具有中国特色的社会转型理论。这一理论一经提出，就引起广泛关注，得到不断发展完善，并"成为我国社会学研究当代中国社会变迁的理论支点"。① 李培林、郑杭生、孙立平等学者是这一理论的代表人物。李培林较早地探讨了社会转型的理论问题，他认为社会结构转型是影响经济发展和资源配置的另一只看不见的手，它既是经济增长的结果，也是社会变革的推动力量。在整个社会转型期，社会结构转型作为一种无形的巨大力量，将以它特有的方式规定着社会发展的趋势和资源配置的方向，这种力量用国家干预和市场调节都是无法概括的。② 郑杭生则将西方社会发展理论中的传统——现代的发展观加以继续发展。他认为社会发展就是社会不断从传统走向现代，走向更加现代和更新现代的变迁过程，而且传统与现代实质上是社会发展过程的两种面相，现代正是由于不断与传统的对比，显示出自己是现代；传统则构成了现代开拓和成长的因素，构成了现代的资源。正是因为传统的更新与现代的拓展而使社会发展不断获得新的动力。③ 在郑杭生看来，"'社会转型'是一个有特定含意的社会学术语，意指社会从传统型向现代型的转变，或者说由传统型社会向现代型社会转型的过程，说详细一点，就是从农业的、乡村的、封闭的半封闭的传统型社会，向工业的、城镇的、开放的现代型社会的转型。在这个意义上，'社会转型'和'社会现代化'是重合的，几乎是同义的"。④ 孙立平则基于苏联、东欧国家、中国等社会主义国家转型过程的特殊性，认为对社会主义国家体制转换过程的分析就构成了社会转型理论。这种社会转型理论既是西方社

---

① 陆学艺，景天魁. 转型中的中国社会 [M]. 哈尔滨：黑龙江人民出版社，1994.
② 李培林. "另一只看不见的手"：社会结构转型 [J]. 中国社会科学，1992（5）：7—15.
③ 郑杭生. 现代性过程中的传统和现代 [J]. 学术研究，2007（11）：5—10.
④ 郑杭生. 改革开放三十年：社会发展理论和社会转型理论 [J]. 中国社会科学，2009（2）：17.

发展理论的延续，也可以说是一种全新的社会发展理论。① 特别是中国改革开放 40 多年来的新实践，向世界展示了转型发展的"新图景"，为社会转型理论提供了"新议题"。西方社会发展理论进入中国时，中国正在经历社会转型，因此得到广泛应用，成为描述和解释中国社会变迁的重要理论依据和分析框架。中国的社会转型理论内涵十分复杂，但其基本要义可以归纳如下：社会转型是包括政治、经济、文化、思想、科技、心理等诸多要素在内的整体结构的变迁；社会转型是一个复杂的、漫长的过程，在此过程中必然充满着传统与现代、保守与进步的矛盾冲突，有时这种矛盾冲突会十分激烈，并以暴力的形式改变社会形态；社会转型是社会发展进步或社会现代化的代名词，因此社会转型的目标是社会的发展和进步，这是社会转型的价值和意义所在，也是衡量社会转型是否成功的根本标志。

以 1978 年改革开放为标志，中国的社会转型进入了一个新的历史阶段，出现了诸多不同于以往的新的历史特点。宏观地说，就是在经济体制改革的带动之下，社会整体结构向市场经济体制转型。具体而言，就是由产品经济向市场经济转型；由农业社会向工业社会进而向知识社会转型；由乡村社会向城镇社会转型；由贫困社会向小康社会转型；由权威政治向民主政治转型；由人治社会向法治社会转型、由伦理型社会向法理型社会转型；由封闭社会向开放社会转型；由同一性社会向多元性社会转型，等等。② 按照上述对社会转型的理解，中国的社会转型，是中国的社会生活和组织模式从传统走向现代、迈向更加现代化和更新现代化的过程。或者说中国社会转型是中国的社会生活和组织模式即社会实践结构不断从传统走向现代、走向更加现代和更新现代的变迁过程。③ 中国当前的社会转型对社会进行了"质"的整体规定，社会系统的各个方面必然受制于这种"质"的规定，也就是说，社会整体转型的现实决定了社会系统各个方面也必须进行转型，而且社会转型期的诸多特征也必然反映到社会系统各个方面的转型过程中。"在逻辑上，教育系统是社会系统的一部分，社会转型自然包括了教育转型与大学转型。"④ 就海事院校而言，作为社会系统的一部

---

① 孙立平. 社会转型：发展社会学的新议题 [J]. 社会科学研究，2005（1）：1—25.
② 林默彪. 论当代中国社会转型的分析框架 [J]. 马克思主义与现实，2005（5）：124-127.
③ 郑杭生，杨敏. 社会实践结构性巨变对理论创新的积极作用 [J]. 中国人民大学学报，2006（6）.
④ 王建华. 我们时代的大学转型 [M]. 北京：教育科学出版社，2012.

分，也必然面临着转型的要求，其转型过程也必然蕴含着社会转型期的诸多特征。因为"社会转型既是教育变革的背景，也是教育发展的直接动力，社会的发展导致教育的发展，社会的转型必然带来教育的转型"。① 这已经为中国高等教育发展历史所证明，如鸦片战争后的废科举兴学校、新中国成立后的院系调整、改革开放后的教育体制改革，等等。因此，社会转型的大环境必然对海事院校提出转型要求，推动海事院校在办学理念、管理体制、运行方式、对外交流等办学治校方面的宏观变革，并进而渗透到学校教育教学的各个微观领域，引起人才培养目标、人才培养模式、教学内容、教学方法、管理理念和方式、服务理念和方式、科研生产和转化、师生关系、校园文化等方面的变革。具体来说，主要表现在：市场将在海事高等教育资源的配置中发挥越来越重要的基础性乃至决定性作用，优胜劣汰、适者生存必成为海事院校的生存法则；随着行业产业的深刻调整变化，海事院校必须调整优化专业结构，紧密对接产业发展需求，淘汰落后专业，发展新兴专业；海事院校的转型必须正视科学技术迅猛发展而启动的工业化和信息化进程双重叠加的现实，广泛应用信息化手段向学生传授新知识新技术；随着乡村社会向城镇社会转型，海事院校的教育对象必须从主要面向农村人口转为面向农村和城镇人口，特别是考虑到农民工群体、城市下岗职工和退役军人等；随着中国实现全面小康，贫困人口将大幅减少，海事院校过去作为削减贫困的有效手段的作用将大大弱化，必须拓展新的教育领域，增强对社会的特别吸引力；随着社会开放程度的增强，海事院校必须改变过去行业封闭办学传统，广泛与社会各方面交流合作，妥善处理好公共关系，争取政策和资源支持；在越来越强调法治、民主、自由的社会氛围里，海事院校的内部管理必须从过去强调统一、服从向法治、民主转变，下放权力，下移重心，但同时要处理好管理民主化、宽松化和海事院校半军事化管理传统的等级化、严格化之间的关系。在谋划海事院校转型的时候，上述这些因素必须加以认真考虑。

二、海事院校的合法性危机与转型动力

不管是生物学意义上的转型，还是社会学意义上的转型，都是一个漫长的蜕变自新过程，充满"凤凰涅槃"的痛苦和"化蛹成蝶"的期待。大学转型也

---

① 余小波. 我国成人高等教育转型的研究 [D]. 厦门：厦门大学. 博士学位论文, 2007：94.

同样如此，而且"大学的转型是社会变化的一个缩影，是20世纪末世界全面现代化的一个关键部分"。① 无论是"社会变化"，还是"全面现代化"，都是一个复杂而艰难的过程，作为"一个缩影"的大学转型，也必然是个复杂而漫长的过程，其间必定充满矛盾和冲突。矛盾和冲突造成的大学危机是分析大学转型的重要路径，因为大学转型的动力一般来自大学危机造成的压力。所谓大学危机主要就是指大学的合法性危机。简单来说，就是大学不能再很好地发挥它的功能，它的存在价值受到了社会的质疑。不同的历史时期，大学有不同合法性，随着历史的演进，大学又会遭遇合法性危机，需要寻求新的合法性。布鲁贝克曾从大学满足不同历史时期的社会需要角度论述过大学的合法性问题，他认为中世纪的大学把合法地位建立在满足当时社会的专业期望上。文艺复兴之后的大学把合法地位建立在人文主义的抱负之上。作为启蒙运动产物的德国大学则在科学研究中获得合法地位。美国"增地"大学这样的大学则依赖于为社会和国家提供服务而获得合法地位。这些获得合法地位的不同途径出现于不同的国家、不同的时期或不同国家的不同时期。② 可见，矛盾、冲突、危机、合法性等，是大学自诞生以来就一直面对的话题。作为大学类型之一的海事院校，也是理解社会变化（现代化）的关键部分之一，它们也必然和其他大学一样，在这个转型的时代面临矛盾和冲突，遭遇合法性危机。其实危机的种子正是来源于其在过去获得的巨大成功。这就是现实的吊诡或悖论之处：成功中往往暗藏着危机，危机中也往往蕴藏着希望。20世纪末，特别是21世纪初以来，海事院校借力海事产业和高等教育大发展、大繁荣的东风，实现了快速发展，规模不断扩大，资源不断增加，市场化程度进一步加深，现代化进一步推进，成为行业企业的宠儿，赢得社会的无数赞誉，但是海事院校在取得前所未有成功的同时，也失去了许多更为宝贵的品质，使得海事院校危机四伏。比如理想的丧失、精神的滑坡、道德的式微、体制的僵化、学术的浮躁，等等。特别在国际金融危机的冲击之下，海事院校骤然遭遇行业形势低迷和市场需求萎缩的困境，严峻的外部环境加上长期积压的内部问题，成为压倒很多海事院校的"最后一根稻草"，过去被快速发展所掩盖的矛盾冲突集中爆发出来，被行业、企业和政府、院校共同"吹大"的"肥皂泡"瞬间破裂。海事院校曾经被赋予太多的职

---

① 安东尼·史密斯，弗兰克·韦伯斯特. 后现代大学来临？[C]. 侯定凯，赵叶珠，译. 北京：北京大学出版社，2010.
② 约翰·布鲁贝克. 高等教育哲学[M]. 王承绪，郑继伟，张继平，译. 杭州：浙江教育出版社，2002.

能和期望,但是任何组织都不是万能的,都有"不可承受之重",当它的表现无法满足社会日益高涨的欲望时,它的失败和合法性危机就不可避免。

"社会转型所表征的是两种社会范型或两个历史阶段之间彼此交叉、渗透、并存、此消彼长的过程,以及这一过程中蕴含着的新与旧、传统与现代的激烈矛盾冲突。"①矛盾是推动事物发展的根本动力,并且矛盾最终以危机的形式表现出来,解决好海事院校当前面临的矛盾,就是实现海事院校转型发展的内在动力。矛盾具有全面性,择其要而言之,海事院校当前面临的最大矛盾冲突就是计划体制与市场体制的矛盾冲突,这也是我们当前这个社会面临的最大矛盾冲突。计划体制向市场体制的转型过渡这一时代主题是把握海事院校所面临矛盾冲突的最佳切入点。尽管很多学者和政治人物强调计划与市场并非水火不容,但是计划与市场存在对立的事实不容否认。就海事院校而言,"计划"与"市场"两种体制的冲突,从整体上和根本上,深刻地改变了海事院校。仅从宏观上来看,比如,在管理体制上,过去是"一体化"管理模式,自上而下"一管到底",现在则是以二级管理为主,更强调"扁平化"管理和权力重心下移。在专业学科设置方式上,过去的海事院校大都属于行业主管部门管理,由行业主管部门根据产业经济发展需要设置院校和专业学科,而现在则由院校根据市场需求和产业发展趋势调整优化专业学科,并报主管部门批准(备案)。在教学方式和培养模式上,过去以教师教、学生学为主,以知识传授为目的,现在则强调启发式、互动式、项目化教学,以传授学习能力和实践技能为主。在就业方式上,过去是由院校和社会直接对接,根据双方需要安排计划就业(就是俗话说的"包分配"),而现在则由学生和社会直接对接,进行"双向选择",学校主要提供就业创业指导和信息平台。在教师队伍建设上,过去以聘用大学毕业生为主,现在则注重来源的多样化,特别强调从行业企业引进有实践能力的"双师型"教师。在科学研究模式上,过去多以个体形式、以某一学科或专业为依托,现在则强调团队打造、以跨专业(学科)或多专业(学科)的模式推进。在对外合作上,过去比较封闭保守,以自主办学为主,横向交流协作很少,现在则强调对外合作,主动对外交往,积极争取办学资源。在校园建设方式上,过去的基本建设和设施设备投入主要由政府拨款,没有大规模的基本建设,现在则主要依靠银行贷款建设(特别是建设新校区),设施设备投入的来源渠道也

---

① 余小波. 我国成人高等教育转型的研究 [D]. 厦门:厦门大学. 博士学位论文,2007:91.

多样化，除了政府拨款（包括以项目经费的方式支持），还有行业支持、社会捐赠等。在校园文化生活上，过去比较单一，以传统文化、革命文化、专业文化为主，现在则增加了现代文化、行业文化、国际文化等元素。这些不同体制之下呈现出的根本不同，涉及海事院校办学的主要方面，其所引发的种种矛盾冲突都与计划体制向市场体制的转型有密切关系。

在计划体制与市场体制这个宏观的矛盾冲突之下，又有集体与个体、精神与物质、精英与大众等具体的矛盾冲突，等等。不同于上述宏观上的矛盾冲突是外在的、可见的、物质层面的，这些具体的矛盾冲突是内在的、不可见的、精神层面的。而内在的、精神层面的矛盾冲突是更为根本的，也是更值得关注的，它们其实是海事院校转型的更为深层次的动力。首先是集体与个体的矛盾冲突。与现在的海事高等教育相比，在改革开放前的计划经济时代，航海高等院校更为注重集体精神和集体意识的教育，这与当时的时代氛围和要求密切相关。在那个集体主义盛行的年代，个体的意志和利益是靠后的，甚至是不加以考虑的，而"集体"意味着责任、团队、合作、服从、纪律，等等。航海是一项危险而责任重大的事业，动荡孤寂的海上生活充满危险和艰辛，很容易让人感到疲惫和烦躁，导致轻浮的工作作风，甚至酿成重大安全事故，因此，责任心和事业心显得尤为重要。船舶又是一座流动的城市，在茫茫大海上完全自给自足，每一个岗位上的海员，都是整个船舶安全运转的重要分子，因此，他们必须进行团队合作，服从统一管理，严格遵守纪律。而在市场经济环境下，海员更多地考虑个人意志和利益，没有那么强烈的集体荣誉感和工作责任心，团队精神、配合意识和合作意愿也大大下降。据统计，大约80%的海难事故都与海员的责任意识淡薄、主观人为过错有关。[1] 再看精神与物质的矛盾冲突。在计划经济时代，集体利益至上，国家利益至上，党的利益至上，对航海院校培养的学生来说，只要党和国家有号召，个人可以不计任何得失，不讲任何条件，哪里需要去哪里。发自内心的爱国爱党情怀，为人民服务的真诚意愿，可以克服一切困难和挑战。而且，航海作为涉外活动，走遍世界各地，代表中国形象，集体意识和爱国情怀，确保了从业人员不会给祖国抹黑，而是想着尽可能为祖国添彩。而在市场经济时代，个人主义盛行，个人利益至上，深刻地影响和改变了海事院校的教育，以上那些精神层面因素的教育激励作用大大弱化，个人对物质利益和福利待遇的考虑上升到第一位，接受海事教育，从事海事行业，

---

[1] 苏炳魁. 海事领域人为因素研究［D］. 大连理工大学硕士学位论文，2015：3.

成为个人谋生和养家糊口的手段,不再具有崇高和理想的精神成分。最后是精英与大众的冲突。过去的航海高等教育是名副其实的精英教育,人才培养数量很少,培养质量很高,他们中的绝大部分都成为行业的骨干和中坚力量,收入水平远高于其他职业,在社会上享有一定的地位和尊重,特别是海员,还有一些其他职业所没有的权利,比如代购海外商品,在外汇商店购物,等等。老百姓中间也流传着"海员横富三代,竖富三代""一人当海员,全家奔小康"这样的说法。而在如今的高等教育大众化乃至普及化的阶段,"上大学"不再是少数人的权利,海事院校的入学门槛也大大降低,海事类专业的含金量也被大大稀释。特别是就业后的收入水平几乎与陆上专业持平,这一职业最大的收入优势消失后,职业的光环迅速消退,而涉海工作的艰苦、危险和动荡的特征依然存在,并且成为人们拒绝这一职业的最普遍理由。

三、海事院校转型发展的愿景与路径

现代大学是人们理性建构的结果,而非社会自然发展的产物。因此,大学转型也需要人为设计,并将其转化为具体的制度安排。未来的大学是什么模样,很大程度上取决于今天的设计和安排。历史上,不乏由于组织制度的缺陷,而导致大学发生严重危机的例子,欧洲中世纪大学的衰落即与此相关,直到19世纪初柏林大学出现,才成功引领世界大学向现代化转型,实现了伟大复兴,并逐渐成为社会的轴心机构。尤其在二战以后,随着民族国家独立和科学技术飞速发展,大学作为知识生产的主要制度性场所,发挥着越来越重要的、不可替代的作用。大学在世界范围内的成功转型,与现代大学的制度设计密切相关,科学的制度安排保证了大学的顺利转型和持续发展。但是,当全世界进入资本时代、信息社会时,大学的发展再次遭遇合法性危机,面临着转型的要求和挑战。"由于今天的大学已经逐渐成为社会的轴心机构,大学的转型已不仅是教育转型、社会转型的重要组成部分,同时也是教育转型和社会转型得以顺利进行的必要条件。为了能更好地理解并促进大学转型,有必要借鉴社会转型的相关理论和做法,将大学转型作为一个问题或范畴提出来加以深入研究。"[1] 对于海事院校而言,所谓的理性建构和制度安排,落实到具体而言,就是首先要确定转型的目标和愿景,然后确定转型的路径和步骤,最终建立一套合理的、科学的制度安排,实现海事院校长远的、可持续的发展。海事院校的转型过程面临

---

[1] 王建华. 我们时代的大学转型[M]. 北京:教育科学出版社,2012.

着许多矛盾冲突，但也并非盲目无序，而是有着相对清晰的路径与步骤。对于海事院校转型而言，目标与愿景是首位的，没有目标和愿景，就没有方向和动力；而如果目标和愿景设置不当，可能会走得越远、错得越深。有了合理的目标和愿景之后，如何实现这个目标和愿景，路径与步骤就成为必须考虑的问题。虽然转型的目标和愿景是确定的，但是实现转型的路径可能有很多种，有的相对容易，有的相对艰难，如何合理选择，考验院校智慧。选择了正确的路径之后，如何按照一定的步骤有序推进，也就是如何确定行动的秩序，也与转型成功与否有密切关系。由于社会发展变化异常迅速，所面对的环境日新月异，故海事院校的转型估计比历史上任何一次的转型都要困难得多。而且既然转型是一种人为的设计，那么就存在失败的可能。在大学被赋予太多职能的今天，转型失败所引发的社会问题，也很可能比过去更为严重。所以，为最大限度避免转型失败的风险，搞清楚转型的愿景和路径至关重要。

　　大学曾经高扬理想的旗帜，引领人类社会的精神生活，展示对美好生活的愿景。但是在资本主义时代、市场经济环境下，理性和科学逐渐成为神话之后，制度规训和技术规范成为必然，实用主义、技术至上横行大学，大学人的精神生活被反复不断地设定和安排，以至于"关于美好大学的设想没有了市场，人们不再热衷于追逐大学的理想，而更看重眼前的利益"。① 大学不是不可以研究科学，开发技术，服务社会，追求利益；相反，如果今天的大学还一味沉浸在"象牙塔"里孤芳自赏，根本就没有任何美好的愿景可言，恐怕就连生存都会成为问题。因为"如今的大学已经成为经济发展和国家生产不可缺少之物。过去在封建王侯和教会主教的羽翼下，大学被培育为美丽的花朵，它并不比宫廷的乐师具有更多的推进经济和社会发展的作用。在今天政府的安排下，大学好似高产的农作物，国家竭力给他们施加充分的肥料以求得丰产，从而促进国家的繁荣"。② 但是，大学在履行以上职能的时候不能没有界限，也不能没有底线。毕竟"精神层面上的大学永远应是人文主义的而非科学主义的。……人类需要过一种好的生活、善的生活、一种有意义的生活，而不是一种科学的生活和技术化的生存"。③ 20 世纪 80 年代以来，我们的大学改革，主要从制度和技术层面展开，对于大学内在的精神和理念缺乏应有的关注。"在我们这个时代的大学

---

① 王建华. 我们时代的大学转型 [M]. 北京：教育科学出版社，2012.
② 杨东平. 大学二十讲 [C]. 天津：天津人民出版社，2009.
③ 王建华. 我们时代的大学转型 [M]. 北京：教育科学出版社，2012.

里，人们逐渐臣服于技术的威力和制度的控制而遗忘了精神的力量和人格的魅力。但我们不要忘记，无论技术多么发达，无论制度多么完备，最终决定大学品质和行动的仍然还是人的素质。"① 因此，对于大学和大学人而言，理念、价值、精神和文化层面的愿景追求同样重要，甚至更为重要。今天我们讨论大学的改革和转型，就是要实现大学关于思想和精神层面的愿景，重拾大学过去的理想和荣光。就海事院校而言，曾经充满富有活力的精神氛围，报效祖国、献身海洋的理想激励着一代代海事人搏击风浪，纵横四海。在这种精神的感召和激励之下，校园里充满青春活力和勃勃生机，到处是孜孜向学的生动场景和热火朝天的训练场面，海事学子为了祖国的海洋事业刻苦努力学习和训练，艰苦奋斗、团结协作、互帮互助、诚信友爱……这些信念为所有人珍惜和践行，光荣、梦想、奉献、热爱……这些激动人心的词汇鼓荡着海事学子火热的心房。与此同时，这种昂扬向上的精神氛围还溢出校园的围墙，为社会所崇敬效仿并引领着社会风尚。没有文化氛围和精神生活的大学是没有存在价值的，这样的大学即使存在也是没有灵魂的空壳。如果大学仅仅作为传授知识和训练技能的场所，那么有其他很多机构可以承担这一职能，大学区别于其他机构的唯一之处可能就是它的文化和精神属性。海事院校必须高扬起为国育才的目标理想，并在这个精神旗帜的引领之下，重塑校园文化生活和教育方式，将理想目标落到每一个育人环节，让师生心中有国家民族，有使命情怀，有责任担当，而绝不能让海事院校仅仅沦为培养只求养家糊口技术技能人才的"低级"机构。

大学转型固然充满美好的愿景，但也必须保持审慎的乐观，毕竟转型之路充满矛盾和冲突。但是，我们也大可不必灰心丧气，因为转型之路并非盲目无序，而是既有成功的经验可以镜鉴，又有成熟的模式可以参考。愿景描述的是大学转型的理想和方向问题，路径描述的则是大学确定转型方向后的道路如何走的问题，也就是转型的运行轨迹和先后的顺序问题。大学作为理性建构的产物，其转型离不开理性的思考。理性的思考必然以一定的理论为依据或建构出一定的理论。一定的理论再配合已有的成功经验指导大学的行动实践。这就是大学转型的基本路径和内在逻辑。人的可贵之处就在于人具有动物所不具备的理性思考能力，当代的大学转型首先要肇始于理性思考所形成的某种新理念、新观念和新思想，这种新理念、新观念和新思想，也肯定不是凭空产生的，它来自过去的实践经验和思考认识，但更重要的是它必须超越现实、指向更为高远

---

① 王建华. 我们时代的大学转型[M]. 北京：教育科学出版社，2012.

的理想目标。大学的转型必然受制于现实的束缚，但必须尽可能指向更理想的状态。我们必须思考理想中的大学是什么模样，并思考如何为使它如此而努力。但是，这种理念、观念和思想可能是抽象的、模糊的、零散的，还必须寻求一定理论的支撑和指引。只有理论才能以清晰的解释框架和严密的逻辑推理提供无可辩驳的依据。因为，理论是一种强大的思想武器，没有理论指导的实践是盲目的。但是，仅有更高的理想提供方向、正确的理论提供支撑还不够，还必须有大学过去积累的运行经验。理想和理论必须落地，否则就是空想和虚论，让理想和理论落地就需要专门知识。大学在千年的发展历程中形成了诸多的成功经验和黄金法则，当代大学的转型必须加以借鉴和运用，但必须注意结合时代的变化加以优化，唯此才能打通理想、理论和现实的"最后一公里"，让理想中的大学、理论上的大学变为现实中的大学。具体到海事院校来说，面对转型的形势任务，必须首先下一番理性思考的功夫，在头脑中形成对理想海事院校的比较清晰的理性认识，比如它应该有什么样的校园建筑、什么样的文化印记、什么样的校园景象；它有什么使命、珍视什么核心价值、为谁服务、用什么方式去服务，等等。为了实现这个理想目标，它必须清楚转型理论、系统理论、学习理论、管理理论等一系列支撑和指导转型的基本理论，特别是那些积淀流传下来的针对大学的经典理论，并结合时代的变化，学习和借鉴古今中外那些留在人们记忆中、被人们认为是成功海事院校的基本经验。这些经验是专门的操作学问，是关于成功海事院校具体运行的系统知识，有的是理念，有的是模式，有的是制度，有的是文化。但是，这些知识和学问必须放在中国的国情中加以改造和扬弃，否则必然水土不服、功亏一篑。

第二节　作为一个组织的海事院校转型

回顾大学的发展历程，在不同的历史阶段，呈现出不同的形象特征。自大学在欧洲的中世纪诞生以来，被认为是一个行会性质的自治组织。拉丁文"大学"一词的本意就是"行会"，大学因此被认为"不是一块土地、一群建筑甚至不是一个章程，而是教师和学术的社团和协会"[1]。近代以来，随着民族国家的迅速发展，政府对大学的控制日益加强，"在高等教育与政府之间不断变化的

---

[1] 贺国庆，王保星，朱文富，等. 外国高等教育史 [M]. 北京：人民教育出版社，2003.

关系中，高等教育……日益走入政府之中，变成了政府的一个组织部门，一个位于公共管理范围内的官僚机构。"① 现代以来，随着社会力量以不同方式进入高等教育领域，大学又日益发展成为一个需要面向社会自主办学、自我约束的公共独立法人组织。无论是"行会性质的自治组织""政府的一个组织部门"，还是"公共独立法人组织"，都从不同的角度规定或诠释了大学作为一个社会组织的基本性质。本节将以组织转型理论为分析工具，以既往的大学组织转型实践为参照对象，探讨海事院校作为一个社会组织的转型问题。

一、组织转型理论及大学组织转型

组织转型理论作为一种理论，并非肇始于高等教育领域，它来自现代组织学研究领域，产生于20世纪80年代西方的企业管理领域。大概在它诞生的同一时期，西方以组织转型理论为分析工具，研究大学组织转型的活动就已经开始。虽然这一研究并没有形成一个专门的、相对独立的研究领域，但也相当活跃。20世纪80年代末、90年代初，西方关于大学组织转型的研究成果传入中国之时，中国大学正处于一个关键的转型期。因此，对相关领域研究也产生了积极的效果，甚至一段时间内，形成了一个研究大学组织转型的热潮。既然组织转型理论来自组织学领域，那么我们在将其应用于大学组织转型研究之前，就有必要追根溯源，搞清楚其产生的社会背景和基本要义。只有这样，我们在以组织转型理论研究大学组织转型的时候，才能正本清源，正确理解和运用相关概念和理论观点。一个理论的产生必然有社会需求作为动力，也有社会实践作为基础，组织转型理论也不例外。20世纪70年代以来，西方资本主义发达国家经过二战后飞速发展的"黄金时代"，企业普遍面临着经济全球化、社会信息化、管理复杂化等诸多新情况，传统的企业组织模式和管理运行方式越来越难以适应现代化社会要求，企业经营中出现诸多不可控的因素，面对未来的不可预知的风险明显增加。在这种情况下，少部分跨国的、大型的企业集团开始逐渐认识到，零散的、局部的、修补式的改造只能解决眼前的细枝末节问题，而且往往出现解决老问题、又出现新问题的尴尬局面，企业组织必须进行系统的、彻底的和全面的改革，才能从根本上适应时代需求。企业转型的实践和相关理论研究因此而迅速兴起。西方关于组织转型的概念，不同的学者有不同的解释，比较有代表性的是贝克哈德、莱维、默瑞、巴图克等。总体而言，可以概括为：

---

① 周光礼. 学术自由与社会干预 [M]. 武汉：华中科技大学出版社，2003.

组织转型是一种范式转换,是对自我认知方式的彻底转变,包括在管理理念、思维方式和价值观等方面的彻底变革,并伴随着组织战略、结构、行为方式、运行机制等方面的全方位变革;组织转型是组织的一次再生,是一种寻求最佳的努力,但这种努力并不总是成功的;组织转型是面向未来的,它使组织更具人性化,组织视员工的基本权利是神圣不可侵犯的,将尊重员工人格本身看作管理的目的,从而将等级制管理方式转变为参与式管理方式。① 还有不少研究者并不满足于对组织转型理论的探讨,还将组织转型理论应用于企业组织转型实践,提出了组织转型的具体操作程序。比如,巴克利和帕金斯把组织转型分为无意识阶段、觉醒阶段、理思路阶段、转换阶段、承诺和认同阶段、贯彻实施阶段和整合阶段共七个阶段,并提出了每个阶段的具体操作方法。约翰斯顿将组织转型按照顺序概括为当前范式,刺激,旧范式的解冻,新流程的发现、创造或发明,固定新范式,通过新流程贯彻新的内容,反馈与修正共七种状态。科特则把成功的组织转型过程归纳为建立危机意识,组建指导团,勾画远景,宣传远景,授权各部门实现远景,规划短期目标、创造短期成果,巩固成果、深化变革,把转型措施制度化共八个步骤,并明确了每一个步骤的具体实施内容。他还认为,组织转型是一个长期的过程,一般来说,需要5~10年的持续不断的努力,并认为组织转型的一系列步骤构成一个完整的、紧密相联的过程,每一步都不可缺少,都必须认真对待,任何一步的疏忽都将导致组织转型的失败。② 在理论的指导和实践的基础上,加之信息科技革命等因素的刺激,20世纪90年代以来,西方社会掀起了轰轰烈烈的企业再造运动,一大批企业着手优化组织,实现现代化转型,迈向了一个更高的发展层次。企业组织的成功转型积累了大量的经验和教训,也反过来证明了转型理论的指导有力。这些理论、经验和教训都成了继之而起或同时进行的大学组织转型的有益参照。

关于"大学组织转型"的概念和理论,国内外并没有一个统一的、为大多数人认可的表述。但是我们仍然可以从国内外的研究中总结出三个共同的结论:一是大学组织转型大多并非主动自愿,而是大学应对外部环境变化与压力挑战的反应;二是大学组织转型的外在表现往往是一系列的改革、创新、变革、合并、升格等动作;三是大学组织转型后都有理念、使命、职能、功能等方面的变化、拓展和延伸。按照本文对"转型"的定义,大学组织转型是整体的、根

---

① 刘正周. 论组织转型 [J]. 经济问题探索,1997 (8):4.
② 刘正周. 论组织转型 [J]. 经济问题探索,1997 (8):5.

本的、系统的、全要素的转型，改革、变革、创新、合并、升格等只是转型的外在表现或转型的前奏，不能算作真正的转型。也就是说"只有变革在整体层次上进行并涉及学校的所有方面的时候，其表现过程才是转型，转型是一种动态的行为或能力改进的过程"。① 综上，我们可以将"大学组织转型"理解为：大学组织根据其外部环境变化和内部现实条件，适应竞争与发展需要，系统地、根本地更新办学思路理念，改变组织内部结构，转变组织运行方式，重塑组织文化系统，以提高大学组织的整体效能。

就中外比较而言，西方国家是大学组织转型理论研究的先行者，自20世纪60年代开始，其大学组织的转型实践已经走过了半个多世纪的历程，其对大学组织转型的背景、理念、模式、路径和规律等方面的理论研究成果颇为丰硕。比较有代表性的学者是伯顿·克拉克、詹姆斯·杜德斯达、史蒂文·布瑞特和杰罗姆·克拉贝尔等人。伯顿·克拉克是研究大学组织转型的集大成者，他最广为人知的理论研究成果是其对创业型大学的研究。他通过对欧洲5所大学向创业型大学转型的研究，归纳出了大学组织转型的五条路径，即强有力的驾驭核心、拓宽的发展外围、激活的学术心脏地带、多元化的资助基地、整合的创业文化。他还强调各要素之间是相互作用的，每个孤立的要素几乎毫不重要。② 这一研究成果之所以重要，在于其为后来的研究者提供了一个基本范式和分析框架。詹姆斯·杜德斯达的研究认为，大学组织实现成功转型，重要的是要形成一个大学转型的战略规划，并设计科学的、可实施的转变过程。转变过程的具体步骤包括：领导层的努力、寻求大学社区的参与、点燃转变的火花、控制并且调整转变日程和保持住进程。该研究强调组织规划、领导和管理大学转型的重要意义，对我国公立大学的组织转型具有借鉴价值。③ 对本文更有参考意义的是西方学者对类似于我国高职院校性质的学院组织转型的研究成果。布瑞特和克拉贝尔则从制度理论视角，对美国社区学院（类似于我国的高职院校）的职能转变过程进行了详细的历史分析，认为"变化着的环境"是大学组织转型的"第一驱动力"，强调社区学院作为一个组织，在转型过程中必须获得制度

---

① 任玉珊. 应用型工程大学的组织转型 [J]. 高等工程教育研究，2010（6）：150-153.
② 伯顿·克拉克. 建立创业型大学：组织上转型的途径 [M]. 王承绪，译. 北京：人民教育出版社，2003.
③ 任玉珊. 大学组织转型研究评述 [J]. 国家教育行政学院学报，2008（9）：32.

环境的支持。① 这一研究对我国高职院校的组织发展具有更为贴切的指导作用。国内学者关于大学组织转型的研究在西方影响下进行，大多是运用西方的组织转型理论和分析框架，对我国大学的转型实践进行研究。直至近几年来，始有构建本土化大学组织转型理论的尝试。王建华认为转型是事物的结构形态、运行模式以及观念制度的根本性转变过程，而大学转型就是大学深度改革的一种宏观层面上的抽象和概括，大学转型往往体现了大学改革与发展的方向，它涉及大学组织结构的调整和大学作为一种理念，其叙事方式的变化。② 王雁提出研究型大学向创业型大学转型的七个基准：目标定位、创业、建立官产学新关系、外部互动机制、资金来源多样、创新的组织结构以及创业的文化。③ 周光礼则主张引入"通过问题理解当下"的问题史研究逻辑和"贴近生活、具体细致"的微观史深描技术，从理论的高度探讨院校变革在具体情境中的动力机制，从而通过多学科分析建构一种院校研究的中层理论。④

二、海事院校组织转型的现状与问题

海事院校作为一个开放的组织系统，其转型是外部环境和内部条件相互作用的结果，其目的是整体提升组织效能，更好地适应激烈竞争需要，实现组织的持续健康发展。按照前述对"大学组织转型"的定义，海事院校的组织转型涉及办学思路的更新、组织结构的调整、组织运行方式的转变、组织文化的重塑等要素。"高校转型是通过各种内外动力因素的相互关联、协同作用引起和推进的，其初始诱因是外部环境的改变。"⑤ 从外部环境来看，受国际金融危机影响，海事产业进入了大调整、大转型阶段，国内中远、中海两大海事巨头企业合并重组，对海事院校调整自身的组织结构以适应产业发展需求提出了迫切要求。高等教育进入了全面开放合作的发展新阶段，也要求海事院校进行内部组织调整以适应外部合作的需要。同时，还必须注意一个不为人所常言但具有根本决定性的因素，就是海事院校本质上是一个学术组织，其组织变革的根本动

---

① 史蒂文·布瑞特，杰罗姆·克拉贝尔. 制度的起源与转型：以美国社区学院为例 [A]. 鲍威尔，迪马吉奥. 组织分析的新制度主义 [C]. 姚伟，译. 上海：上海人民出版社，2008.
② 王建华. 我们时代的大学转型 [M]. 北京：教育科学出版社，2012.
③ 王雁，李晓强. 创业型大学的典型特征和基本标准 [J]. 科学学研究，2011（2）：177.
④ 周光礼. 大学变革与转型：新的思路与新的分析 [J]. 教育学术月刊，2013（4）：74-80.
⑤ 华根球. 高校转型的动力因素分析 [J]. 高教探索，2011（4）：18.

力来自知识生产模式的转变（从模式Ⅰ到模式Ⅱ，从模式Ⅱ到模式Ⅲ①）。学科专业是海事院校的核心，它们既是一个知识体系，又是一个学术组织。知识生产模式的改变必然促使海事院校调整其学术组织和运行方式，以适应知识生产新模式的需要。从内部来看，海事院校也对外部环境的压力和挑战做出了回应，首先是对办学思路的调整，在所有影响海事院校组织转型的要素当中，办学思路是最重要的，办学思路包括办学理念、发展战略、工作方针、办学目标等内容。它是办学的指导思想，是办学的旗帜和灵魂，决定着办学的方向。

综观国内海事院校特别是高水平海事院校如大连海事大学、上海海事大学、江苏海事职业技术学院等，大多根据时代发展需要，放眼国内国外、行业产业，设定新的办学目标，对原有的办学思路做出相应调整，并呈现出重视立德树人、学术发展、开放合作、文化创新等共同特征，为海事院校组织转型打下了坚实的思想基础。办学思路的变化决定了组织内部调整的必然，否则，原有的组织体系和运行模式难以贯彻新的办学思路。首先是组织领导机构的变化，为了开放合作的需要，海事院校普遍加强了与政府、行业、企业、科研院所等各方的合作，成立了各种类型的理事会、教育集团、教育联盟等新的组织。并为加强与各方合作，建立了内部的政行企校合作机构，如校地合作办公室、教育发展基金会办公室、理事会秘书处、校企合作处等，统筹与外界的合作事宜。其次是组织行政管理重心的下移和教学科研权力的下放，给予基层教学科研组织更多的办学自主权和更大的主体责任。再次是调整优化学术组织结构，成立各种专业性的学术委员会，统筹某一学科或专业的学术事务；或是另起炉灶，成立新的跨学科（专业）、挂部门、跨校际的新的学术科研机构，适应知识生产模式转换的需要。最后，是重塑组织文化，在传承海事历史文化的基础上，注入创新、开放、竞争等时代文化元素，以配合组织的转型。组织文化的重塑极为重要，文化是组织赖以生存的深层次"土壤"。组织的文化虽然无影无踪，但对组织的影响却非常巨大。很多时候组织转型遭遇失败，就是组织文化的问题。作为一个具有根深蒂固文化传统和组织习性的海事院校，与生俱来具有保守性，

---

① 关于知识生产模式的观点和理论详见迈克尔·吉本斯等人的《知识的新生产：当代社会科学与研究的动力》、伊莱亚斯·卡拉扬尼斯的《创造力+创新=竞争力》、卡拉扬尼斯与大卫·坎贝尔的《创新网络和知识集群中的知识生产、扩散和使用——一种横跨美国、欧洲和亚洲的比较体系方法》、卡拉扬尼斯和克里斯多夫·菲茨姆诺威茨的《再发现熊彼特：从创造性破坏演进到"模式3"》、卡拉扬尼斯和坎贝尔的《四重螺旋创新体系中的模式3知识生产：为了21世纪发展的民主、创新和创业》等著作。

这种保守性已经深植于海事院校的历史和现实之中，只有重塑这种深入基因的文化，才可能从根本上实现组织转型并保住组织转型的成果，并将组织转型的行动化为一种内在的自觉。这里还需要注意的是，海事院校在面对国际化与信息化挑战中，对原有组织机构的调整和转化。国际化与信息化是影响海事院校未来发展的两个极其重要的因素，很可能是海事院校在未来发展中是否能够领先一步、占领制高点的关键一招。美国等海事高等教育发达国家的海事院校发展历程已经证明了这一点。海事高等教育本身就具有鲜明的国际化特色，当前在建设"21世纪海上丝绸之路"等背景下，又呈现出一些新的特征，在组织转型上主要表现为适应国际合作的需要，建立国外语言文化中心或携手国内企业"走出去"建立国外分校，将组织的触角和功能拓展到国外去。面对迅猛的信息化浪潮，海事院校普遍积极应对，以这一技术手段重塑组织管理理念，重组组织管理模式，重造组织管理流程。毫无疑问，信息化技术的运用将在组织转型中发挥更大的作用。

在内外双重压力之下，海事院校普遍在思考组织的转型并积极进行组织转型实践。但是海事院校当前的思考与实践是真正意义上的组织转型吗？或仅仅是一种在并不正确的理论和方法指导下的盲目转型、无序转型？或仅仅是以转型为名的细枝末节的、未涉根本的修修补补式的渐进式改革？我们还要思考的是在现行高等教育管理体制机制之下，海事院校能够突破限制、真正实现组织转型吗？也就是说，海事院校的组织转型还存在哪些问题？正确认识并回答好这些问题是组织转型的前提和基础。

首先，从组织发展思路来说。大部分海事院校都更新了自己的办学思路，制定了新的目标、理念、战略、方针和政策，但这些思路并非真正意义上的转型行为。组织转型成功与否取决于转型的意愿与转型的能力两个方面。大部分海事院校具有转型的意愿，所以才为了转型更新自己的办学思路，但大部分海事院校并不具备转型的能力。组织的转型是一个专门的学问，是一套系统的操作方法，有其自身的法则和规律，需要深刻的学习和理解。没有理论指导的实践是盲目的；没有科学操作的转型是无序的。理论的清晰和操作的科学两者都不可或缺。但是，我们的大部分海事院校并没有系统掌握组织转型的概念、理论、方法、要素、程序等专门知识，也没有深入研究过高等院校，特别是西方高等院校成功转型的实践案例。

其次，从组织领导体制来说。海事院校虽然从转型发展、适应开放合作需要出发，建立了若干内外结合的理事会、教育联盟、教育集团等合作组织，但这些组织大多徒有其表，内部联结极为松散，仅仅发挥咨询服务和信息平台的作用，并不具有真正权力，更不具备决策功能。从组织内部来说，在海事院校里，组织日常运行主要通过四种权力实现，这四种权力大致可以分为政治权力、行政权力、学术权力、学生权力四个类型。高等教育管理体制决定了高校实行党委领导下的校长负责制，并明确党委领导重在决策，行政负责重在执行。学术权力虽然有所加强，但并未形成一个独立有力的权力系统，主要还是发挥学术咨询和具体执行作用。学生权力更由于根深蒂固的传统，基本处于高校权力的最底部。所以，在海事院校里，这四种权力并不是各自独立、相互制约的相对平行关系，而更像是自上至下、层层制约的科层制模式。因此，海事院校更像一个政府教育部门的附属单位，政治权力和行政权力全面覆盖、无所不在，而政治权力和行政权力天然具有保持现状、维持稳定的特征，领导组织转型的内在意愿和动力都明显不足。海事院校作为一个学术组织，其转型离不开学术权力的推动，可是学术权力并不发挥关键性作用，所以，现有海事院校的组织转型大多是在现行领导体制下的有限变革，没有从根本上改变海事院校的组织特性，特别是公立海事院校更难以突破体制的规范和制约。

最后，组织文化的转型问题。虽然很多海事院校在对组织进行转型的同时也在文化重塑上付出了努力，但是大多数停留在"表面"和"高层"，没有改变"本质"和"基层"。所谓停留在表面，指的是仅有宏观的、方向性的、口号式的对外开放、合作、竞争、创新、效率、质量的提倡和呼吁，但并没有落实这些文化理念的具体措施和组织行动，比如，如何尊重失败、鼓励创新；如何开放合作、互利共赢；如何促进竞争、勇争一流；如何简化程序、提升质效，等等。所谓停留在"高层"，指的是组织文化转型的动力和倡议大多来自组织的高层，对普通管理者和员工的影响有限。缺乏必要的理念灌输和文化传导，告诉员工组织文化的现状是什么、提倡什么、反对什么，也就是说，没有形成正向循环、涟漪效应，从组织核心成员逐步推向全体成员。借助国际化和信息化对组织进行改造的行动也大多停留在低层次的水平和简单重复的层次，对组织的实质性变革和重塑的作用还原没有充分发挥出来。因为国际化而成立的新的组织对组织本身来说可有可无、无关宏旨，影响极为有限。因为信息化而重塑的组织结构和流程大多停留在技术层面，既没有根本改变组织的领导体制和运行模式，也没有成为组织普遍遵循的行为方式和工作方法，更没有改变组织成员的内在思想理念和文化习性。

三、海事院校组织转型的方向与策略

海事院校的组织转型是一项长期的、系统的工程，其成败涉及多方面的因素。总的来说，这些因素可以概括为外部环境和内部条件两个方面。海事院校的组织转型必须内外因素共同作用。先从外部环境来说海事院校的组织转型。我们必须认识到，在海事院校组织转型的道路上，绝不能仅仅依靠自身的力量来完成。毕竟大学是社会的大学、时代的大学、国家的大学，任何大学都无法脱离社会、时代和国家而存在，因此大学的改革也必须有外界力量的参与才有可能成功，海事院校也不例外。"经验证明，没有任何一个大的机制、机构、一所学校能够靠自身的能力对自己进行改革，有点像我们所说的用自己的刀锋来砍自己的刀柄。我认为我们大学的改革需要的首先是各个不同领域之间的共同思考，赢得一种与外界的统一联系，共同进行大学改革。吸引和召唤外部的参与是因为各个领域都是一些意义的承载者，它们都参与对大学存在的意义、内涵和学科的重新界定，都从不同的领域，依据各自独特的能力，对大学改革做出独特的贡献。"① 因此，海事院校的组织转型必须重塑大学与社会外界的关系，在与社会转型、时代转型、国家转型的互动中实现同步转型。就此而言，最重要的是，处理好国家和大学的关系。处理好这一关系也是大学处理好与社会各界关系的核心和关键。具体来说，就是国家对海事院校的组织管理体制必须改革，如果在这方面不能突破，海事院校的组织转型很难取得根本进展。简单地说，国家对海事院校的管理应该是方向性的、指导性的、宏观性的，而不能事无巨细、统一管理，让海事院校丧失了自主权。世界海事高等教育发达国家在发展各自的世界一流海事院校时都"尽力减少对大学具体办学行为的干预，综合运用法律、政策、规划、财政、标准和信息服务等，引导大学规范办学、自由发展"。② 这样，海事院校就既有了法律和制度的保障、政策和资金的支持，又有了办学的自由和主动，可以根据自己的实际对组织的领导体制和运行机制进行改革转型。可以参照国外海事院校的组织管理模式，成立党组织、政府、行业、企业、院校等各方组成的有决策权的最高组织领导机构，并且为了这个组织真正发挥领导决策作用，必须满足两个条件：一是国务院，或是党中央牵头，统筹教育、劳动、人事、工信、税务等部门，系统修订现行的法律法

---

① 哈佛燕京学社.人文学与大学理念[C].牛可，等，译.南京：江苏教育出版社，2007.
② 徐浪，王建华.论世界一流大学建设中的清单管理[J].现代大学教育，2017（3）：90.

规和制度文件,明确各方在院校组织领导体制改革中的责任和义务,制定配套制度和保障措施,规范机构组成、人员配备、日常运行等方面机制。高等教育绝不仅仅是教育部门和高等院校的事情,没有国家层面牵头和其他职能机构的参与,根本性的体制改革根本难以奏效;二是必须明确党对海事院校的绝对领导。中国特色的社会主义高等教育必须遵守这一原则。但是党对海事院校的领导不是具体的、细致的,行政、教学、科研、服务等操作性事务的处理权和决定权必须交给海事院校,而主要进行政治、组织、思想、意识形态以及文化方面的领导。党对海事院校的领导主要体现在教育部党组或各省教育工委的领导,要明确内容和责任,最好进行清单式管理,划分好党统一领导和院校具体运行的职责权限。满足了以上两个条件后,海事院校才可能对原有组织领导机构进行根本改革转型。这一点至关重要,因为,任何一个组织的转型都离不开组织上层的策划、实施和推动,没有组织领导层的根本性变革,整个组织的转型必然沦为空谈。当然,这是一个巨大的变革,需要非凡的勇气和坚韧的毅力,对国家、对高校、对高校的领导者都是一个考验,任何一个环节跟不上,都可能导致整个变革转型的失败。

处理好国家和大学的关系固然至关重要,处理好大学与其他社会组织的关系也不容忽视。海事院校天然具有开放性,作为一个组织,广泛与国内外行业企业、科研院所等组织机构发生联系,但是这种联系不能是表面的接触,而没有进行内在的融合。比如跨国合作机构,必须以专门项目为中心,以推动问题解决为目标,组建各方参与的领导组织和运行机构,还必须配套相应的制度机制和保障资源,真正赋予组织权力,并进行相应的激励约束。再比如,国内的各种政行企校合作组织,如果要发挥其作用,必须改变其仅仅作为咨询服务机构的现状,它们必须像美国的大学董事会那样发挥决策作用。要做到这一点,必须有国家层面的法律法规和方针政策予以明确,并提供税收、金融、信息、标准等方面的支持,才可能调动各方参与海事高等教育的积极性,真正赋予这些组织以生命力,从根本上改变当前这种海事院校"一头热",而行业企业"一头冷"的尴尬局面。

再从内部条件来看海事院校的组织转型。海事院校的内部组织转型必然也必须在外部环境的协同作用下完成,因为海事院校从根本上来说只是社会组织系统的一个部分,必须跳出教育看教育,跳出院校发展院校,仅仅依靠院校内部的力量进行组织转型,根本不现实也不可能。就内部而言,组织转型是一种主动自觉的、有目标计划的组织管理和运行模式转换,将导致组织理念、管理体制、运行机制、文化氛围的彻底变革，而且这个过程是长期的、复杂的和艰巨的。海事院校的转型首先是理念的转型，现代化的转型已经主要不在于物质层面而在于理念和制度层面（制度层面的转型下一节探讨）。只有组织理念和制度发生根本的变化，才可能启动组织转型的进程。虽然我们的目标是建立中国特色的现代大学制度，但还必须重申经典的大学理念和制度。经典的大学理念和制度，简单而言就是大学自治与学术自由。就中国大学而言，就是将大学自治、学术自由作为大学理念的第一理念和首要原则，用学术的逻辑代替行政的逻辑，进行彻底的去行政化改革。从宏观方面来说，因为党和国家层面的高等教育领导体制的综合改革，海事院校的理事会或董事会已经是一个决策领导机构，在党的统一领导下，作为最高决策机构，它虽然仅作方向把握、原则确定和要事决策，对海事院校的具体办学行为并不参与和干预，但必须尊重并遵循学术组织发展的基本理念和根本原则，否则就会发生方向性的、根本性的偏差。

总体而言，就是明确海事院校是为党和国家服务的、为社会主义现代化建设服务的、为人民服务的，董事会和理事会在把握这一大方向、大原则的前提下，根据社会、市场、产业、学校方面等的变化，发挥各自的特长和优势，做出科学合理的决策部署。就中观方面而言，因为宏观组织领导体制的改变，以及对政治权力和行政权力的明确界定，校内的政治组织和行政组织已经不再需要面对过多的政治任务和行政命令，那么海事院校的领导层必须刀刃向内，勇于自我革命，敢于放弃权力，遵循学术、知识和技术的发展逻辑，遵循人才培养、成长和发展的基本规律，就要精简组织人员，削减组织职能，提升组织效能，作为原来的决策领导机构的党委主要职能是落实上级党组织的要求，进行政治、思想、组织和文化的领导；作为原来负责机构的行政主要职能是负责中观管理和日常事务的运行，给学术组织和学术权力留下足够充分的空间。还要注意理顺党委领导和校长负责的关系。党委领导下的校长负责制虽然并不符合世界通行大学制度的惯例，但是适合于我国现阶段大学的基本国情，而且这种独特的政治架构，短期内不可能废除。因此，必须严格明确和校长的各自职权，建立健全议事决策规则和程序，严格依法履行各自职责，实现组织功能的互补。就微观方面而言，因为党、国家、学校层面的权力限制和职责明确，学术组织和学术人员将拥有更多的学术权力，而不需要承担大量非学术的政治和行政任务，他们将在党、国家和学校的宏观领导下，具体行使学术、教学和服务职能。具体而言，主要是要强化学术组织的建设，充实学术组织力量，成立各种跨学科、跨部门、跨校际的新兴学术组织（如研究院、研究所、技术中心、重点实验室，等等），并依托教授、学者、专家的优势和特长，讨论和决定学术方面事务，让学术放光芒，让知识添光彩，让技术增光辉，让学术文化成为校园里的主导文化而弥漫整个组织系统。海事院校组织转型的目标就是要建立上级党组织（教育部党组或省委教育工委）统一领导、合作组织（理事会或董事会）宏观决策、院校党委（主要组织校内基层党组织落实上级党组织要求）协调各方、行政具体负责（以院长为首的行政班子，负责行政具体事务处理）、学术组织（包括教学组织）作用彰显的组织运行机制。这里还要注意的是，学术组织和行政组织的关系应该是平行的，并接受院校党委的领导；要借鉴欧美国家高校重视学生组织和学生权利的先进经验，支持和鼓励学生组织的建设并充分发挥其作用。

第三节 作为一种制度的海事院校转型

大学既是一个组织，还是一种制度。制度是组织存在和发展的基础，是组织进行管理的重要方式。任何组织要生存、运作和发展，都必须有制度化的安排。① 作为实施高等教育的主要制度性场所，大学的正常运转主要依靠制度的维持。正如雅斯贝尔斯所言"大学本身就是一种制度的存在"②。因此，从制度转型的视角研究大学的转型更为契合大学的实际状态。"转型作为一种结构性的变化，其核心部件就是制度转型。在教育转型的过程中，最为显著的变化也是教育制度的转型。"③ 产生于组织社会学领域的制度分析理论，常被学者们应用于高等教育领域的研究并产生了重要影响。本节将以制度主义理论为工具，以海事院校制度变迁历程为依据，探讨作为一种制度性存在的海事院校，其转型的现状、问题和策略。

一、海事院校的制度转型历程

"大学制度"是高等教育研究领域的一个核心概念，但是学界关于"大学制度"的阐释有多种视角。潘懋元先生认为，大学制度包括组织机构、决策机制、

---

① 白娟. "大学制度"再认识［J］. 现代教育科学，2019（8）：19.
② 雅斯贝尔斯. 大学之理念［M］. 邱立波译. 上海：上海世纪出版集团，2007.
③ 王建华. 论制度变迁与教育转型［J］. 教育导刊，2011（1）：5.

激励机制、资源配置机制、工作机制（包括科研、教学和社会服务活动）和制度创新机制。① 邬大光教授认为，大学制度分为调整大学与国家、社会关系的外部制度和确定大学行政权力与学术权力的关系和规范大学组织及其个体行为的内部制度。② 还有的学者从层次结构上，将大学制度分为根本制度、一般制度和具体制度三个层次，根本制度基于理念层面；一般制度是处理大学内部事务的基本遵循；具体制度是大学内部自我发展、自我约束的运行机制。③ 总的来说，可以从宏观和微观两个方面来理解"大学制度"。从宏观方面，"大学制度"是一个整体的、抽象的概念，与大学的理念和本质相关，不是指具体的大学管理制度。例如，我们常说的"现代大学制度"，这个"制度"就是根本性的、原则性的制度。从微观方面，"大学制度"是指维护大学正常运行的规章制度，它与大学的领导体制、运行机制、过程治理等相联，是规范和调节大学内外部关系的一系列规范。宏观的"制度"对微观的"制度"具有规范和约束作用；微观的"制度"是宏观的"制度"在大学的体现和落实。我国高等教育改革的目标就是要建立现代大学制度。这个现代大学制度的核心就是在国家的宏观调控政策指导下，大学面向社会，依法自主办学，实行科学管理。现代大学制度涉及规范和理顺大学与政府、大学与社会的关系，涉及大学内部治理结构的完善和改革。现代大学制度的构架包括宏观和微观两个层面，宏观层面是处理大学与外部的关系，达到政府宏观管理、市场适度调节、社会广泛参与、大学依法自主办学的目标。微观层面处理大学内部关系，达到党委领导、校长负责、教授治学、民主管理的目标。虽然现代大学制度的概念更多来自西方，我们说到现代大学制度时，往往会联想到教学与科研相结合的德国大学制度，崇尚自由教育、实行学院制的英国模式和崇尚"3A原则"（学术自由、学术自治、学术中立）、实行董事会制的美国模式，但是我们所建设的现代大学制度，决不能照抄照搬西方大学制度，它是在中国社会转型语境下提出的时代课题，具有鲜明的中国特色。当代中国大学正在经历社会三大转型环境，即由计划经济体系向市场经济体系转型（经济）、由集权管理体制向分权管理体制转型（政治）、由大学的行政化运作向去行政化转型（文化）。我们所要建立的现代大学制度就是能够适应这三大转型的大学制度。社会制度转型既是大学制度转型的

---

① 潘懋元. 走向社会中心的大学需要建设现代制度 [J]. 现代大学教育, 2001: 30.
② 邬大光. 论建立有中国特色的现代大学制度 [J]. 中国高等教育, 2006: 13-15.
③ 宋旭红. 我国现代大学制度建设的三个层次 [J]. 辽宁教育研究, 2004 (10): 41-43.

动力，也是大学自身转型的一部分。每一次的大学制度转型都是在社会制度转型之后进行的。例如，我国大学发展历史上最近两次发生的根本性转型都是在社会制度或体制转型（1949年中华人民共和国成立和1978年实行改革开放政策）之后进行的，或者说是社会制度或体制转型的必然结果。进入21世纪后，随着工业社会向知识社会的转型，随着大学日渐走向社会的中心，成为社会发展的"轴心机构"，大学的制度转型将既有为环境制约而不得不为的一面，也有主动选择制度转型的一面。也就是说，大学的主体性和独立性将越来越强，大学的学术组织特征将越来越显著，大学的制度转型将成为社会政治制度、经济制度和文化制度转型的"发动机"，在与社会互动转型的过程中，大学将拥有更多自主办学的自由、面向市场的主动、淡化管理的自觉和回归学术的初心。

以1909年中国海事高等教育肇始画出一个时间轴，中国的海事院校主要经历了三次较大的制度转型。第一次转型发生在新中国成立后。1949年新中国的成立，特别是1953年到1956年的社会主义改造，使得中国社会以激烈的方式从半殖民地、半封建社会转型为社会主义社会。具体来说，就是经济上从生存资料私有制转变为社会主义公有制；政治上开创了人民当家作主的人民代表大会制度；文化上确立了党和国家意识形态占主导地位的社会主义文化制度。社会制度的根本转型全面而深刻地推动了海事院校的制度转型。1950年，第一次全国高等教育会议召开，研究确定了改造旧的高等教育、建设新中国高等教育的基本方向，并通过了一系列关于高等教育改革的政策规定，对高等教育领导体制、运行机制和管理制度进行了全面改革。简言之，就是国家统一管理高等教育，根据国家需要建设大学，建立全新的社会主义大学制度。社会主义大学制度这个根本性的界定，规定了海事院校的国家所有的办学体制，确立了海事院校必须为社会主义建设服务的办学理念，也明确了党和国家的意识形态必然在海事院校占据主导地位。从海事院校内部来说，为落实建立社会主义大学制度的要求，从教学科研、管理服务、招生就业等各个方面建立了新的具体制度。这些大学制度的最大特征是实行集中统一的计划管理。在内外部大学制度的规范下，海事院校属于国家所有、办学资金由国家提供、办学活动按照国家计划执行。

1978年改革开放以后，中国社会由社会主义计划经济体制向社会主义市场经济体制转型。这一转型从根本上深刻改变了海事院校的制度生态，特别是90年代启动的高等教育改革，推动海事院校制度体系发生了第二次转型。在许多方面，90年代启动的改革是对50年代初改革的"否定"，体现出相反的改革方向。① 这些改革特征也深刻地体现到海事院校的制度改革上来。首先是突破了单一公有制的海事院校办学体制，私立（民办）海事院校开始兴起。其次是海事院校的办学经费来源更加多样化，突破了过去单纯依靠国家拨款的模式，再次是海事院校的专业设置向综合化发展，经贸类、信息类、管理类专业得到发展，并开始重视和强化专业交叉融合。另外是二级学院成为海事院校内部新的组织层次，并被赋予更多的办学自主权。最后是海事院校市场意识逐步萌生，面向市场办学成为新的方向。这些新的体制和制度改革特征，对海事院校的内部管理制度改革提出了新的要求，海事院校面对新形势纷纷启动内部制度改革，以建立适应新形势新要求的规章制度体系。

第三次较大的制度转型发生在2008年国际金融危机前后，特别是《国家中长期教育改革和发展规划纲要（2010—2020年）》和《关于开展国家教育体制改革试点的通知》（2010年）颁发以后。国际金融危机对海事院校造成的冲击和影响可谓史无前例，海事院校生存和发展遭遇巨大困境和瓶颈，加之国家启动高等教育体制改革、建立现代大学制度的助力，海事院校开始谋求转型发展，制度方面的变革转型也随之展开。这次制度转型围绕建立现代大学制度进行，或者说以建立现代大学制度为目标。从国家来说，更加重视海事院校作为学术组织的特性，强调从单一政府管理向多元参与治理的转变、从日常事务管理向宏观调控治理的转变，更加看重依法治校，特别是大学章程和配套制度的建立和运行。从海事院校内部来说，应对国家治理模式和制度的转变，也更加重视办学权力下移和学术制度机制的创新。比如，通过完善机制、建立制度，赋予二级院系等学术单位更多办学自主权和自由权；更加重视维护教授、专家、学者的学术权力，并给予学术权力必要的制度保障；更加重视按照现代大学制度要求，建立学术激励的长效机制，构建兼容并蓄、多元化的学术评价制度。

二、海事院校的制度转型危机

就当前来说，无论从国家的宏观管理制度来看，还是从院校内部的运行制度来看，海事院校的制度都在经历着某种变革和转型。新的制度确实正在代替旧的制度并开始发挥功效。但是这种变革和转型可能是无序的、零散的、缓慢

---

① 胡建华. 现代中国大学制度的原点：50年代初期的大学改革［M］. 南京：南京师范大学出版社，2001.

的，从量变到质变的过程可能要经历很多年。当前我国海事院校的制度转型存在着制度供给过剩、制度创新不足、制度文化缺失三个方面的问题。这三个方面的问题导致了当前海事院校制度转型的危机。

制度供给过剩主要表现在政府教育部门在处理与海事院校的关系上，既"越位"又"缺位"，越位是指制度供给严重过剩；缺位是指有效制度供给不足。政府教育部门虽然一再声明要建立现代大学制度，但由于《高等教育法》规定公立高等学校必须实行党委领导下的校长负责制，海事院校建立现代大学制度的努力只能停留在"设想"之中。在高度集中的高等教育管理模式下，教育部门（包括其他职能部门）通过法律、政策、规定和行政命令（通常以"通知"形式呈现）进行的制度供给源源不断、严重过剩。这些制度往往"一刀切"地对待海事院校，而且常常直接干预其具体办学行为。在高校工作的人们特别是行政人员对此都有切身感受，这些制度印发之频繁、种类之繁多、数量之巨大，令人目不暇接。这些制度往往将海事院校看作一个政府下属行政单位，而不是一个特殊的学术组织，许多制度与海事院校的关系并不大，甚至没有什么关系。但是这些制度都必须执行，而且很多要限时执行。且不说执行落实这些制度需要花费大量的时间、精力和资源，更重要的是，这些制度极大地影响和限制了海事院校的办学自主权。在我国的高等教育管理体制之下，政府（教育部门为代表）无疑是制度供给的主体。虽然政府也一再强调推动高等教育改革，建立现代大学制度，但是政府由于"管制"甚至"统治"高校的传统思维定势使然，其所主导的制度转型更多是外在"强加"于高校的转型，其本质还是在原有制度框架下，政治权威对教育权利的任意裁剪和政府权力对高校制度的重新设计，作为制度转型主体的高校本身并没有制度转型的内在动力和制度转型的环境条件。政府教育部门的管制、统治思维不变，海事院校的制度变迁、转型不可能发生。与政府制度供给严重过剩相对的是政府有效制度供给的严重不足。这至少可以从两个方面进行分析：一是促进海事院校治理现代化和实现改革目标的有效具体制度供给不足，特别是人事制度、科技制度、财务制度、合作制度、招就制度等方面；二是推进海事院校有效具体制度创新的制度供给不足，即随着海事技术飞速发展、行业市场需求变化等因素进行制度创新的意识不够、反应迟钝。前者可称为具体制度供给不足，后者可称为制度创新环境不佳。

正是因为政府教育部门对海事院校的严格"控制"，供给的无效制度严重过剩，而有效制度供给又不足，才导致海事院校现有制度"失去功能"，而制度创新又缺乏空间和动力。当政府的权力"填满"了海事高等教育的办学"空间",当制度的"丛林"覆盖了海事院校的每个"角落",留给海事院校的制度创新余地就几乎不存在了,海事院校可以做的唯一事情就是贯彻执行制度。"当上层建筑逐渐收缩到成为一个顶峰,并且建立起等级森严的控制权力的时候,高等教育活动的基层结构就会发生失去功能的情况。"① 特别需要注意的是,在对高校全面从严治党要求越来越高的情势之下,各种制度规定如"达摩克斯利剑"高悬,制度创新所冒的违纪违规违法的风险在增加,这就必然降低了高校制度创新的意愿。"作为教育转型的核心部分,教育制度的转型必须依赖制度创新,没有制度创新就没有制度转型。"② 时代在发展,环境在变化,原来的制度如果不进行创新,就很难适应变化了的环境。不能适应变化了的环境,那么制度就缺乏有效性。因此制度也有时效性,需要根据形势变化不断创新。一部海事高等教育史也是一部制度兴衰史,海事高等院校的兴衰总是伴随着制度的废立。只有先进的制度才能创造先进的海事高等教育,同样只有先进的海事高等教育才能诞生先进的制度。

海事院校制度创新的不足,除了现实的制度制约还有其深刻的历史原因。首先是落后的"官本位"文化,阻碍了制度创新。毋庸讳言,"士农工商学"的等级观念和"学而优则仕"的传统观念已经深入国人心底,在海事院校也根深蒂固,并形成了较为严重的"官本位"文化。这种"官本位"文化形成了看上级脸色办事的不良作风,遇到问题不是积极寻求制度创新以解决问题,而是看上级官员的态度行事或按照既有制度要求执行。其次,是传统的"中庸之道"保守观念,滋长了"等靠要"的不良作风,阻碍制度创新。对海事院校来说,制度创新固然能够带来巨大收益,但创新本身存在着巨大风险。如果海事院校深受"枪打出头鸟""木秀于林风必摧之"等传统保守观念的影响,那么在新问题出现时,通常的做法一定是在内心认为"多一事不如少一事""不求办成事先保不出事",还是根据已有政策、制度或惯例寻求解决之道比较"保险"。

与制度供给过剩和制度创新乏力相比较,海事院校制度文化的缺失才是更为根本的危机。"学校制度文化是指渗透于学校各种组织机构和规章制度之中、被学校全体成员认同并遵循、体现学校特有的价值观念与行为方式。"③ 文化层

---

① 迈克尔·夏托克,编. 高等教育的结构和管理 [M]. 王义端,译. 上海:华东师范大学出版社,1987.
② 王建华. 论制度变迁与教育转型 [J]. 教育导刊,2011 (1):9.
③ 史根林. 学校制度文化的现时缺失与建设取向 [J]. 中国教育学刊,2007 (11):32.

次理论将文化大致划分为精神文化、物质文化和制度文化三个层面。制度文化作为文化整体的一个组成部分，既是精神文化的产物，又是物质文化的工具，还是精神文化和物质文化的中介，它在协调个人与群体、群体与社会的关系，以及保证社会的凝聚力方面起着不可或缺的显著作用，深刻地影响着人们的物质生活和精神生活。简单地说，制度文化就是人们对制度的价值判断和对待制度的方式。制度文化提供了观察和理解人类行为和活动的钥匙或模式。在良好的制度文化中，高校所倡导的一系列行为准则，能够依靠制度去实现，并转化为成员的自觉行动。相反，在制度文化缺失的环境中，高校的规则意识淡薄，人治色彩浓厚，其成员漠视制度规范，遵从利己原则。正如邓小平所言："制度好可以使坏人无法任意横行，制度不好可以使好人无法充分做好事，甚至会走向反面。"① 在海事院校里制度文化的缺失主要体现在两个方面。

首先是"人情社会""人治社会"传统对制度刚性的消解。乡土中国几千年漫长的发展历程，形成了费孝通所谓的"熟人社会"。② 在"熟人社会"里，背景和关系是为人处事的关键。所以又有人把"熟人社会"称为"关系社会""后门社会""小圈子"。"熟人社会"强调的是人治而不是法治，遇到任何事情首先想到的不是按照制度规范办事，而是想着"找关系""走后门""打擦边球"，长此以往导致制度形同虚设。

其次是"管制"思维、"一刀切"思维对制度文化价值的消解。海事文化中本身就有对等级和服从、管理和统一的强调，加之管制思维和科层模式在海事院校的盛行，强化制度的监督约束功能，以严格管理、有效控制、有力惩罚为具体手段，将师生编入"制度之网"也就成为必然选择。在这种"命令—服从"管制逻辑之下，制度必然是繁琐刻板的、整齐划一的，必然无视人的生命价值和意义，将师生个体生命的丰富性、能动性和鲜活性禁锢起来，让人沦为人创造的制度的"奴仆"。失落了人文关怀的制度必然徒有制度的"外壳"而无制度的"精髓"，强制性的、技术性的氛围必将使海事院校的制度失去效能、文化日渐式微。

三、海事院校的制度转型设计

当前的海事院校制度转型，面临着中国社会经济上从计划经济向市场经济

---

① 《党和国家领导制度的改革》，引自邓小平 1980 年 8 月 18 日在中共中央政治局扩大会议上的讲话。
② 费孝通. 乡土中国 [M]. 北京：中信出版集团，2019.

转型（市场化）、政治上从集中管理体制向现代化治理体系转型（民主化）的最大现实。本质上作为学术组织的海事院校，在社会经济和政治深刻转型的背景下，其制度转型必然要实现从行政化向学术化的转型（自治化）。梳理海事院校制度转型历程，探究海事院校制度转型危机，目的就是为了建立适应市场经济体制、现代化治理体系和学术组织特征的现代大学制度。同时，根据西方高等教育发达国家大学制度发展经验，在知识经济社会，大学制度建设不仅是被动适应社会需要，而且能为社会制度建设提供元制度。大学的制度建设应该成为社会制度建设的"前锋"，率先改革创新，提供制度模型。但同时也必须注意，在西方中心主义的制度伦理和体现资本主义价值体系的制度设计席卷中国高等教育领域的现实情况下，我们的大学制度建设在学习借鉴西方先进经验的同时，还必须充分考虑中国特有的国情，建设中国特色的现代大学制度，而绝不能照抄照搬西方大学制度。

按照西方组织社会学新制度主义学派的观点，学校是深受制度影响的社会组织，同时，学校组织也是制度环境的一个组成部分。制度环境对学校组织的影响是制度分析的核心所在。因此，从外在制度环境入手探究海事院校的制度变迁和转型具有恰适性和科学性。海事院校面临的制度环境可分为市场层面的制度、政府层面的制度和文化层面的制度三个方面。这三个方面具有密切的内在关联性，无论哪一种制度变迁，均会对海事高等教育制度的转型带来联动效应。在市场层面，由于计划经济制度向市场经济制度的转型，海事高等教育的市场化已经成为海事高等教育制度转型的核心议题。建立适应市场经济制度环境的海事高等教育制度，特别是专业设置调整制度、招生就业制度、人事制度、收费制度等，固然会增强海事院校的办学活力和竞争力，提升其办学效率和质量，但是高等海事院校毕竟是不同于经济部门的特殊公共领域，市场经济规则并不能完全适用于海事院校的制度转型。面向市场经济制度环境的海事院校制度转型，必须警惕市场经济制度环境下最容易滋生的急功近利和唯利是图，必须防止大学作为"学术殿堂"理想的丧失和精神的萎缩。

在政府层面，随着国家由集中管理体制向现代化治理体系的转型，强调共治、分权的制度设计理念将深刻影响海事院校的制度转型，促使其向着更加民主化、柔性化、人性化的方向发展，僵硬冰冷的制度将呈现出越来越多的人性温情。毕竟"在不改变现行教育制度的前提下，所有的教育改革都只能是'挖潜'，而不可能是'创新'。更严重的是，已经发生故障的教育制度可以把任何善意的改革都变成'通往地狱之路'"。① 多元主体共治应该成为海事院校整体制度设计的指导思想，而且必须通过一整套紧密相连、相互协调的制度体系，形成政府、市场、行业、社会、高校多元主体共治局面。需要强调的是，市场层面的制度转型和政府层面的制度转型既相互作用，又共同对海事高等教育制度的转型产生深刻影响。具体来说，就是海事院校如何在市场和政府之间进行选择。一般来说，政府的直接干预越少，市场经济制度越趋于成熟，海事院校的制度转型就越顺利。相反，如果政府对市场经济的干预越多，对海事高等教育的干预也就越多，海事院校的制度转型就越难。

最后，在文化层面。文化属于意识形态范畴，在经济和政治制度转型之时，文化制度也必然会转型，建立与当下经济和政治制度相适应的文化形态。一定程度上，高等教育属于文化范畴，高等教育制度属于文化制度的一部分，既受文化制度的影响，也反过来影响文化制度。因此，文化制度转型与高等教育制度转型具有高度同一性。当前的中国文化已经在向着百花齐放、百家争鸣的方向发展，海事院校的文化也必然要向着学术自由、文化多元方向转型，唯此才能实现学校自治、学术发展。也就是说，唯有当淡化行政文化、倡导学术文化的制度体系在海事院校建立起来，并成为人们的内心自觉和行动指南，海事院校的制度文化才算真正树立起来。

在从外在制度环境分析海事院校的制度转型之后，还有必要从海事院校内部探讨如何实现制度转型。由于外部制度环境对内部制度建设的强制约性，内部制度转型可以视为对外部制度环境变化的回应，这个过程也是内部制度获得"合法性"的过程。按照新制度主义学派的观点，制度是一套规则或规则体系，通过制度设计，能够对资源进行配置，并以对资源的占有权和分配权，对人们的权利和义务进行安排，对人们的行为进行激励和约束。理查德·斯科特认为，制度因其包含要素的不同而出现强调规制的制度、强调社会规范的制度和强调文化认知的制度。规制性（Regulative）要素主要指法律、法规和政策等；规范性（Normative）要素主要指价值观念、道德准则、公序良俗等；文化认知（Cultural—cognitive）要素主要指文化塑造、文化认同等。② 制度在变迁过程中会产生新的要素，当这些新的要素积累到一定程度将产生质变，即原有的制度

---

① 康永久. 教育制度的生成与变革——新制度教育学论纲 [M]. 北京：教育科学出版社，2003.

② W·理查德·斯科特. 制度与组织——思想观念与物质利益 [M]. 姚伟，王黎芳，译. 北京：中国人民大学出版社，2010.

被新的制度取代，这也是制度解构与重构、去制度化和再制度化的过程。① 基于这一观点，海事院校可以从规制性制度、规范性制度和文化认知制度三个方面着手设计内部制度转型。规制性制度主要指法律、法规和政策层面的制度，体现出国家对海事院校的强制和规范，海事院校再将国家的法律、法规和政策要求体现在日常运行的制度中，对学院内部的行为进行强制和规范。因其强调对人们行为的强制作用，故更多反映制度的刚性原则。这是海事院校制度建设所必须的，因为仅靠个体自律，正常的秩序无法形成，维护制度的刚性是任何组织良好运转的必备条件。但是目前海事院校的规制性制度，其刚性显然不足，不能一视同仁、公平正义对待所有的人和事，经常发生"破窗效应"，让制度"形同虚设"。就此而言，规制性制度需要第三方监督实施，学院最高层在完成制度的制定之后，就要充当相对中立的第三方角色，监督和保证规制性制度的有效实施，而且学院最高层在制度面前也不能例外。也就是说学院最高层要充当制度的制定者、仲裁者、实施者和践行者角色。当然，海事院校的正常运转，不可能仅仅依靠强制性制度，因为强制性制度不可能明确所有的事项，总会存在模糊和空白的地方，另外，海事院校是知识和学术组织，仅靠冰冷的强制性制度，将会压抑和窒息其活力。因此，海事院校还需要包含价值、道德和习俗方面要素的规范性制度。制度的规范性其实就是制度的道德问题。利益权衡下遵守制度，与考虑到别人和社会的期待而遵守制度，两者处于不同的道德境界，后者顾及别人的感受，甚至把遵循规则视为义务和理所当然，其道德境界明显要高些。② 规范性制度指向制度善的方向，可以有效降低规制性制度的实施成本。尽量减少规制性制度，增加规范性制度，是海事院校制度建设的方向，或者说制度转型的方向。具体来说，就是要在制度建设中更多体现对大学理想的坚守、对知识学术的尊重、对技术劳动的认可、对师德师风的重视，等等。制度中的文化认知要素更具有根本性和决定性。文化提供了思考、情感和行为模式，文化的认同，有利于减少冲突，减少正式制度本身。海事院校是提倡规制性的行政文化，还是提倡文化认同性的学术文化，决定学校不同的精神品质。需要注意的是，制度的三要素共同存在于制度之中，从不同方面支撑制度的运行，共同约束、引导人的行为，维护着学校秩序。不同的情况下，学校会对制

---

① 宋骏骥. 高职（高专）院校转型研究——以江西省 W 学院为例 [D]. 华中师范大学博士学位论文，2015：22.

② 范广垠. 制度三大基础要素理论与中国法制建设——兼论传统文化的学习 [J]. 观察与思考，2016（11）：61.

度要素的不同方面有所强调。当前的海事院校制度转型，就是要从规制性制度向规范性制度和文化认同性制度转型，更多体现海事院校作为学术组织的特性，更多保障学校的自治权利，促进学校的学术自由，让海事院校回归学术组织和文化组织的本质。

第五章

海事院校转型发展的调查分析与案例研究

本章按照"回归历史场域"和"在场景中解读"原则,通过个别访谈、调查问卷以及笔者作为海事高等教育参与者的个体经历叙事等方式对海事院校转型发展进行研究分析,并抽取两个具有典型意义的国内海事院校转型发展案例进行具体分析,以形成对海事院校转型问题的深入认识,为我国海事院校进一步转型发展提供具体的现实参照。

第一节 我国海事院校转型发展的调查分析

海事院校转型是海事院校面对现实困境做出的战略抉择,也是海事院校创新发展的内在要求。本节以如何推进我国海事院校改革创新和转型发展为中心,对部分海事院校师生、海事教育主管机关负责人,以及部分海事企业负责人展开问卷调查或个别访谈,以更好把握他们对海事院校改革发展的态度和评价,为海事院校的转型发展提供现实参考依据。

一、样本基本情况

本研究问卷调查对象为6所海事院校(3所本科院校、3所高职院校)的校领导、中层干部、教师和学生,主要采取发送电子邮件方式进行。共发出调查问卷300份,收回有效问卷240份,其中校领导问卷21份,中层干部问卷52份,教师问卷69份,学生问卷98份。样本充足,覆盖面广,具有代表性。个别访谈采取面对面方式进行,共访谈具有影响力和代表性的校领导4人、海事企业负责人5人、海事教育主管机关负责人2人。

二、调查结果概述

为便于表述,现将问卷调查和个别访谈分类进行概述。这种做法还有一个好处,就是可以将问卷调查结果和个别访谈结果进行对比印证,得出更为准确有力的结论。

(一)对干部的调查情况

关于海事院校面临的形势的认识。调查中95%的干部(包括校领导和中层干部)认为,"国际金融危机导致的行业低迷"是当前我国海事院校面临的最重要变化。62%的领导认为,海事院校的改革发展滞后于海事行业的发展要求。所有的干部都认为海事院校要根据行业形势的变化调整办学思路和专业学科结构。大部分被访谈者认为,"近3~5年,海事类企业会比较困难,国际金融危机对海事行业的打击太大,企业没有恢复过来,院校也没有恢复过来,出现了结构性的断档。也就是说,院校办学滞后于行业发展要求,院校培养的人才企业用不上,企业需要的人才院校培养不出来。"不少被访谈者还认为,"随着产业的迭代升级,海事技术的飞速发展,新的职业岗位的出现,海事院校必须调整优化专业结构,拥抱未来海事技术,培养符合新职业、新岗位要求的海事人才"。

关于海事院校面临的发展困境。绝大多数海事院校干部认为,当前我国海事院校发展面临诸多困境和严峻挑战,他们认为,"国家政策扶持不够""办学资金短缺""办学自主权缺乏""生源质量不高"是主要的问题。另外"企业参与办学的积极性不高"也是重要问题。在访谈中,有的海事院校干部认为,"海事教育办学成本高,但是国家并没有资金方面的特别支持,海事院校的办学经费一直非常紧张;在招生方面也没有自主权,选择不到好的生源,特别是高职院校;没有政府的政策支持,企业缺乏产教融合、校企合作的积极性;海事部门关于考证和船员税费方面的政策太紧,导致考证难度太大,船员税费居高不下,不利于海事教育的发展。"有的合作企业干部认为,"海事企业也认识到应该校企合作办学,但是国家相关政策的激励和约束不够,比如缺乏税费减免、招工补贴等方面政策,导致企业缺乏参与办学的动力。"海事部门相关干部则表示,"因为职业需要考试难度不能降低,但已经在积极考虑调整政策减费降税,并大力推动人才培养模式改革。这将增强海事教育的吸引力"。

关于海事院校招生制度的看法。92%的海事院校干部认为,"招生存在很大困难，应向中西部地区拓展生源"，60%的领导认为，"生源素质不高，难以达到培养要求"，89%的领导认为，"应缩减普通海事类专业学科招生规模，大力拓展为海军培养人才规模"。在访谈中，大部分海事院校负责人认为，"要压缩传统海事类专业，拓展新兴海事类专业，以增强招生吸引力。发展军事教育的效果不错，学生有意愿，国家也支持，将把利用海航教育资源，为海军、海警培养人才，作为下一步拓展的重点方向"。合作企业相关干部认为，"东部地区的生源市场已经接近饱和，中西部学生就读海事院校，从事海事职业的意愿还很强烈，但是因为中西部地区信息相对闭塞，对东部城市和院校的情况不了解，又缺乏有效的宣传手段覆盖到中西部去，造成了信息不对称。对于我们这样一个具有几千年悠久农业文明的国家来说，海事文化是比较淡薄的，特别是中西部地区，需要各方面加大宣传力度，通过长期的努力，营造海事文化氛围，吸引更多年轻人接受海事教育、从事海事职业"。

关于海事院校人才培养制度的评价。绝大部分干部认为，"海事院校的人才培养模式具有特殊性"，并认为其特殊性主要体现在"培养方式和评价标准的国际化"（95%）对于海事院校与其他院校对比的认识。调查结果显示，认为"海事院校人才培养质量高于同层次其他院校"的占76%，认为"海事院校人才培养质量低于同层次其他院校"的占13%，认为"海事院校人才培养质量与同层次其他院校不存在明显差距"的占11%。关于海事院校改革发展的目标。21%的干部认为是"稳定现有传统海事类专业学科，拓展海事相关新兴专业学科"，62%的干部认为是"提升办学层次，举办应用型、职业型本科教育"，93%的干部认为是"找准特色定位，高质量发展，提升内涵水平"。可见，坚持特色发展、高质量发展是干部的基本共识，反映出较为理性的认识，但是干部对"升格"的期望也颇高。访谈也印证了调查问卷的结果。有的院校干部认为，"提升海事教育的学历层次非常必要而且势在必行。这是行业产业发展和海事教育发展的必然趋势，不以人的意志为转移，只是时间迟早的问题。但是，这样本科层次的院校也不宜太多，关键是形成一个层次多样、各司其职、科学合理的院校结构"。接受访谈的企业干部也认为，"随着海事产业转型升级和技术层级升级，需要培养本科层次的海事人才"。

（二）对教师的调查情况

对海事院校学生的评价。83%的高职院校教师认为，"学生基础较差，学习热情不高，学习能力不强"。75%的本科院校教师认为，"学生基础较好，但专业思想不稳定，流失比较严重"。对教育教学的看法。76%的教师认为，"海事教育具有特殊性，应采取特殊的教学方法"，同时，90%以上的教师认为，"因为海事教育的强制性规定，教师的教学任务过重，无法实施高质量教学"，62%的教师还认为，"对学生的教学偏重理论知识传授，对学习能力和专业的训练不够"。这个调查结果在访谈中也得到了印证。接受访谈的企业干部普遍认为，"高职院校学生基础薄弱、综合素质偏弱、发展受到限制；本科层次的毕业生学习能力强、素质底子厚，更有培养空间和发展潜力。"有不少受访企业干部还认为，"海事院校仅有少部分教师能够走出去，利用自己的专业知识和技术服务企业发展，大部分教师的能力水平与企业的要求有不小差距"。

关于海事院校学生管理的评价。在对海事院校中从事学生管理老师的调查中发现，87%的教师认为"对海事类学生进行了特殊管理模式"，96%的教师认可"半军事化管理模式和成效"，并认为"在海军士官生中实行了准军事化管理"。所有教师都认为"半军事化管理和准军事化管理对于塑造学生良好行为习惯和意志品质极为有效"，并认为"接受过半军事化和准军事化管理的学生走向社会后更容易成功"。在访谈中，有少数干部和教师认为，"虽然所在院校实施了半军事化管理和准军事化管理，但执行不够严格，有时流于表面和形式"。受访企业干部则普遍认为，"学校应该坚持严格的半军事化管理，受过严格半军事化管理的学生责任心更强、服务服从意识更好、团结协作精神更好、行为举止更文明礼貌，在企业很快就会脱颖而出"。

关于海事院校科研与社会服务的评价。调查显示，62%的教师认为，"海事院校的科研偏重理论研究，应用研究不多，研究成果转化效果不佳"。关于"海事院校科研的重点和方向"的调查中，92%的教师认为，"应突出应用研究，特别是应用技术研究"，并"重视科研成果的转化应用，为海事企业提供技术支持和服务"。87%的教师认为，"海事院校的社会服务能力很强"，并认为"社会服务的效果主要体现在技术技能的社会培训上"。在对企业负责人的访谈中，不少受访者认为，"海事院校的社会培训能力比较强，海事教育教学资源丰富，是企业员工接受岗位培训的首选。"但是"海事院校的科研工作过于重视理论研究，大多数研究成果停留在纸面上，转化利用率很低。企业需要的是教师的技术研究成果能够直接为企业服务"。

关于海事院校改革发展的建议。教师的建议主要集中在三个方面：一是"准确把握形势和任务，研判问题和挑战，加快改革创新和转型发展"。二是"进一步开放办学，更好融入市场经济，融入高等教育系统"。三是"走内涵、质量、特色发展之路,并同时谋求提升办学层次"。教师关于海事院校改革发展的认知与干部的观点基本一致。干部职工均认为海事院校必须推动改革、创新、开放,高度重视内涵、质量、特色。他们认为学校综合实力提升了,升格是迟早的事情。而不能本末倒置,把升格作为首要目标,忽视高质量发展。

(三) 对学生的调查情况

关于选择海事院校的意愿和理由。只有44%的学生是出于"对专业和职业的兴趣报考",51%的学生报考海事院校"不是出于自己的意愿"。关于选择的理由,72%的学生认为"海事类专业能学到比较实用的知识和技术",86%的学生认为之所以选择海事专业,是因为"海事院校有比较优惠的招生政策"。关于未来职业的思考。有52%的学生明确表示"将来不想从事海事相关职业",并认为主要原因(多选)是"海事职业比较辛苦,远离大陆和亲人"(82%)和"考证难度太大,就业薪酬与陆上职业差距不够大"(76%)。将近有一半的学生"不是出于自己的意愿"报考海事院校,也有将近一半的学生明确表示"将来不想从事海事相关职业"。招生与就业方面的这两个数据在访谈中得到印证。有的院校受访干部表示,"不少学生学习目的不明确,对职业未来比较迷茫。每年都有一些学生转出海事类专业,选择将来在陆上就业。"

关于海事院校教育教学的评价(多选)。86%的学生认为"学校针对海事专业学生采取了特殊的教学方法",12%的学生认为"部分教师没有实践经历和实操能力,教学效果不佳",82%的学生认为"学业繁重,学习难度大,学习效果不理想"。79%的学生认为半军事化管理"对自己有很强约束力,对自己的成长很有帮助",21%的学生认为"半军事化管理,特别是'一日作息制度'过于严格,自己适应不了"。学习任务重、考试难度大;管理太严格,没有个人自由;就业形势不好、岗位薪酬低。这些也是在访谈学生时,他们说得最多的内容。这些也确实是学生最关心的事情。学生不想就读海事专业,不想从事海事职业,非常直观地突显了海事类专业办学的实际困难。

关于对所在院校的满意度。认为"非常满意的"占42%,认为"比较满意的"占36%,认为"一般的"占13%,认为"不满意的"占9%。在回答"对所在院校哪些方面最满意时",绝大多数学生将"办学条件和校园环境""管理模式和文化氛围"以及"教学方式和教师水平"作为衡量标准。38%的学生认为"在向他人说起母校时感到不自信,感到难为情",也有46%的学生"为母校感到自豪,愿意推荐他人就读"。关于对所在院校的意见建议。98%的学生

"希望母校升格，提升办学层次"，86%的学生"希望母校更加重视培养学生的实践动手能力"，82%的学生"希望母校注重培养学生的综合素质，特别是领导和管理能力"，62%的学生"希望母校更加注重人文关怀，营造浓厚海事文化氛围"。在与部分学生交流时发现大部分学生对母校比较满意，但是调查问卷又显示不少学生并不想学习海事类专业，从事海事类职业。分析这一矛盾之处发现一个现象：因为海事院校的办学条件较好，对学生相当关心，所以学生比较满意。不少学生之所以不想学习海事类专业，不想从事海事类职业，是个人选择的结果，并未因此抱怨学校。

三、调查结果分析

（一）海事院校的改革发展面临困难与挑战

调查结果表明，海事院校十多年来发展确实遭遇了"冰冻期"，海事院校的服务发展能力已经滞后于行业企业需要。对院校来说，人才培养改革难度很大，目前的校企合作大多流于形式。对企业来说，海事从业人员数量庞大，但整体质量不高，企业需求的高层次人才海事院校培养不出来。无论是院校还是企业都认为我国海事产业和海事教育受国际金融危机等影响，尚未走出低迷状态，未来发展将十分困难。总而言之，困难和挑战至少体现在五个方面：一是政府对海事教育这项基础性、战略性事业重视程度不够，战略规划、政策扶持和资源投入均显得不足。二是行业形势低迷，薪酬待遇下降，考证难度加大等因素导致海事职业对学生的吸引力在减弱。三是海事院校的教育教学虽然比其他院校更重视实践能力培养，但还是相对偏向于理论，对实践教学投入不够，实践教学效果不佳。四是海事院校的技术开发能力和成果转化能力薄弱，服务行业企业转型升级和技术迭代升级能力有限。五是学生学习基础薄弱，学习热情不高，学习目标不明，从事海事行业的兴趣不足。

（二）转型发展是海事院校当前的必然选择

调查结果显示，海事院校的办学环境和形势任务都发生了根本变化，如果仍然沿用过去的办学模式，必然无法与社会的要求相匹配。面对当前的发展困境，"外科手术式的"修补难以奏效，只有全方位的、根本性的转型，才有可能取得突破性进展。转型是一个系统性的工程，是根本性的改革，需要足够的政策空间和大量的资源保障。关于改革创新和转型发展，调查访谈意见可归纳为四个方面：一是海事院校的转型发展需要加强省部共建，特别是省级政府统筹，政行企校各方共同发力,形成多元参与办学格局。各方必须加强合作与沟通,减少相互推诿和抱怨。二是海事院校应稳定现有海事专业规模,摒弃规模扩张的外延式发展道路,大力提升内涵建设水平,走高质量、特色发展之路。三是海事院校必须紧跟产业和技术发展步伐,调整海事院校的专业学科结构,积极向海军、海警方向拓展,向港口航运、多式联运、海上旅游等方向发展。四是提升海事院校办学层次势在必行、十分必要,这是产业和技术发展的必然结果,是不以人的意志为转移的客观规律。但是本科层次的海事人才培养要避免学历教育模式的弊端,更加注重综合素质和实践能力的锤炼。

（三）海事院校依靠自身力量无法实现转型发展

调查结果发现,由于投资、管理、招生、就业、教学等方面的行业特殊政策规定,海事院校不仅面临市场的考验,还面临政策的限制。海事院校不仅属于教育部门管理,业务上还受海事部门指导,而且海事教育还广泛受到劳动、人事、财政、海关、税收等多个系统的制约,自身可以改革创新的空间非常有限,在现有体制框架下无法进行根本性的变革。海事院校目前进行的以转型为目标的改革主要在院校内部进行,微调性质的改革举措尚可实施,一旦涉及较大范围、较深层次的改革,立即就会遭遇政策"天花板"。这一现状导致海事院校的改革总是在原地徘徊,或艰难缓步前行。解决海事院校面临的发展困境,必须跳出"海事"看"海事",跳出"海事"谋"海事"。作为一项与国家强盛息息相关的战略性事业,国家必须主导和统筹各方力量支持和参与海事教育的发展。没有国家的政策倾向和重点扶持,以及资金等办学资源的投入,没有国家行政主管部门的"放管服"改革,仅仅依靠海事院校自身的力量,根本无法进行卓有成效的改革。

第二节 海事院校转型发展的案例研究

本节选取具有代表性的两所海事院校进行较为详细的转型案例研究。两所院校分别为大连海事大学（本科院校）和江苏海事职业技术学院（专科院校）。

一、大连海事大学的转型发展

（一）转型实践

大连海事大学源于1909年设立的邮传部上海高等实业学堂船政科。经过百余年建设发展,已经成为中国著名的高等海事学府,并居于世界同类院校前列,是被国际海事组织认定的世界上少数几所"享有国际盛誉"的海事院校之一。①2017年,学校进入国家"双一流"建设高校行列。大连海事大学作为国内首屈一指的海事大学,一直以来都是国内海事教育的第一重镇。大连海事大学诞生于风雨飘摇的旧中国,自立校以来就担负着维护国家海权,复兴国家航运大业的历史重任。始终立足海事行业办学,积极响应国家号召,落实国家办学要求。此后,大连海事大学始终没有偏离服务国家战略的办学定位。也就是说百余年来,大连海事大学的"身份"定位始终没有改变,转型更多体现在内涵质量和办学目标的变化上。大连海事大学的转型实践引领并代表着我国海事高等教育的转型实践。

1. 海运学院初建

新中国成立以后,历经磨难的我国航海高等教育进入了一个崭新的发展时期。为了改变当时航海教育资源分散薄弱的局面,1952年8月,借着全国院系调整的契机,中央人民政府交通部、教育部决定将上海航务学院、东北航海学院合并组建大连海运学院(大连海事大学前身),并决定"集中人力、物力办好新的海运学院,为新中国的海运事业培养大批的新生力量"。② 这是新中国根据国家航运事业发展需要,整合全国航海教育资源,集中力量打造的一所高等航海学府。大连海运学院也是当时中国唯一的高等航海学府,集中了全国最好的航海教育资源。这使得大连海运学院从诞生之初就有很高的起点。与当时的许多其他高校相同,该校全面按照计划经济模式管理,全面移植苏联高校模式办学。

大连海运学院小学起点高,得到国家大力支持,发展速度很快。1954年,大连海运学院就首次招收港口设备及管理专业研究生。1960年,大连海运学院被确定为全国64所重点大学之一。1963年,周总理亲自批示大连海运学院航海类专业学生实行半军事化管理。1966年,交通部对所属院校进行内部调整,以大连海运学院为核心,形成了一批新的高等航海院校。以大连海运学院为主的这些航海院校不仅重视培养航海技术人才,也注重培养航运管理人才。这说明国家主权独立后,维护和发展海权的重要支柱——海洋航行权的重点不仅在于

---

① 大连海事大学办公室. 大连海事大学网站学校简介 [EB/OL]. https://www.dlmu.edu.cn/xxgk/xxjj.htm, 2019-10.
② 大连海事大学校史编纂委员会. 大连海运学院校史(1909—1953)[M]. 大连:大连海事大学出版社,1989.

培养传统航海技术人才，也需要大量航运管理和经营人才。从单一航海教育到航海教育和航运教育并重，并逐步由航海教育向航运教育转变，这是大连海运学院办学的重要转向。但是就在大连海运学院完成内部调整、筹划新发展的 1966 年，席卷全国的"文革"爆发，全国大部分高校进入动乱时期，大连海运学院办学也遭到严重摧残，出现了长达十年的断层，已经取得的成就几乎化为乌有。

2. 转型发展探索

改革开放以后，大连海事大学的改革发展进入新的历史时期。以 1994 年和 2005 年为大概时间节点，转型探索大致可分为三个阶段，每个都呈现出不同的内涵特点。

（1）建设世界一流高等航海学府阶段（1984—1994 年）

20 世纪 80 年代，随着高等教育改革和市场经济改革的深入，以及海事产业和海事技术的飞速发展，大连海运学院在坚持传统航海类优势学科专业的基础上，逐渐拓展了船舶通信导航、船舶电气化和船舶自动化等新兴学科专业。1984 年 3 月的《大连海运学院 1984—1990 年事业发展规划及 1991—2000 年设想》提出："把我院建设成为具有航海特色的综合性的、在教学科研方面具有国家队水平的重点院校。……把我院建设成为世界第一流的高等航海学府，承担国内、国际培养高级航海技术人才的任务，为国际航海科学技术的发展做出自己的贡献。"① 这是大连海运学院第一次提出向综合性院校转型，并将学校的奋斗目标设定为"世界第一流的高等航海学府"。1985 年 11 月，党委书记金以铨在大连海运学院第六次党代会上所做的题为《团结向上，锐意进取，为早日实现海院建设目标而奋斗》的报告中指出："去年 12 月，我院胜利地召开了第三届教职工代表大会，第一次确立了 21 世纪末，把学校建设成为在国内外同类院校专业占领先地位的航海、工程和管理综合性世界第一流航海高等学府的办学目标。这一目标的确立，作为学校 32 年办学经验的结晶，不仅为已取得的教学、科研和人才培养成就所证实，也为目前我院所获得的国际地位和影响所证实。"② 这个报告第一次明确了"第一流"的基本内涵，即航海、工程和管理等专业的综合性实力在国内外同类院校专业中占领先地位。

这一阶段，大连海运学院坚持航海特色，并围绕海事产业链，拓展相关学

---

① 吴兆麟. 大连海事大学办学定位的回顾与思考 [J]. 航海教育研究，2002（3）：2.
② 吴兆麟. 大连海事大学办学定位的回顾与思考 [J]. 航海教育研究，2002（3）：2.

科专业。虽然大连海事不断扩大学科专业数目和学科专业门类,但始终以航海类和海运类学科专业为重点、为核心、为主干、为主体,所扩展学科专业的类别范围主要从支撑上述重点学科专业考虑。多年来,该校的优势学科专业都是航海技术、轮机工程、海运管理和海商法等,这些优势学科专业几十年来基本上在国内高等航海院校内处于领先地位,国内其他高水平和一流水平大学都未设立此类学科专业。"上述特色鲜明的学科专业一直代表了我国此类学科专业的水平和地位,并在国际同类高等学校中影响越来越大,水平越来越接近,地位越来越高。"① 大连海运学院围绕海事产业链办学,但并没有盲目发展所有学科专业。这是一条宝贵经验,也是一条成功道路。因为,海事产业链很长,所对应的学科专业众多,如果盲目铺开、平均用力,无疑会导致学校失去特色和重点,逐步走向平庸。集中各方面资源和力量,打造少数重点学科和专业,是大连海运学院一直以来坚持的办学策略。这一策略是大连海运学院积极借鉴世界著名航海高等院校办学经验的结果,也符合世界一流大学办学的普遍规律。集中力量重点打造特色学科专业,让大连海运学院距离世界一流航海高等学府的目标越来越近。

(2) 建设世界一流海事大学阶段(1994—2005年)

1994年4月,大连海运学院更名为"大连海事大学"。从"海运"到"海事",从"学院"到"大学",不仅是名称的改变和层次的提升,更重要的是内涵的深刻变化。到1994年,经过十年的努力,大连海运学院已经基本实现了从单一航海、航运类院校到航海特色鲜明、多学科专业、多层次类型的综合性航海高等学府的转型。1997年,大连海事大学入选"211工程"建设高校。学校"211工程"建设方案将奋斗目标设定为:"面向21世纪,用15年的时间,将大连海事大学建设成以航海类重点学科为主干,以海上交通运输类学科专业为主体,多学科协调发展,特色鲜明的世界同类院校一流水平的海事大学。成为我国培养航运事业高层次人才的主要基地;成为解决我国航运事业科技进步中重大科技问题的重要基地。"② 明确提出了建设"世界同类院校一流水平的海事大学"的奋斗目标。

在探索办学目标和办学内涵转型的过程中,大连海事大学始终瞄准世界一流的目标。为了实现这个目标,大连海事大学在办学理念、办学模式、人才培

---

① 吴兆麟. 大连海事大学办学定位的回顾与思考 [J]. 航海教育研究, 2002 (3): 2.
② 吴兆麟. 大连海事大学办学定位的回顾与思考 [J]. 航海教育研究, 2002 (3): 2.

养模式等方面进行了深刻的改革。领导班子十分重视办学理念创新，尤为重视战略思维、国际视野和超前意识的形成，并努力在全体职工中形成共识，为改革发展奠定共同思想基础；努力摆脱传统计划经济思维，根据市场需求对办学模式进行改革，顺利解决了隶属关系、投资体制、培训发证制度等关键办学体制问题；着眼于国际竞争需要，面向市场、走向世界，较好解决了人才培养的适应性问题，有效提高了人才的国际竞争力。在此过程中，大连海事大学还将吸引和培养一流师资队伍作为首要的任务进行部署。世界一流水平的海事师资队伍为一流海事大学建设提供了最为有力的保障。值得注意的是，无论目标和内涵如何变化，大连海事大学始终秉持服务国家战略、服务海事经济的办学定位。积极落实交通部、辽宁省和大连市对学校的要求，致力于为我国航运事业的建设和发展培养出一流人才。同时，不求全面发展，始终围绕海事产业办学科专业，以富有特色的海事教育，精准服务经济社会发展。

（3）建设海事特色鲜明的世界一流大学阶段（2005年至今）

进入21世纪，大连海事大学的发展进入了一个新的阶段。2005年前后，大连海事大学重新梳理确立了发展目标，即到2010年把学校建成世界第一流的高等航海学府，到2020年把学校建设成为具有鲜明航运特色的高水平大学。2017年，大连海事大学入选"双一流"建设计划，又提出了新的发展目标，即到21世纪中叶，要成为具有海事特色的世界一流大学，拥有若干世界一流学科和专业，在世界海事教育领域发挥引领作用。[①] 从建设"世界第一流的高等航海学府"，到建设"世界同类院校一流水平的海事大学"。从建设"具有航运特色的高水平大学"，再到建设"具有海事特色的世界一流大学"。大连海事大学的办学内涵不断提升演进，体现了从"航海"到"航运"再到"海事"的转型。办学目标也从在海事领域的世界一流大学提升到了具有海事特色的世界一流大学。

围绕转型发展目标，大连海事大学积极主动整合各方面资源为学校发展服务。大连海事大学办学基础好、发展平台高、受到关注多，一直以来被国家寄予期望，得到国内外各方面支持。大连海事大学充分利用这一优势，对外积极争取政府的政策支持和资源投入，广泛开展和社会各方面的合作共建，取得利益相关方的支持和帮助，特别重视加强和国际一流海事院校、国际高端海事科研机构、国内外大型海事企业的交流合作。对内则强化领导层的组织统筹协调

---

① 邢繁辉，徐昕. 大连海运学院更名为大连海事大学后的办学目标演进［J］. 航海教育研究，2009（2）：8-9.

能力，改进集体的思维方式和组织文化系统，形成思想和行动共识。同时向基层教学和学术单位下放办学自主权，发展新的研究机构、技术平台和服务组织。在国际上则积极谋求话语权，参与国际规则制定，争取在国际海事组织及各大分支机构更多的发言权。校外资源的涌入和校内改革的推进，有效激发了学校各方面的办学活力，推进了学校转型发展。

（二）转型经验

1. 整合外部要素，创设良好转型发展环境

大连海事大学转型的目标是成为国家海事战略的重要组成部分，主动融入海事产业发展大潮，引领海事高等教育发展。政府和产业以及大学的关系构成了大连海事大学外部环境要素的主要部分。大连海事大学转型的目标、依据、路径与动力和外部环境要素密切相关。大连海事大学正是主动寻求国家支持，策应海事产业发展需求，才具备了顺利转型的良好外部条件。

2. 厘清内部资源，整体推动组织根本转型

大连海事大学的转型能够以教学和科研为基础，以平台和机构创新为动力，以领导能力和组织文化为保障，厘清组织内部资源要素，整体推进领导方式、发展战略、组织机构、组织文化转型。例如，各级领导核心在转型中发挥战略策划和引领推动作用；按照市场需求导向和适应竞争原则确定发展目标，制定发展战略；在传统组织架构的基础上，组建跨学科、跨部门、跨校际的创新平台；注重思维方式和组织文化的转型，取得大多数干部职工的认同、支持和参与。

3. 学习国际经验，尊重海事教育发展规律

世界海事发达国家大多具有100多年办学历史的著名海事高校，如美国的纽约州立大学海事学院、日本的东京商船大学等，它们的办学类型定位基本不变，设立航海类或海运类的几个学科专业，以培养商船高级船员和未来海运业的领导人为主要目标，一直保持独立设置，其教育主管机关并不将他们并入附近的其他高校，也不允许其随意扩展学科专业门类、扩大招生规模，始终保持它们的海运（商船、海事）类高校性质。大连海事大学几十年来一直借鉴这一国际惯例，努力缩小与世界著名高等航海院校办学水平上的差距。①

（三）存在问题

大连海事大学在转型的过程中也存在一些矛盾和问题。比如，顶层设计和

---

① 吴兆麟. 大连海事大学办学定位的回顾与思考［J］. 航海教育研究，2002（3）：2.

战略规划调整偏于频繁。从1984年以来，30余年的时间，该校的办学目标定位就进行了三次调整。虽然根据形势任务变化调整办学目标定位无可厚非，也确有必要。但过于频繁的调整变化会造成政策的延续性不够，并给师生带来一定程度的认识混乱，由此给办学带来一些负面效应。比如，改革发展应付眼前需要多，局部修修补补多。每次调整目标定位，都是根据国家部委相关项目建设需要，而不是根据学校自身内在发展节奏进行，为了入选"211"工程院校，为了入选"双一流"高校，为了落实交通部关于建设"世界一流海事大学"要求，学校频繁调整办学措施，没有更多地潜心进行深层次、全局性的改革，在人才培养模式、人事制度改革等方面突破性有限。总的来说，大连海事大学的转型发展属于行政推动型，更多依靠政府推动、政策刺激，尚未形成面向市场、自主办学的自发内生型发展模式，这并不符合世界一流大学发展的普遍规律。

二、江苏海事职业技术学院的转型发展

（一）转型实践

江苏海事职业技术学院（以下简称"江苏海院"）由南京海运学校和南京航运学校于2003年7月合并组建而成，为省属全日制公办专科院校。江苏海院始建于1951年，是新中国成立后建立的第一所培养远洋船员的专门学校。江苏海院办学历史悠久，行业背景深厚，海事特色鲜明，办学综合实力位于海事专科院校第一方阵，2019年入选国家"双高校"建设计划。其转型探索实践和转型中存在问题在海事专科院校中具有典型性和代表性。

1. 学校初建

江苏海事职业技术学院由南京海运学校和南京航运学校两所中专校合并组建而成。南京海运学校以航海教育为主，南京航运学校以内河教育为主。成立的背景和办学的专业相近而不同。

南京海运学校最初名为南京海员训练班。1950年12月，为培养新中国自己的海员，中央人民政府交通部和中国海员总工会决定创办南京海员训练班。1951年1月，南京海员训练班正式开学，成为新中国最早的海员学校。1953年1月，海员培训班改为"中国海员干部学校"。1955年，改名为"南京初级航海学校"。1957年9月，改名为"南京海运工人技术学校"，划归交通部上海海运局领导。1960年1月，交通部决定将学校改为中专校，命名为"交通部上海海运管理局南京海运学校"。1964年8月，交通部决定学校划归交通部远洋运输局

领导,改名为"南京远洋技工学校"。1965年9月,又改名为"南京远洋海员学校",成为交通部远洋运输局第一所直属学校。1973年3月,交通部将学校改名"南京海员学校"。直到1990年4月,交通部批准"南京海员学校"恢复原"南京海运学校"校名。

南京航运学校最初名为"南京河运技工学校"。1956年2月,为培养内河航运人才,发展国内航运事业,中央人民政府交通部河运总局决定在南京下关筹建南京河运技工学校。该校以培养内河轮驳驾驶方面的初级技术人才为目标。1958年4月,长江航务管理局(学校上级管理单位)将武汉河运技工学校和南京河运技工学校合并,并由技工校升格为中专校。1959年2月,长江航务管理局将校名改为"长江航运管理局南京航运学校"。1959年5月,又更名为"南京长江航运学校"。1962年10月,由于国家要求停办中专校,学校恢复为单一的技工学校,校名改为"南京长江航运技工学校"。1965年11月,学校又改名为"南京河运学校"。直到1992年,"南京河运学校"恢复原"南京航运学校"校名。

建校之初到"文革"之前,为了适应国家航海和河运事业发展,两校多次变更隶属关系,频繁变换校名,但始终未超出技工校和中专校的性质定位。办学专业也始终限于驾驶(海船驾驶、驳船驾驶)和轮机(海船轮机、驳船轮机)两个专业,后来又发展出船舶电机专业。两校的办学层次也始终保持在中专层次,致力于为国家航海和河运事业培养一线普通技术人员。"文革"期间,两校都一度停止办学,直到改革开放以后,才迎来了更多的发展变化,走上了转型发展的探索之路。

2. 转型探索

改革开放以来,江苏海院主要经历了三个发展阶段,分别对应三次较为明显的发展转型。

(1)从计划经济环境下办学到市场经济环境下办学转型(1978—2001年)

第一阶段为改革开放后到2001年下放地方管理。学校与行业举办者的隶属关系没有改变,学校仍然属于行业管理,但是面临的办学环境发生了根本性变化:从计划经济发展模式到市场经济发展模式。从在计划经济体制下办学转变为在市场经济体制下办学,这是学院第一次转型。市场机制逐步开始发挥作用,学校开始面向市场办学,行使一定的办学自主权,但也同时承担了一定的市场风险。从80年代末开始,随着经济发展方式和产业结构升级转型,学校除了坚持办好航海、河运传统专业,也根据社会需要,开设财务管理、国际贸易、信息技术等新兴专业，开始了专业转型。同时，学校的办学理念发生了很大变化，不仅按照市场经济规律培养人才，也遵循职业教育自身发展规律，坚持规模、结构、质量和效益统一发展的方针，强调走内涵发展、提高质量道路。学校的办学模式和人才培养模式也适应市场经济体制要求进行了改革转型，顺应市场经济的管理体制、投资体制、招生就业体制和教学培训体制等方面逐步建立并完善起来。

20世纪80年代中期的全国职业教育改革为学院的转型提供了新的机遇，特别是1986年7月第一次全国职业技术教育工作会议的召开，从体系上首次明确了各级政府及职能部门的职业教育责任，形成了各级政府及中央地方各有关部门对职业教育分工负责的工作格局，促进了职业教育新一轮发展。90年代末的高等教育体制改革也为学院改革发展提出了新的要求，学院获得了更多的办学自主权并很大程度上依赖市场办学。除了开始兴办非航海类专业，逐步由单一航海、河运院校向航海、河运特色鲜明的综合院校转型，仍然以航海和航运专业为绝对主体。在人才培养模式上也顺应市场化趋势，拓宽专业基础，强化专业交叉融合，培养具有更宽知识面和综合专业能力的人才。另一方面，1998年国际海事组织STCW78/95公约生效，船员培养国际化、标准化理念在我国航海教育中得到深入贯彻。船员开始市场化、职业化，船员的高收入、高社会认可度吸引了一大批优秀人才报考海事院校，良好的市场发展环境，为学院的转型发展提供了难得的机遇。

总体来说，这个时期学校的市场化办学特征开始显现，非航海和河运类专业开始出现，但办学仍然定位在依托行业、服务行业，且办学层次不高（中专层次），办学规模较小（师生不超过1500人、校园面积不超过100亩），管理模式单一（学校直接管理到系，不设置中间层次），学校办学比较平稳，变化有限。

（2）从面向行业办学到面向行业和地方办学转型（2001—2008年）

第二阶段为2001年至2008年国际金融危机爆发。随着市场经济体制改革的深入推进，"企业办社会"成为企业沉重负担，按照中央深化改革的要求，企业开始与举办的学校、医院等机构脱钩。中央企业管理的学校也大部分下放到地方政府，一般由省级政府管理。同时，随着高等教育大改革、大发展，这一时期大多数中专学校单独升格或合并重组为高职高专学院。学院2001年前后从央企脱钩，下放到江苏省，由省政府管理，并在2003年由江苏省政府将南京海运学校与南京河运学校这两个中专校合并组建江苏海事职业技术学院，同时升格为专科高职院校，搬迁到江宁大学城办学。这是学院第二次较大的转型，开始隶属地方政府管理，关注地方发展的需要。

此时，学院开始逐步融入地方经济社会建设，融入地方高等教育系统，提出了"水陆并举、港航并重"的发展策略，坚持"两条腿"走路，既举办海事相关专业，也积极拓展其他陆上专业；既为海事产业发展服务，也为地方经济社会发展服务。市场机制开始发挥更大作用，校企合作和招生就业成为学校关注的焦点。学院还积极谋求升格，发展本科层次海事教育，并为此改革了内部管理体制，设置二级学院，下移管理重心。此一阶段恰逢21世纪前十年航运业空前繁荣，全国出现了兴办海事教育，特别是航海教育的热潮，学院也得到了前所未有的大发展，校园面积、学生规模、固定资产等方面都增长了十余倍。此一阶段，学院发展速度快，表面上看欣欣向荣，但是以规模扩张为主要特征的粗放型发展模式也带来了教育教学质量的下降，以及海事教育资源的严重过剩。

这一阶段是学院办学环境出现急剧变化且改革发展转型幅度较大的阶段。从航海、河运到海事，不仅是学校名称的变化，也体现了海事高等教育的发展趋势和要求。无论从办学规模、办学条件等外在变化来看，还是从专业发展、人才培养等内在因素来看，都出现了根本性的变化。但是以规模扩张为主的发展模式也留下了诸多隐患。特别是拓展陆上专业，扩大服务面向，淡化了学院的海事特色。

（3）从规模扩张发展模式到内涵提升发展模式转型（2008年至今）

第三阶段为2008年国际金融危机爆发至今。国际金融危机对海事产业的发展以及海事院校的办学带来了深刻而长久的负面影响。2008年是个明显的"分水岭"，江苏海院的招生就业和人才培养因失去了行业依托而陷入困境，招生录取分数线直线下降，毕业生就业困难重重，进而导致学院办学各方面工作遭遇挑战。之前由于快速发展而掩盖的矛盾集中爆发出来，规模扩张、忽视质量的发展模式此时已经难以为继。面对诸多困境和严峻挑战，学院不得不思考第三次转型。同时，随着STCW78/95公约2010马尼拉修正案的实施，以及国际海事人才市场的激烈竞争，对学院人才培养提出了更高要求。中国海事需要更多更好参与全球竞争，要求我国海事高职教育必须转型，这已成为业内外人士的共识，江苏海院也不得不思考谋划新的转型。

面对现实困境，江苏海院开始谋划新一轮转型发展。总体来说，就是实现从规模扩张发展模式到内涵提升发展模式的转型。2013年学院第二次党代会提出了内涵建设总体思路,即坚持以人为本、学生为重的理念;坚持按照市场经济和教育教学"两个规律"办学的理念;坚持关注政府、关注行业、关注同行,服务地方、服务企业、服务学生的"三关注三服务"理念。遵循"稳定规模,提升内涵,优化专业,强化队伍,推进改革,科学管理,突出特色,争创一流"的工作方针。瞄准"一流的办学条件、一流的师资队伍、一流的办学水平、一流的师生福利"内涵和全面建成省级示范性高职院校目标,大力实施人才强校、政校企合作、特色品牌、科研兴校、国际化与开放等"五大战略",全力推进专业建设和教学改革等"八项工程"。经过五年左右的办学实践,到2018年第三次党代会召开之前,学院内涵建设取得了明显成效,综合办学实力显著提升,标志性成果不断涌现,于2018年入选江苏省高水平高职院校建设行列。

2019年,学院入选国家"双高校"建设计划,航海技术专业被列为国家重点建设专业。入选"双高校"既是对学院内涵建设成效的肯定,也是对学院转型发展的认可。在"双高校"建设任务书中,学院继续明确了要走内涵发展、特色发展和创新发展之路,并确定了新的发展目标,即建设中国标杆、世界一流航海技术专业群,建成国际知名高水平应用型海事类高等院校。在发展举措上则继续坚持第二次党代会以来的总体发展思路,并重点在四个方面发力,即积极整合校内外办学资源,重塑组织体系,建设权责明确、多元共治、运行规范、精简高效的现代职业院校治理体系;坚守海事特色,聚焦内涵提升,聚力打造海事重点专业,精准服务产业发展;顺应海事产业"安全、绿色、智能"发展趋势,主动融入海事经济发展,产教深度融合,打造校企命运共同体;与国防需求对接,服务国家军民融合战略,联合部队共同培养海军士官。

说明:海事学院"双高"建设方案与第二次党代会均如此表述学院的发展思路。

(二)存在问题

改革开放以来,学院较好抓住了海事行业产业和高等教育大发展的机遇,及时调整办学思路,扩大办学规模,并校升格高职。改革了组织领导体系和管理体制机制,建立现代职业教育治理体系。积极争取外界支持,激发内在办学活力;策应国家涉海战略,积极面向市场办学,在坚持传统海事特色的基础上,拓展出海军士官、能源动力、港口机械、海洋旅游等专业新方向。注重产教融合、校企合作,培养适应职业需要和岗位需要的海事人才,取得了明显的发展成就。但是,学院在转型过程中也存在不容忽视的一些问题。比如,存在以浅层次改革代替转型，应付眼前利益需要，缺乏顶层设计和深层次变革的问题；存在专业拓展面偏大，服务面向偏广，资源不够集中，重点不够突出、海事特色弱化的问题；存在学历导向、谋求升格，弱化应用型、职业性特征的问题；存在偏重形式、物质等外在要素转型，而相对忽视思想、观念和文化深层次转型问题，等等。

江苏海院作为办学历史悠久、办学底蕴深厚、办学特色鲜明、行业认可度高的院校，在江苏高职教育生源危机日趋凸显、海事产业转型升级步伐加快的新机遇、新挑战下，无论是下一阶段建设国家高水平高职院校，还是应对海事行业深度变革、海事产业重组调整、海事科技飞速发展的现实，转型中都需要进一步提升内涵，优化专业，突出特色，争创一流。

第六章

海事院校转型发展的目标与策略

面临当前的诸多挑战和发展困境,我国的海事院校需要转型发展,以应对挑战,突破困境。海事院校如何转型,也就是转型的基本内涵、目标定位和方法策略是什么,能否回答好这一问题,对于能否顺利转型具有重要意义。

第一节 海事院校转型发展的目标定位

在对转型目标进行分析之前,需要厘清转型的基本内涵,也就是转型的内在实质,这有助于为目标定位和目标分析设定宏观背景,提供行动指南。

一、海事院校转型发展的基本内涵

20世纪90年代以来,单一航海类院校开始向综合海事类院校转型。这一发展趋势在2008年国际金融危机之后得到进一步强化。理解海事院校转型的内涵需要把握三个方面。

1. 海事院校转型是海事院校主动适应并引领经济社会发展需要的过程

说到底,海事院校是经济社会发展的产物,必然受到一定时空条件下经济社会发展状况的制约。也就是说,在一定的历史时期,海事院校的发展水平和其所处时代的经济社会发展水平是基本持平的。就像商品价格和商品价值的关系,可能会有波动,但不会偏离太远。在特定历史时期的某一个时间段里海事院校的发展水平可能超越、并行或滞后于这一时间段里的经济社会发展水平。在超越的情况下,海事院校领先或引领经济社会发展,其办学思想、运行机制较为先进,对经济社会发展能够做出较大的贡献,其地位和价值得到社会肯定。在并行的情况下,海事院校基本上能够适应经济社会发展需要,与经济社会发展相适应,人才培养、科学研究和社会服务的基本职能得到较好履行。在滞后的情况下，海事院校面临诸多挑战和困难，不能满足经济社会发展对人才、技术和价值等方面的需要，受到各方的批评和质疑。任何一个社会组织必然都要追求其存在价值。在滞后的情况下，海事院校的发展陷入艰难境地，必然要寻求改变，走出困境，重新找回存在价值。大学历来就是兼具"保守"和"创新"双重性格的学术文化组织。大学在改革转型过程中需要在"保守"和"创新"之间维持必要的平衡和适当的张力。在传统社会中，大多数情况下，大学是滞后于社会发展需要的，但是在现代社会中，大学已经成为社会的"轴心机构"，不仅应该是社会变化的"温度计"，"对每一个流行的社会风尚都作出反应"，更应该是社会发展的"指南针"，"必须经常给予社会一些东西，这些东西并不是社会想要的，但是社会需要的"。[①] 当前我国的海事院校就像一枚"温度计"，在经济社会的晴雨中忽冷忽热，随波逐流，无法自主。特别是海事行业的波动对海事院校的影响尤为深刻。海事院校大多海事特色鲜明，深度依赖行业办学。像一枚"温度计"，随着行业发展起伏也并没有错，只有依靠行业，海事院校才能根据市场变化，调整优化专业学科结构和人才培养方案，培养行业企业需要的人才；只有依靠行业才能把握行业企业最新技术发展动向，在教学中体现新技术要求，并为企业技术升级改造提供服务。但是与行业贴得太紧，亦步亦趋，既难免被行业波动所影响，也无法超越或引领行业发展，发挥"指南针"作用。不仅是在人才培养素质、技术研发水平方面的超越，更多的是在理念、精神和文化方面的引领，在思想和道德层面处于社会的"制高点"。凡事预则立，不预则废。转型的过程就是适应的过程，更是超越的过程。海事院校处于深化改革开放的好时代，必须立足国际国内，主动担当作为，在机制、模式、方法等运行层面，特别是在理念、精神、文化等更深层面，深入改革创新，获得发展新动力，为经济社会发展，特别是海事行业繁荣注入新元素，这就是海事院校转型发展的意义所在、价值所在。

2. 海事院校转型是海事院校走出自我封闭，主动融入高等教育系统的过程

建国初期，为了发展航海事业，我国专门成立了培养航海人才的院校，并实行特殊的招生就业政策和特殊的教育教学管理模式（比如，按照准军事院校标准提前招生、集中对口分配就业、半军事化管理、按照国际统一标准教学，等等）。由于特殊的行业、特殊的要求，航海院校在办学体制、办学目标、办学

[①] 亚伯拉罕·弗莱克斯纳. 现代大学论——美英德大学研究 [M]. 徐辉，陈晓菲，译. 杭州：浙江教育出版社，2001.

模式等方面都有其独特性。因为与其他类型院校的异质性太大,以至于和其他类型院校很少有交流的可能。这很大程度上导致了航海院校办学的封闭,在行业的圈子里自行其是。但从整个高等院校系统来看,航海院校属于"小众"和"支流",普通高等院校属于"大众"和"主流"。即使是与其他行业特色鲜明的高等院校,如交通、农业、机械、化工类高校相比,也是"弱势群体"。目前全国的海事类院校总共也就40多所,而全国的机械类院校有600多所。但是在一个开放办学的时代,不论是航海院校,还是海事院校,都要对外开放办学,不断与外部环境交换能量,获取办学资源。由于长期的封闭办学,与其他类型的高等院校相比,海事院校在办学理念、运行机制、办学模式等方面都有很大的差距。只有主动开放,向其他院校取经,才能逐步缩小差距,填补鸿沟。这个过程也是海事院校突破行业圈子限制,融入高等教育大系统的过程。海事院校绝不能以所谓的海事特色为藉口,固步自封,拒绝吸纳其他高等院校的先进办学经验,毕竟"海事"特色与"高等"特征同样需要重视。海事院校只有"走出去""引进来",经常思考其他高水平院校都在想什么、做什么,并在保持自身特色和办学传统的同时,下大力气提高办学的主流化、现代化和高等化水平。现代海事院校不仅仅是过去的单一航海院校,已经向立足航海特色、拓展相关专业学科的综合海事院校转型。随着办学面向的大大拓展,与其他类型院校的接触面迅速扩大,同质性迅速增多,海事院校的高等性、学术性等特征将更加显著。这无疑会反过来促进海事院校自身的改革,提升内涵发展水平。海事院校走出自我封闭,融入高等教育系统还有另一层面的含义。以"海事"命名的纯粹意义上的海事院校在全国仅有5所,大量存在的是开展海事高等教育的普通高等院校。大力拓展这些普通高等院校的海事教育功能,对于海事院校走出"海事"小圈子具有重要意义。非"海事"类普通高等院校具有多专业、多学科的优势,有更为雄厚的师资力量和办学资源,对培养复合型海事人才更有价值。这类院校发展海事教育的模式和经验,对于加快推进海事院校转型发展具有重要作用。随着高等教育改革的推进和海事院校自身的发展,海事高等教育将逐步走出自我封闭的疆界,在更广范围、更高层面上办学。随着海事院校的转型,其将由封闭地培养海事人才转变为由相关高等院校和海事院校共同培养海事人才。

3. 海事院校转型是海事院校重新整合组织资源,提升组织竞争力的过程

一个组织做出战略转型的决定,必然有其深刻的背景和动因。往往是由于该组织所依托的行业衰退,发展困难重重,发展前景黯淡,迫使该组织主动或

被动采取转型策略;或者由于该组织在本系统内的竞争优势弱化和竞争力下降,促使该组织不得不通过组织变革、资源重组等方法,寻求生存发展新途径,提升组织的核心竞争力。因此,组织转型的过程就是组织面对发展困境,重新整合组织资源,提升组织竞争力,获得持续发展能力的过程。当前在高等教育不断改革调整、市场经济日益深化调整、行业周期性衰退、科学技术飞速发展、知识生产方式深刻转换等多重因素的叠加作用下,我国海事院校面临着诸多发展困境,亟须变革转型发展,以适应变化的办学环境,克服困难并保持竞争力。转型已经成为海事院校求生存、谋发展的必然选择,成为决定组织兴衰成败的重大问题。虽然转型的目标是积极性的,但是转型的结果未必就是成功的。转型是一种高风险挑战的系统活动,转型过程中充满各种不确定的因素,转型失败的事情并不少见。因此,转型是对组织能力和智慧的一种严峻考验。广义上来说,转型属于根本性的变革行为,转型的过程可能是逐步的,甚至是漫长的,但结果一定是组织的内在状态发生了质变。在这种质变的过程中,组织以现时状态为出发点,按照一定的路径和方法,通过重组、整合、优化,高效利用组织内外各种资源,提升组织运行效率和核心竞争力,从而使组织从一种状态转化到另一种状态。也就是说,组织提升效率,保持竞争力的关键在于对资源整合的能力。当资源组合优化到最佳状态时,组织的效率和竞争力也就最大。组织资源包括多种要素,就海事院校而言,这里所知的资源既包括内部资源,也包括外部资源;既包括"硬"资源(如场地、设施、设备、资金等),也包括"软"资源(如理念、制度、知识、技术、文化等)。海事院校要通过优化配置内部相关资源要素,使其与外部变化的环境相互匹配,以适应政府、市场、社会等各方面的需求。同时,要统筹院校外部环境对院校转型的影响和院校自身所具备资源的适应能力。在整合资源过程中,院校会发现资源的缺口是必然的。对此要进行分析对比,找准差距和不足,进行填"缺"补"差",最终将院校自身转型与外部变化的环境相协调,找到适合院校的发展方向。海事院校的转型与一般性的改革行为不同,转型更强调前瞻性、系统性和彻底性。其目的在于通过院校自身能力的提升,整合优化资源,使得院校"脱胎换骨",获得新生力量,进而形成全新的发展能力,从而促进院校更好地适应环境的变化和内在的压力,实现持续稳定发展。

二、海事院校转型发展的目标分析

办一所什么样的大学,也就是大学的办学目标是什么,是每一位大学办学者所无法回避的首要问题。准确定位大学办学目标，是大学呼应经济社会发展的需要，是大学彰显自身情怀和使命的需要，也是大学凝聚人心、提振士气的需要。正如斯科特所言："组织信奉的、宣称的或者所要代表的象征性目标对组织获得合法性、盟友、资源和人员具有重大影响。"[①] 办学目标定位包括对大学办学类型层次、学科（专业）特色、服务面向等方面的定位。本科院校和专科院校的转型目标虽有所不同，但总的来说都可以从五个方面确定转型目标，即从理论导向向理论实践并重转型（类型定位），从谋求升格向发展内涵转型（层次定位），从盲目服务向精准服务转型（服务定位），从全面发展到特色发展转型（特色定位），从工具理性向价值理性转型（价值定位）。

（一）从理论导向向理论实践并重转型

中国高等教育历来有重视理论教育的传统。这种模式的高等教育极为偏重知识传授，强调"教"向"学"的单项线性运动，而不关注知识的应用与转化，把学习既当作手段，也当作目的，也就是教师为了传授而传授；学生为了学习而学习。教师一般采取课堂讲授的教学方式，向学生灌输理论化的知识；学生一般采取死记硬背的学习方法，机械地接受来自教师的知识。虽然这种教育模式也强调学习方法的多元化，重视知识的融会贯通，但还是局限于学科知识体系，局限于校园、课堂和课本的狭小天地，无法让知识（包括技术）的价值在更广范围得到体现。知识的生命在于运用，学习的目的在于实践。这样的理念在"知识大爆炸""教育大开放"的时代里已经成为广泛共识。高等教育绝不能再囿于"象牙塔"里孤芳自赏，必须走出校园，融入经济社会的滚滚洪流之中。高等教育必须提高学生的素质、知识和技能，为他们将来更好地融入社会做好准备。理论为支撑、实践为主导、职业为导向的教育教学模式对海事高等教育而言尤为重要、不可或缺。海事高等教育是一种行业特色鲜明、职业导向显著的教育，"海事"的本质规定要求这种教育必须重视实践。在海事高等教育领域，有一个非常普遍的用语叫作"实操"，它是海事高等教育的"核心"，一切海事教育活动都围绕这个"核心"进行。从人才培养方案的制定、课程教材的选择，到师资队伍的建设、教学方法的施行，无不强调"实操"的地位。海事专业学生必须接受从仿真模拟到顶岗实习的全方位"实操"训练，在考取职业资格证书时还要参加以"实操"为主的一系列考试。无独有偶，教育

[①] W·理查德·斯科特，杰拉尔德·F. 组织理论——理性、自然与开放系统 [M]. 高俊山，译. 北京：中国人民大学出版社，2011.

部近年来也极为重视实践和职业导向的教育，加快了新建本科院校向应用型本科院校转型的步伐，在高等职业教育领域也大力推行了"1+X"职业证书制度。这些措施的目的，主要在于改善当前我国高等教育重学历轻能力、重传授轻实践的不良倾向，为经济社会发展提供更多高素质技术技能人才。"1+X"职业证书制度其实早就在海事院校施行，学生除取得学历证书以外，必须取得相关职业资格适任证书，以符合海事企业的最低录用要求。为此海事主管部门规定了海事院校实践教学时间必须占总学时的50%以上，"双师"素质教师必须占专任教师总数的80%以上，企业参与制定人才培养方案和编写课程教材必须占到90%以上。海事院校这种重视职业教育、实践教育的传统必须得到保持并继续强化。当然，重视实践导向的教育并不是完全排斥或反对理论导向的教育，理论导向的教育在海事院校也不可或缺，关键是要处理好两者的关系。这是海事高等教育"高等性"的必然要求，也是保证学生成为一个"完整的人"的必然要求。但是，海事高等教育在保证"高等性"的同时，必须更加强调"职业性"，以保证学生在进入生产、建设和管理、服务一线时拥有足够的专业知识和专业技能。具体来说，本科层次的海事院校应向海事特色鲜明的、应用技术型大学转型，除提供少量的、高质量的研究生层次的海事教育外，大量的本科教育必须向职业型、应用型转向。企业参与人才培养方案制定和课程教材的编写应超过80%，"双师"素质教师占比应超过60%，实践教学环节占比应超过40%（这些比例相对于海事专科院校进行设定，比较实际合理）。少部分优质的专科层次海事院校应向职业型本科院校转型。2019年教育部已经首次批准1所公办高职院校试办本科层次职业教育。2020年，山东省、湖南省也相继出台推动本省职业本科教育发展的实施方案。职业教育不仅是一个层次，也是一个类型的定位将更加明晰。海事专科院校要抓住这个难得机遇，提升办学层次，向应用型转型，以赢得更多办学资源和认可支持。

（二）从谋求升格向内涵发展转型

2015年，特别是2019年以来，因为经济社会发展对应用型人才的迫切需求，国家开始鼓励普通高校向应用型高校转型，并允许专科院校试办职业本科层次教育。这犹如一块巨石投向本就不平静的高等教育领域。2015年前后，教育部发文指出要在"十三五"期间支持100所地方普遍本科高校向应用型高校转型，并认为这一试点行为将不断扩大。随后，教育部公布了率先试点转型的100所普通本科院校名单，要求各省统筹加快推进转型。时任教育部学校规划建设发展中心主任陈锋认为,从产业转型升级对人才需求来看,未来至少90%的普通高校都应向应用型高校转型。① 但是现实情况与国家的引导和鼓励截然相反,普通本科院校普遍认为转向应用型本科院校是"降格",不仅不愿意向应用型高校转型,反而加快了向研究型、综合型大学转型的步伐。事实也证明,近年来这些院校转型的内在意愿明显不足,转型成功的案例寥寥可数。这就很大程度上阻碍了国家构建中等职业学校、高等专科职业学校、应用型本科院校的职业教育体系的目标。而在专科层次教育领域,教育部多年来一直不允许高职院校升格,直到2019年政策才有所松动,允许6所民办专科院校和1所公办专科院校试办本科层次职业教育。这无疑重新燃起了高职院校久已有之、雪藏多年的"升格"之火。虽然教育部一再强调,升格不是目的,只是手段而已,但绝大多数高职院校还是将"升格"作为主要目的,作为孜孜以求的内心梦想。因为"升格"意味着更高的级别、更多的资源、更多的认可,这种属于公私两便的好事,其诱惑对于一般高职院校确实难以抵挡。

就"升格"冲动而言,海事院校分两种情况。一种是本科层次的海事院校,它们大多不在向应用型本科院校转型之列,如大连海事大学、上海海事大学、集美大学、中国海洋大学,等等。它们的目标定位在研究型、综合型海事大学,谋求另一个层次的"升格",就是拓展研究生层次的海事教育,特别是争取更多的博士学位授予权。另一种是若干专科层次的海事院校,它们有强烈的"升格"为本科层次海事院校的内在冲动,甚至把"升格"作为唯一奋斗目标,而忽视了内涵建设和高质量发展。不论是哪种情况,把"升格"作为目标都不合理。海事院校必须回归高等教育的本质和初心,尊重高等教育的传统和常识。那就是摒弃对眼前短期利益的追逐,实实在在做好自己该做的事情,提高教育教学水平和人才培养质量,提高办学实力和内涵层次。应该视"升格"为质量和水平提升之后的"附属产品",尽力避免"学术漂移"现象的发生,否则即使有"升格"的机会,也会由于办学条件不达标、综合实力有限而丧失机遇。说到底,一所海事院校的生存和发展,最终取决于其实力和水平,而不是其类型和层次,增强实力、提高质量才是以不变应万变的"王道"之策。海事高等教育作为职业类型、应用性质的教育的定位是毋庸置疑的,但层次定位不可一概而论,不同层次的海事院校应根据各自不同的办学历史和现实条件,确定层次目标,而不可一味跟风、盲目模仿、罔顾事实地追求自己达不到的目标,那样必

---

① 云雀,小凤.90%高校都应向应用型转型[N].羊城晚报,2018-7-4.

然本末倒置、得不偿失。与其追求虚无缥缈的"升格",不如平心静气练好"内功"。也就是说,无论定位在哪个层次,都不是为了"升格"而"升格",而是在内涵充分发展之后自然升格,或者根本就不谋求升格。

(三)从盲目服务向精准服务转型

以学科专业理念、知识和技术服务社会发展,是高等教育的基本职能之一。特别是在高等教育作为经济社会发展"服务站"和"发动机"功能日益重要的当代社会条件下,怎么强调高等院校的社会服务功能都不为过。在高等院校的三大职能中,强调人才培养的核心和首要地位,科学研究的重要目的之一也是为了反哺教学,提高人才培养质量。但是人才培养和科学研究最终效果都要体现在为社会服务上(当然也同时服务于人的自身的全面发展。)可是一直以来,我国的高等院校都有急功近利、贪大求多的原始冲动,社会上什么产业火爆、什么专业受到青睐,就"一窝蜂"地开设相关专业,甚至把办学当成了一种生意,什么搞钱快就办什么专业,也不考虑自身的条件和资源,恨不得为社会提供全方位的服务,以致丢失了本来宝贵的专业特色,沦为面面俱到、毫无特点的"普通"高校。一所院校正如一个人,精力有限、资源有限、能力有限,不可能做好所有的事情,必须有所取舍、有为有不为,必须结合自身条件,把能做好的尽力做好,把做不好的果断交出去,否则就会什么都做一点,但什么都做不好。产业发展和职业岗位对高校的需求与高校盲目拓展服务面向的错位充分证明了这一点。近年来,结构性失业的问题极为突出,社会需要的"高精尖"人才和技术高校提供不了,高校提供的一般性人才又严重过剩。随着产业的转型和技术的升级,随着职业的变迁和岗位的细分,对专业人才的需求将更加多元、综合和精准,这就要求高校能够培养出综合素质过硬、专业基础宽厚、专业技能扎实、一专多能的复合型人才。因此,我们的高校就不能再"全面开花",培养"大而不当"的所谓专业人才,而必须瞄准产业链的某一个环节和岗位群的某一个领域,精准培养人才,精准提供服务。对于海事院校来说,尤为需要精准服务。只有精准服务,才能集约利用有限教育资源;只有精准服务才能集中打造特色和亮点;只有精准服务,才能彰显"拳头"专业的品牌和价值。海事院校面对的海事产业,其产业链极为宽泛,岗位群极为庞大,任何一所海事院校都不可能为全产业链和全岗位群提供人才和技术服务,应该根据自身的内外部条件,选取适合自身能力的"小而精"的产业环节和岗位群落,提供其他海事院校不可替代的精准服务。比如,有的院校应偏向航海技术类,有的院校应偏向港口航运类，有的院校应偏向海事旅游类，有的院校应偏向海事法律类，有的院校应偏向海事通讯类，有的院校应偏向海洋资源开发和环境保护类，等等。这样，不同的海事院校才能集中资源，打造重点，精准服务，才可以在全国范围内形成海事院校错位发展、资源互补、协调共进的良好局面。

（四）从全面发展到特色发展转型

我国海事院校在办学之初大多依托行业，海事特色鲜明，为产业精准服务，几乎都没有开办非海事专业。但是随着高等教育大发展，海事院校的办学规模不断扩大，服务面向不断拓展，与海事无关的一些专业也开始大量出现，并大多在规模上逐步超过海事类专业。最典型的是财经类、信息类、艺术类专业，几乎每个海事院校都在大办特办，但几乎都无明显特色，也无过硬质量。之所以开办这些专业，主要是因为开设这些专业条件要求低，办学成本少，而且社会需求量大，经济效益高。但是长此以往，原有的海事特色专业反而因为没有集中建设，丧失了应有的地位和作用，逐渐湮没在大量非海事类的普通专业之中。比如，江苏某海事职业院校，在校生约12000人，海事类专业学生还不到在校生的40%，其余大量学生为财经类、信息类、旅游类和人文艺术类专业。再如，上海某海事大学，航运、物流、海洋类学科也大概在40%左右。这些非海事类专业学科的兴起有深刻的历史和现实背景。首先是随着市场经济发展、产业转型升级，国家大力发展第三产业，财经、信息、艺术、旅游等新兴产业对专业人才的需求呈几何式增长，刺激了海事院校兴建相关专业学科的强烈愿望。加之这些专业学科的办学成本相对海事类专业学科高昂的办学成本来说低得多，而经济回报好得多。近十年左右，在海事院校里，非海事类专业学科的就业大都比海事类火爆，特别是在海事产业受国际金融危机冲击以后，受困于市场需求的疲软，海事院校普遍遭遇"寒冬"，非海事类专业学科更显得"风景这边独好"。但是如果从长远、整体来看，海事院校必须坚持自己的特色，重点打造海事专业学科。海事院校之所以为"海事"院校，就因为它的"海事"特色，这是海事院校存在的理由。而非海事类专业学科其他高校都可以举办，且有专门的信息类、财经类、艺术类、旅游类院校，它们的实力多比海事院校的相关专业学科要强。海事院校必须集中资源，强化海事类学科专业建设，打造好海事院校的特色"拳头产品"。当然，适当发展非海事类专业也无可厚非，这对于丰富校园文化，补充办学经费不足都有一定益处，但是不能主次不分、因小失大，虽然得到了全面发展，却无法独树一帜。

（五）从工具理性向价值理性转型

马克斯·韦伯提出的价值理性和工具理性概念，是人们认识和评价事物的重要方法。价值理性强调行为本身代表的价值，关怀人性，追求意义。对价值和意义的追问是价值理性的重心所在。而工具理性与此相反，它漠视人的情感和精神需求，它的核心是对效率的追求，它受功利动机驱使，追求利益最大化，并常以精确的数据和量化的指标衡量事物。工具理性是工业时代的典型产物，毫无疑问有其价值和意义。现代工业社会发展以来，对人的异化和物化日益严重，工业机器的滚滚车轮往往无视个体孤苦无助的眼泪，对人性的关怀和生命的尊重成为迫切需求，但是工业文明的发展又是不可阻挡的历史趋势。韦伯提倡在重视工具理性的同时也要尊重价值理性的观点，正是对这一历史诉求的有力回应。价值理性并不忌讳功利，也不回避功利追求，但它不以功利为最终目的，而是肯定功利又超越功利，更加关注组织化社会中的弱小个体需要。在现代社会中，工具理性的价值不可否认，只要有一种价值理性追求，就必然有一种工具理性去实现这种价值预设，没有工具理性，价值理性就无所傍依。但价值理性比工具理性更为符合人的本质，毕竟"人是目的本身而不是手段""人是人的最终目的"① 价值理性对人的终极关怀更适合于现代社会。因此，我们追求的应该是价值理性与工具理性的统一，并实现效率追求与人性关怀的共进。在海事院校这样的理工科院校中，工具理性的"霸权"无处不在。比如，对办学目标涵盖的各个指标的数量化界定，对达到这些目标的最有效途径的精确计算，以及对实现目标的手段的可测量性的追求。例如，在辽宁某海事大学制定的"十三五"事业发展规划中，对学校在各大著名排行榜上的位次、师生规模、生均占地面积、生均设备值、生均图书量、各级成果奖数都做了明确规定，对实现这一目标的手段用"三四五八"工程项目来表述。在工具理性的操控之下，人成为被控制的对象，成为实现目标的工具。然而人的不同之处在于人有思想和情感，需要关爱和尊重，丧失精神关怀和价值追求的校园氛围从根本上就不符合人的本性。古人说"天有日月星，人有精气神"，人的"精气神"就如天上的"日月星"一样，是永恒存在的，一个充满冰冷机器、枯燥知识和精确算计的校园氛围无法满足人的本性的永恒需要。海事院校追求效率，看重利益，无可厚非，也必不可少，但是在海事这样一个人的素质极为关键的行业里，其对家国情怀的培养，对责任荣誉的塑造，对意志品质的锤炼极为重要。"教育的

---

① 康德. 实用人类学 [M]. 邓晓芒, 译. 重庆：重庆出版社，1987.

根本目的就是赢得那种个体性的人所要获得的内在和精神的自由。换言之，即借助知识、智慧、善良意志和爱使个体的人获得解放。"① 海事教育必须充分融入对价值和意义的追问，以及对人的生命的终极关怀。

第二节 政府推动海事院校转型发展的主要策略

海事院校转型发展是一项涉及面广、过程漫长的复杂工程，需要政府、行业、企业和院校等各方力量共同参与。由于我国高等教育实行高度集中的管理体制，所以政府支持是最为重要的外部因素。本节将从政府层面为海事院校的转型提供策略上的参考。

一、完善海事教育政策保障体系

海事教育兴衰成败与国家海洋强国战略密切相关，没有海事院校培养的大批专业人才和专门技术支持，海洋强国战略不可能实现。世界先进国家发达史反复证明：海洋强则国强、海洋衰则国衰。17世纪以来，先后崛起的全球强国，如葡萄牙、西班牙、荷兰、英国、美国等无不从海洋崛起，无不是海洋大国。因此，国家必须从战略高度重点支持海事院校发展。海事院校不是一个脱离社会的独立存在，它必然处于广泛关联的社会群落之中，受到政治、经济、文化、科技等各方面因素的影响和制约，特别是受到政府、行业和企业的直接影响。没有相应的法律法规以及具体的政策体系保障，其转型努力必然受到诸多限制。迄今为止，我国仍然是世界上少数没有自己海事教育法的国家。这与中国作为海事产业大国、海事教育大国的地位极不相称，也与西方海事产业、海事教育发达国家大都早就有自己的海事教育法形成鲜明对比。法律法规是宏观顶层设计，政策体系是具体操作措施。在强调依法治国的当代中国，没有法律法规的保障，就没有配套政策措施的落实。法律法规和政策体系的健全完善是国家推进海洋强国战略，实施"21世纪海上丝绸之路"倡议的前提和基础，也是支持海事院校改革发展的重点和关键。有了法律法规保障，政策措施才能落地，资源才能向海事院校涌入。一直以来，专家学者就呼吁要发挥政府在海事教育中

---

① 雅克·马里坦. 教育在十字路口 [M]. 高旭平，译. 北京：首都师范大学出版社，2010.

的主导作用,加快海事教育立法,并建议通过立法明确海事院校作为法律主体地位的责权利,明确政府、行业、企业等相关方参与海事教育的法律责任。①但是至今这一呼吁仍未得到落实。

世界海事教育发达国家的经验表明,政府在海事院校的发展和转型中起到了关键性、主导性作用,并主要通过法律手段引导和刺激海事教育发展,明确海事教育的地位和作用,明确利益相关方的责任和权利。例如英国、美国、日本等国家,海事教育立法起步较早,都以国家最高法律形式促进海事教育发展,配套的海事教育政策体系也非常完善。目前我国海事院校转型缺乏有力的法律依据和政策支持,这从根本上制约了海事院校的转型。国家应从加强教育立法入手,建立完备的法律体系,明确各级各类海事院校的准入门槛设置标准,明确政府的管理职责和投入标准,明确行业企业的参与支持责任。特别是海事院校极为关注的升格问题,政府应设置准入条件、审批程序和考核标准,允许有条件的海事院校优先升格,而不是没有任何解释的不允许升格。这种做法违背产业和技术发展规律,也与国际高等教育通行做法相悖,更与社会的普遍呼吁相左。当然,政府在提供法律保障、政策支持和资源投入的同时,也要在法律层面保障和落实海事院校的办学自主权,而不能因为政府支持了、投入了,就什么都要管。具体的办学权利必须下放给海事院校,政府主要从宏观上、方向上进行把控、调整和监督,对具体的办学行为应尽量减少干涉,这是高等教育发展规律的要求,也是发展高等教育的必要条件。没有办学自主权,海事院校将只能是政府的附庸,亦步亦趋看着政府行事,只能忙于政府要求的各种繁杂事务,不能集中精力抓改革,抓改革,抓内涵,也无法坚持自己的传统和特色,这将浪费大量的人力、物力和财力,最后得不偿失。总之,通过相关法律法规和政策体系的完善,对海事院校转型发展予以引导、激励和支持、保障,既能体现政府的主导作用,又能保证海事院校规范、有序、健康发展。

二、调整优化海事院校结构体系

结构与功能密切相关,有什么样的结构,就会产生什么样的功能。从整体上来说,一个与经济社会发展相适应的、数量合适、结构合理的海事院校布局,将会从全局上避免盲目发展、无序竞争带来的诸多问题。"结构"指事物各部分的配合组织,或系统各要素之间相互作用的方式。高等院校的结构一般包括数

---

① 王祖温. 加快航海教育立法,培养高素质航海人才 [J]. 航海教育研究, 2009 (3): 15.

量结构、层次结构、科类结构、形式结构和地区结构等内容。调整数量结构是首要的、基础性的第一步。其主要目的是根据海事产业的总体发展需求确定海事院校的总体数量规模。目前我国有公办本专科海事院校 37 所,每年向社会提供各类海事人才不超过 5 万人(由于缺乏官方统计数据,且关于"海事"的界定存在分歧,所以无法提供精确数据),另外还有 80 所左右的中专层次海事学校和社会培训机构(它们只能提供大量较低层次的海事人才)。这显然无法支撑占国民经济 10%左右的、庞大的海事产业。仅从航海技术类专业来看,2018 年我国签发注册国际航行海船船员证书 57366 本,而我国公办本专科海事院校当年招生的航海技术类专业学生数只有 15647 人。[①] 这还不算海事管理等其他专业类的缺口。据此可以考虑适当扩大本专科海事院校的数量。调整层次结构主要指确定不同层次海事院校的比例关系,也就是科学配置研究生层次、本科层次和专科层次院校的比例关系。一般来说,三者呈"金字塔"形状较为合理。根据国外海事教育的经验,一所海事院校往往提供三个层次的海事教育,在一校之内就形成了海事教育体系,这一经验值得我们借鉴。目前我国有本科层次海事院校 18 所(其中能提供海事研究生教育的院校 17 所)、专科层次海事院校 19 所。基本上比较合理,但本科层次海事院校仅有大连海事大学和上海海事大学是纯粹的海事院校,其他院校只是提供海事教育,而且在其校内所占比例非常小。因此,有必要增加本科和研究生层次海事院校的比例。可以考虑让一部分专科海事院校升格,也可以考虑现有本科海事院校转型。科类结构调整的目标则在于使海事院校的专业和学科有一个合理的比例,以与海事产业相关岗位相对接,防止出现大面积的结构性失衡。

海事产业链大致可以概括为"人员、船舶、港口、货物、海洋"五个方面要素,海事院校的专业学科所培养的人才基本能满足"人员"和"船舶"方面(具体对应航海技术类、船舶工程类专业学科)的需求,但无法满足"港口""货物"和"海洋"方面(具体对应港口航道类、航运服务类、海事管理类、海洋开发利用类专业学科)的需求。前两者属于传统产业,后三者属于新兴产业。而且,海事产业对从业人员的要求越来越向"综合"和"复合"方向发展,只有极少数院校能够培养多学科、多专业交叉融合的复合型人才。像英国、新加坡、日本这些海事产业发达国家,面向新兴产业,培养复合型人才,已经

---

① 中华人民共和国交通运输部新闻办公室. 2018 年中国船员发展报告[EB/OL]. http://www.mot.gov.cn/jiaotongyaowen/201906/t20190626_ 3217115. html,2019-6-25.

有几十年的成功经验,在这方面我们是落后的,必须奋起直追。形式结构指不同办学形式海事院校的比例关系。比如公办的和民办的、学术型的和职业型的、线上的和线下的。各种类型的办学形式都有其存在的价值,都有市场需求。目前来说,公办的偏少、职业型的偏少、线上的偏少,这与海事产业对人员素质越来越高的要求、越来越重视职业实践能力的趋势不相适应,也与信息技术飞速发展并广泛运用在海事产业和教育领域的现状不适应。我国应该大力发展公办的、职业型的、线上的海事教育,以应对岗位和技术的发展要求。地区结构的优化尤为重要。根据国外的成功经验,要优先向临海港口城市布局海事教育资源,因为这些地区悠久的海洋文化传统和良好的海事自然条件更有利于海事院校发展。目前我国有海洋线和港口的 11 个省区市(我国的港澳台地区除外)均有海事院校,但资源分布并不均匀,主要集中在辽宁、山东、浙江、广东、福建、上海等省市。江苏、河北、天津、海南等省相对资源薄弱,特别是江苏和河北。近年来,一些中西部省份也在发展海事教育,例如陕西、河南、安徽等省。这些省份发展海事教育既没有自然资源,也没有历史传统,很难取得办学成效,国家需要适当加以控制。结构调整的最终目标在于使全国的海事教育资源得到合理配置,以最大限度地发挥海事教育资源的功能。

三、支持部分海事院校优先发展

虽然我国高等教育已经进入了大众化发展阶段,但是精英高等教育仍然有存在的必要。事实上,精英高等教育在任何情况下都必须得到重视,与大众高等教育并行发展。因为"精英高等教育要保证质量,大众化高等教育也要保证质量。但两者由于培养目标与规格不同,社会适应面不同,因而其质量的标准也就不同"①。精英高等教育具有大众化高等教育不可替代的功能和作用。精英高等教育针对少数禀赋突出的年轻人,代表一个国家高等教育所能达到的最高水平,决定一个国家高等教育的国际地位,而大众高等教育面向大部分人,旨在提高国民科学文化素质,培养合格社会劳动者。中国处于并将长期处于社会主义初级阶段,是世界上最大的发展中国家。"大国办强教育"的事实决定了投向高等教育的资源十分有限,我们必须有所为有所不为,必须进行科学资源配置,在确保高等教育普遍发展的同时,把优质资源向重点院校倾斜。2017 年 5 月,交通运输部颁发了《关于推进大连海事大学建设世界一流海事大学的实施

---

① 潘懋元. 高等教育大众化的教育质量观 [J]. 清华大学教育研究,2000 (1):11-15.

意见》。《实施意见》指出：海洋强国战略是中华民族伟大复兴中国梦的重要战略，海事教育和海事科技是建设海洋强国的基本支撑和重要前提，并将最终目标定位为：到21世纪中叶，大连海事大学成为具有海事特色的世界一流大学，拥有若干世界一流学科和专业，在世界海事教育领域发挥引领作用。除此以外，迄今为止，我国还没有专门支持重点海事院校优先发展的计划项目。旨在提升中国高等教育国际竞争力、打造中国高等院校"塔尖"的"世界一流大学和一流学科建设"（简称"双一流"建设）计划于2015年8月启动。2017年9月，教育部公布了入选大学（42所）和学科（95个）名单，其中有中国海洋大学（A类大学，海洋科学和水产2个学科）和上海海洋大学（水产学科）、大连海事大学（交通运输工程学科，自定）。在18所海事本科院校中，得到重点支持的只有3所，且仅限于3个学科，覆盖面和带动力明显不足，与海事产业发展需求相比很不匹配。对应于"双一流"计划，针对高职院校，国家于2019年1月启动了"中国特色高水平高职学校和专业建设"（简称"双高"建设）计划，旨在建设一批引领中国职业教育发展，达到世界一流水平的高水平高职学校和专业。2019年10月，教育部公布了入选学校（41所）和专业（156个）名单，有福建船政交通职业学院（高水平学校C类，中央财政每年支持1000万元，并要求地方政府配套，下同）、武汉船舶职业技术学院（高水平学校C类）、山东交通职业技术学院（高水平专业B类，700万元/年）、江苏海事职业技术学院（高水平专业B类）、南通航运职业技术学院（高水平专业B类，）、浙江交通职业技术学院（高水平专业B类）、湖北交通职业技术学院（高水平专业C类，400万元/年）、渤海船舶职业学院（高水平专业C类）8所高职院校入选。数量可谓不少，但是没有一所海事职业院校入选高水平职业学校建设计划的第一类（5000万元/年）和第二类（2500万元/年），所得建设资金极为有限，且大多集中于传统的航海技术、轮机工程、船舶工程等专业，未能更多覆盖新兴的港口航道、国际贸易、海上旅游等专业，无法体现重点支持和优先发展的作用。作为国家战略的重要组成部分，政府应出台总体建设方案和具体建设计划，像支持大连海事大学那样，选择少部分基础条件好、发展潜力大的海事院校，重点支持，优先发展。特别是要鼓励有条件的专科院校举办本科层次的职业教育，向应用技术学院（大学）方向转型发展，支持有实力的本科院校向海事特色的综合型、研究型大学转型发展。

四、改进海事院校发展评价机制

高校发展评价机制犹如"指挥棒",引导高校调整办学方向与办学思路,对高校办学行为起到激励约束作用。科学合理的评价机制可以发挥正确的导向作用,促进高校准确定位办学层次、办学性质、培养规格、服务面向,也可以促进高校教育教学基本能力建设,搞好专业学科建设,推进管理改革创新,而不合理的评价机制会把高校的发展"带偏",加剧高校的浮躁心态,刺激高校急功近利办学,盲目追逐数据指标,背离高等教育的本质。当前的海事院校发展评价机制存在不合理的地方,主要表现在两个方面。一是政府评价占主导地位,市场评价作用严重不足。这种状况很不利于引导海事院校转型发展。说到底,海事院校的办学目标是通过人才培养、科学研究等为经济社会发展提供服务。市场经济对毕业生的欢迎度,对学校服务能力的认可度,以及社会对学校的满意度,才是对学校办学最好的评价。但是政府主导的评价机制往往以量化指标为衡量标准,尤为突出所谓的"论文GDP",论文数量、课题层次、获奖级别是主要衡量指标。这种评价机制对于行业特色鲜明、市场特征明显、特别重视应用、突出就业导向的海事院校来说是不利的。对于海事院校的评价必须改变"重量轻质""重学轻术""重理轻实"等不良倾向,以市场评价为主导、以社会认可为核心。只有这样才能正确引导海事院校转型,海事院校才能集中精力培养受行业、企业欢迎的学生,提供受行业、企业认可的技术和服务。评价机制事关转型的方向和动力,不可不重视,海事院校只有适应了市场才有生命力,才能具有持续发展潜力。二是目前的评价机制对海事院校缺乏公平性。不论是政府主导的评价体系,还是行业学会(协会)的评价体系,或是第三方研究机构的评价体系,都无视海事院校的行业特殊性。这些评价体系都强调整齐划一,尤为突出数据指标,海事院校的特色性工作得不到认可,而这些评价体系看重的指标,海事院校又往往因为客观原因无法实现。比如,国家遴选"985""211"工程高校,遴选示范(骨干)高职院校,以及近年来的遴选"双一流"高校和"双高"专科院校,都将整齐一致的通用指标应用于所有高校,而毫不顾及院校特色(这种做法会极大抹杀院校特色,让很多院校最后走向同一个模式)。比如,海事院校在师资队伍建设中强调"双师",重视具有职业资格证书并具有实践经历的教师,比如船长、轮机长等。但是这样的人才在各类评价体系中都得不到承认。因为他们很多人不是博士,也不是教授,就处处受到"歧视"。而他们考博士、评教授难度很大,因为他们不擅长写论文、搞课题。但是他们是海事院校最需要的教师。再如,学生职业技能大赛成果得不到承认。海事院校每年都参加国家海事局组织的海员技能大比武,竞争十分激烈,非常考验师生能力,但获奖结果得不到认可。再如,国家教学成果奖评选,因为海事院校人才培养模式不能随意改革,因此在这方面很难出成果。对海事院校的评价机制必须改革,否则会严重打击海事院校的办学积极性。建议建立基本办学条件评价指标和特色发展成果评价指标相结合的评价体系,充分尊重海事院校特色,支持院校特色发展。否则海事院校将会失去特色,走向平庸。

第三节 海事院校实施转型发展的主要策略

海事院校是转型发展的主体,是决定转型成败的内因。海事院校转型涉及办学治校多个方面,这里主要就办学理念转型、学科专业转型、培养模式转型、组织文化转型四个重点方面进行探讨。就实施转型的具体内容而言,本科院校和专科院校又有所不同。

一、办学理念的转型

办学理念是一所学校在哲学层面对教育的思考,也是在精神层面引领一所学校发展的灵魂。具体来说,"办学理念是学校依据教育方针政策、教育发展规律及教育发展的时代特征,基于办学实践而形成的一种对学校发展的理性认识和价值追求。这种理性认识和价值追求为学校师生所认同,是对办学思想、培养目标和社会需要的综合性表述,有着鲜明的个性特征"[①]。办学理念决定着一所学校的办学思想、办学定位、办学目标、办学特色、校园文化、人才培养方式和社会服务面向等方面。海事院校办学理念的重塑与转型,需要继承传统并融合时代需求。无论本科院校,还是专科院校,均需确立一些基本的办学理念,譬如以人为本、师生为重,尊重教育教学和市场经济规律,服务国家、服务社会,高质量发展,特色化办学,教学与研究相统一,开放合作、改革创新,等等。尤其要注意把握当前高等教育发展的重要趋势,将国际化、人文化、信息化和法治化等要素融入办学理念。

除了以上共通的办学理念,海事本科院校与海事专科院校在办学定位、办

---

① 徐金海. 校长需加强对办学理念的理解和实施[J]. 教育科学研究,2016(9):42.

学目标、人才培养、产学合作以及社会服务等方面则有所不同。高水平海事本科院校如中国海洋大学、大连海事大学、上海海事大学等，应淡化经济考量，突出学术性和研究性，赋予学术自由更多空间；应瞄准世界一流海事大学，发挥相对优势，突出特色学科，打造核心竞争力；应围绕国家重点战略和产业规划，致力于重要基础理论研究和重大科技创新；应体现未来社会需要，满足人的全面发展需求，成为全社会人文精神高地。普通海事本科院校和海事专科院校则应立足所在城市、特定区域和所在行业，突出服务和贡献功能，突出实践和职业导向；应围绕区域和产业布局，调整优化专业结构，发展新兴特色专业，并广泛开展校企合作，培养高素质应用型人才。总的来说，应以培养高质量实用性专门人才为主，而不是以学术研究和科技创新见长。升格转型为应用技术型学院（大学）是海事专科院校极为关心的问题。海事专科院校应该清醒地意识到，专科（职业）院校向应用技术型大学转型是世界高等教育发展的总体趋势，专科（职业）院校作为转型主体也是世界高等教育发展的普遍经验。这是时代发展和技术进步的必然要求，是不以人的意志为转移的一般规律。海事专科院校必须积极为此做好充分准备。涉海本专科院校办学理念的转型则是另一种特殊情况。这种类型的院校大多为综合性院校，海事类学科专业也并非全部是重点学科专业，也鲜有此类院校将发展目标或转型方向定位在海事类院校，更多是作为综合类院校中有特色的学科专业加以发展。

二、学科专业的转型

高等院校是以学科专业（在我国高等院校里，本科院校重学科建设，专科院校重专业建设）为基石的学术组织，学科专业是高等院校乃至整个高等教育系统的基础元素。高等院校人才培养、科学研究、社会服务等功能的实现无不依赖对学科专业知识的生产、传播与应用。学科专业对高等院校的重要性不言而喻，学科专业转型是高等院校转型的重要组成部分。总的来说，学科专业的转型既要考虑学科专业发展历史和发展规律，也要考虑经济社会当前和长远发展需要，遵循历史性、适应性、特色性、竞争性、联系性、超越性等原则。即学科专业转型要充分考量本校学科的历史积淀，突出特色优势学科，增强学科竞争力，同时还要超前研判学科专业发展趋势，调整优化学科专业结构，促进学科专业之间交叉融合，适应未来经济社会发展需要。

作为海事本科院校（或涉海本科院校），推进学科转型发展，首先要进行学科总体规划。高水平海事院校，在海事类学科的结构上应比较齐全，形成基础学科、主干学科、支撑学科和新兴交叉学科组成的学科体系和学位授予体系。其次要突出重点学科。根据学科发展历史，凝练学科方向，建设各级各类一流学科。中国海洋大学的海洋科学、水产科学，哈尔滨工程大学的船舶与海洋工程学科，上海海洋大学的水产学科，大连海事大学的海洋运输工程学科历史积淀深厚，学科竞争力优势明显，目标就要瞄准世界一流。高水平海事院校的其他学科、普通海事本科院校以及涉海本科院校的海事学科，应按照省市级、国家级和世界级等几个层次分别进行设计和培养。再次要推进学科交叉融合。学科交叉融合发展是当前学科发展的总体趋势，海事本科院校必须顺应这一大势，在学科交叉地带、学科融合之中发展新的学科增长点。最后要及时调整优化学科。学科建设既不能违背学科自身发展规律，也不能无视经济社会发展需要。必须建立学科预警、退出等机制，坚决淘汰过时学科，改造老旧学科，强化新兴学科。在实践中，各本科院校的学科基础不同，环境条件不同，需要因时因地制宜，寻找适合本校的最佳途径。海事专科院校实施专业转型的方法路径与海事本科院校类似，也需要整体规划，尊重历史积淀，突出特色重点，推进交叉融合，及时调整优化，只是内容和目标有所不同。海事专科院校应以专业建设为重点内容，并适当兼顾学科建设。这是适应当前需要（专科职业院校）和长远发展（向应用技术型转型）的选择。在专业转型的目标设定上则不宜提出国内一流、世界一流的口号性目标，而应致力于提升内涵，提高质量，增强服务经济社会和产业发展的能力。

三、培养模式的转型

人才培养是高等院校的首要任务、第一职责。人才培养模式的转型是高等院校转型不可忽视的重要一域。人才培养模式转型是一个整体性的系统概念，它包含人才培养目标转型、教育教学方式方法转型、课程教材体系转型、师资队伍转型等多个方面要素。

对海事本科院校特别是高水平海事本科院校来说，应改变过去按照统一培养方案，按部就班培养一般性专门人才的惯例，将人才培养目标定位为高层次复合型人才。所谓高端，不仅是学历高、学位高，还包括具有国际视野，通晓国际规则，具备创新研发能力，也包括具备组织管理能力。所谓复合，是指具有跨领域、跨学科学习和实践背景，文理兼通、能力多元。总的来说就是具备胜任国内外一流海事管理机构、研发机构、行业企业重要岗位的能力。为了达到这样的培养目标，需要从整体上创造一种有利于高端海事人才培养的大环境。

海事高等教育是国际性和实践性特色鲜明的教育。在宏观层面，应突出校企合作培养、国际联合培养以及终身教育培养。在具体实施层面，应紧贴海事产业和信息技术发展需求，根据国际通用标准，更新课程和教材体系，并以校企联合、国际联合的方式组建混编师资团队，吸引各个领域的一流人才走进校园，将一流的教育教学理念、资源和方法引入人才培养全过程，以保证人才培养始终保持在高端水平。

就海事专科院校而言，首先要进行人才培养目标的革新，改变过去过于重视专业技能培养而忽视综合素质特别是人文素质培养的不良倾向，既要培养"技术人"，也要培养"文化人"。其次要提升人才培养的层次定位，能够培养不仅具有就业能力，还具备研究能力和创新精神的职业精英，还能够培养出"大国工匠""能工巧匠""工程师"这样的高层次技术技能人才。人才培养目标和层次的提升，要求教育教学要素内容的变革，不仅要融入专业实践内容，也要融入创新创业内容，还要融入研究能力培育方面内容。这些新的变化对教育教学方法、课程体系、师资队伍也提出了转型的要求。就教育教学方法而言，应更多强调个性化、多元化取向，更多采用项目化、理实一体化等手段，更多融入信息化、智慧化教学方法。就课程教材体系来说，应围绕学生技术应用能力、创新创业能力、科学研究能力进行课程开发和教材编写。企业一线管理和技术人员参与编写的课程教材应该成为课堂教材的主体。就教师队伍来说，必须既有学历，更有能力；既能做"经师"，更能做"业师"，有海事企业一线工作经历的教师应成为师资队伍的主力。

四、组织文化的转型

文化具有持久而深入人心的力量。大到一个民族、一个国家，小到一个组织、一个人，无不受文化的深层浸润和深刻影响。文化是一个具体的概念，又是一个抽象的概念，就一个组织而言，文化是外在物质与内在精神相结合的整体，是一个组织的灵魂和精神旗帜，是最终决定一个组织"风格"和"气度"的根本所在。文化又是传统积淀的产物，不同的组织有不同的文化传统，不同的文化传统造就不同的组织形象。当组织文化走向没落时，组织就会表现出"萧条"的气象，就需要新的文化代替旧的文化，让组织获得新生的内在力量。一个组织的转型，除了外在可见的、物质方面的转型以外，最重要的还是实现深层次的、文化方面的转型。文化上实现了转型的组织才是真正实现了转型的组织，换句话说，衡量组织转型成功与否的最重要标准是组织是否实现了文化上的转型。只有实现了文化上转型的组织，才能获得深层次的内在力量，形成自我良性发展机制。

　　文化的概念是复杂的，也是广泛的，很难做出准确定义，但它至少包括物质、制度和行为三个方面。物质文化是显性的、可见的文化形态，海事院校应整体设计可视系统和文化标识，建设富有海事特色的校园建筑、公共设施和文化景观等，展现富有海事元素的命名、服饰、礼仪、仪式等。制度文化主要是日常管理和制度运行塑造出的人的思维方式和做事方式等，对海事院校来说，要突出海事院校特殊管理模式的塑造功能，倡导热爱海洋，崇尚集体，珍视荣誉这些有益文化。行为文化可以理解为是物质文化和制度文化共同作用的结果和表现，它包括组织和组织成员的思维、观念、审美等，它属于隐性的文化范畴，但最终决定人的价值选择和行为取向。海事院校有许多塑造行为文化的活动，比如"一日作息制度"，要求学生的所有行动都按照海军部队标准执行。比如世界海员日和国际航海节纪念活动，有丰富的仪式和规程。海事院校应通过物质、制度和行为的全方位重塑，倡导爱国主义、集体主义，弘扬使命意识、奉献精神，传播团结协作、奋勇向前的航海精神，并让海事院校的师生从内心里认识到、感受到，心甘情愿去践行。说到底，文化塑造就是要向师生"提供一种富有想象力的框架和它可引导的哲学、核心价值、信仰、口号和使命"。[1]让所有的师生了解、接受、认同组织的文化，并转化为自觉的行动。相信当组织文化深入人心时，大多数的工作就会水到渠成。

---

[1] 奥克兰多. 卓越组织 [M]. 李伟, 译. 北京：经济管理出版社, 2005.

结束语

本书既是对我国海事院校发展历程的一次历史考察，更是对海事院校转型发展的一场现实关注。回顾研究过程，有一些令人欣慰的收获，也有对不足之处的遗憾。

一、研究结论

（1）自 1909 年上海高等实业学堂设立"船政科"以来，我国海事院校发展历程可以分为四个阶段：1909 年到 1949 年的萌芽阶段、1949 年到 1978 年的雏形阶段、1978 年到 2008 年的发展阶段和 2008 年以来的转型阶段。本书从大量的历史资料中提炼出我国海事院校发展的主要脉络，概括出我国海事院校发展的六个基本特征：积极为国家的发展战略服务、充满造福社会的理想抱负、在艰难困苦中曲折生存发展、注重学习借鉴国外教育经验、逐步走向正规化和制度化、海事院校内涵不断丰富。发展历程和基本特征的梳理为研究海事院校转型发展奠定了基础。

（2）海事院校的办学不仅受到国际海事公约、国内法律法规的制约，还受到瞬息万变的行业形势和高等教育领域改革的影响，其发展面临着管理体制机制不畅、国家扶持力度不够、人才培养质量不高、社会服务能力不强等现实困境。本书在调查研究和个别访谈的基础上详细分析了这种困境。面临困境的海事院校必然有转型发展的动力和诉求。这既是国家发展、行业发展的需要，也是海事院校摆脱自身困境、实现自我价值的需要。但是海事院校对如何转型发展也有诸多困惑。这种困惑主要表现在未能把握和处理好海事院校的一般性和特殊性、高等性和职业性、教育性和行业性这三对关系。所以，海事院校虽然有转型发展的动力和诉求，但是缺乏转型发展的有效办法。为更好把握我国海事院校当前的现实状况，本书运用 SWOT 方法详细分析了海事院校的优势和劣势、机会和威胁，并采取矩阵分析法提出了海事院校转型发展的应对策略。

(3) 中国是发展中国家，不是发达国家；是海事大国，不是海事强国。欧美不少国家，既是发达国家，也是海事强国，在海事高等教育方面积累了丰富的经验，可以给我国海事院校转型发展诸多启示。本书在梳理国外具有代表性的海事院校发展历程的基础上，总结出其发展的六条成功经验：海事高等教育立法健全完善、能够独立自主面向市场办学、海事院校结构体系比较合理、有成熟的海事人才培养模式、有过硬的社会服务能力、海事院校有较高的社会认同。这些成功经验启示我们，促进我国海事院校转型发展必须加强海事教育立法、赋予院校更多办学自主权、调整优化院校体系结构、更加聚焦内涵质量建设、大力营造社会支持氛围。

(4) 本研究认为海事院校是一个社会子系统，是一个社会组织，也是一个制度性场所。以社会转型理论、组织转型理论和制度转型理论作为工具，从社会、组织和制度三个维度展开，诠释我国海事院校转型所面临的课题具有适恰性。作为一个社会子系统，社会转型既是海事院校变革的背景，也是海事院校发展的直接动力，社会的发展导致海事院校的发展，社会的转型必然带来海事院校的转型。本书分析了在社会转型大背景下海事院校遭遇的合法性危机，并指出海事院校转型发展必须设定目标愿景，确定路径步骤，并遵循大学转型发展的一般规律。作为一个社会组织，组织转型理论对于海事院校转型具有指导意义。本书在分析海事院校组织现状与问题的基础上指出：海事院校既需要根据组织外在环境变化更新组织理念、调整组织结构、重塑组织文化，又要努力保持海事院校作为学术组织的本质特征。作为一个制度性的存在，海事院校的正常运转主要依靠制度的维持。在经历了三次较为明显的制度转型之后，海事院校面临着制度供给过剩、制度创新不足、制度文化缺失三个方面问题，导致当前海事院校制度转型的危机。组织外部市场层面、政府层面和文化层面的制度环境对组织制度转型具有重大影响。组织内部制度转型则是对组织外部制度环境的回应，也是组织内部制度转型获得"合法化"的过程。本书借鉴新制度主义学者理查德·斯科特的相关理论，从规制性制度、规范性制度和文化认知制度三个方面对海事院校内部制度转型进行了设计和探讨。

(5) 本书认为我国海事院校转型的基本内涵是海事院校主动适应经济社会转型，引领经济社会发展需要的过程；是走出自我封闭，主动融入高等教育系统的过程；是重新整合组织资源，提升组织竞争力的过程。本书阐明了我国海事院校转型的目标定位是从理论导向向理论实践并重转型（类型定位）；从谋求升格向发展内涵转型（层次定位）；从盲目服务向精准服务转型（服务定位）；

从全面发展到特色发展转型（特色定位）；从工具理性向价值理性转型（价值定位）。对基本内涵和目标定位的分析为提出海事院校转型基本策略奠定了基础。海事院校转型发展的调查分析和案例研究则为提出基本策略提供了现实参照。本书认为应从政府和院校两个层面推动海事院校转型。在政府层面，要完善海事教育政策保障体系、调整优化海事院校结构体系、支持部分海事院校优先发展、改进海事院校发展评价机制。在海事院校层面，要从办学理念、学科结构、培养模式、组织文化四个方面实施转型。同时，本研究认为，海事本科院校和海事专科院校情况不同，转型的基本策略也有所不同，并对此进行了探讨。

二、创新之处

1. 研究内容的创新

海事院校既包含普通海事院校，也包含设置海事专业的普通高校，还包含海事高等职业院校、海事中等职业学校，类型和层次都颇为复杂多样。但是由于研究的滞后，作为我国高等院校体系中现实存在的重要一域，有关海事院校的许多问题一直没有得到解决。如什么是海事院校？它和航海院校、航运院校有何区别？怎样理解海事院校的地位、性质和特点？如何对复杂多样的海事院校进行类别划分和体系建构？它发展演化的基本过程和一般规律有哪些？理论研究的缺乏带来的是认识的模糊和行动的盲目，在我国海事院校的办学实践中，之所以经常出现片面普通高等教育化和过度职业教育化两种倾向，理论上对海事院校的基本概念、本质属性、一般特征、发展规律的研究不够是一个重要原因。本研究从海事院校的概念辨析、类型划分、发展历史、现实挑战等方面入手，对海事院校的本质、内涵、外延、定位、作用等进行了审视梳理，并深入分析了海事院校转型发展的动力、诉求和困惑，初步构建了海事院校转型发展的基本分析框架，深化了对海事院校发展一系列基本问题的认识。

2. 研究方法的创新

选择合适的理论工具，构建清晰的解释框架，是学术研究取得预期成果的基础。关于海事院校转型的研究可以有多种视角和多个维度。每一种理论架构都从不同的侧面和角度解释海事院校转型，将这些研究成果集中在一起，就较为全面地呈现出了海事院校转型的多维图景。理论上说，不论研究的对象是什么，应该有一种理论最适宜于解释它，但是研究者不一定能够找到这种理论。对一个海事院校这个明确的研究对象而言，最好的方法应该是从对研究对象本身的研究入手。众所周知，海事院校是社会系统的一部分，是公认的学术组织，也是实施海事高等教育的主要制度性场所。因此，对海事院校及其转型的研究，从社会、组织和制度的角度切入是一个明智而合理的选择。本研究以社会转型为背景，分析了海事院校作为学术组织的转型过程，并借鉴制度化相关理论，探讨了海事院校如何在转型过程中获得与组织发展相吻合的制度支持，从理论上回答了我国海事院校转型发展所面临的基本问题：适应社会转型需要，完成整体制度转型，实现组织持续发展。

三、研究不足与展望

本研究仅对海事院校的转型发展进行了初步探讨，由于理论储备不足、能力水平有限，研究还有不少问题和不足。首先，由于长期在海事院校从事管理工作，相关研究理论思考深度有所欠缺。其次，对纷繁芜杂的研究资料整理和提炼不够，调查研究和个别访谈的代表性不足，特别是对典型案例的分析不够深入。这些不足有待后续研究逐步克服。

中国是一个海洋大国，海洋面积相当于陆地面积的三分之一，拥有1.8万千米的海岸线。2013年7月30日，习近平总书记在主持中共中央政治局集体学习时强调：要维护国家海洋权益，着力推动海洋维权向统筹兼顾型转变。我们爱好和平，坚持走和平发展道路，但决不能放弃正当权益，更不能牺牲国家核心利益。2018年4月12日，习近平总书记在海南考察时指出：我国是一个海洋大国，海域面积十分辽阔。一定要向海洋进军，加快建设海洋强国。2018年6月12日，习近平总书记在考察青岛国家海洋科学与技术试点国家实验室时指出：海洋经济、海洋科技将是一个重要主攻方向，从陆域到海域都有我们未知的领域，有很大的潜力。习近平总书记的讲话深刻阐明了海洋事业对于国家强盛和国家安全的重要意义。

近年来，随着国家海洋强国战略、"一带一路"倡议等一系列涉海战略的启动实施和深入推进，海洋产业经济进入了蓬勃发展新阶段。《中国海洋发展报告（2013）》指出：近年来，我国海洋新兴产业增长迅猛，整体年均增长速度超过28%。报告认为，至2030年，我国海洋经济占GDP的比重将超过15%，中国海洋经济将进入成熟期，增长方式将从粗放型向集约型过渡，海洋资源利用效率将大幅度提高，海洋经济对国民经济的贡献率仍将逐步上升。① 人类进入"大航海"时代以来，海洋对于国家发展的重要性就日益显现。17世纪的英国政治

---

① 国家海洋局海洋发展战略研究所. 中国海洋发展报告（2013）[R]. 2013-05-08.

学家雷莱就说过:"谁控制了海洋,谁就控制了世界贸易。谁控制了世界贸易,谁就控制了世界的财富,因而就控制了全世界。"① 这个观点一再被大国崛起的历程所证明。进入新世纪,随着国际贸易的增长,国际航运的扩展,海洋开发的深入,国际海洋斗争更加频繁激烈。为了保护本国贸易、维护海外利益,拓展发展空间,濒海国家都非常重视海军建设,不断运用科技新成果,发展壮大海军力量。

海洋对于国家经济、政治和军事,乃至民族国家的生存发展均具有十分重大的价值和意义。一个民族国家必须具有强大的海洋开发利用能力,并拥有强大的海军国防力量保护民族国家开发利用海洋的行动。无论是海洋资源开放利用还是强大海军国防力量建设都离不开人才和技术,特别是高端人才和尖端技术的支撑。而能够提供这种人才和技术支撑的重要来源无疑是各个国家的海事院校。因此,研究海事院校,发展海事教育是一项十分重要的基础性、战略性工作。希望本书的研究能够为海事院校的改革发展提供有意义的参考和借鉴。也借此呼吁更多的学者重视海事教育,研究海事教育,做出更多有益的探讨。

---

① 唐任君,王力军. 论海洋管理 [J]. 太平洋学报,2005(10):37.

附录A：

我国海事院校大事记

（1909年至今）

1. 1904年，清政府颁布《高等商船学堂章程》，这是中国航海教育史上第一部航海教育法规。

2. 1909年，清政府邮传部在上海高等实业学堂开设"船政科"，开创了中国近代航海教育的先河。

3. 1909年，清政府邮传部创办高等商船学堂，上海高等事业学堂"船政科"划归该学堂，开始独立办学。这标志着中国近代独立的航海高等院校的正式产生。

4. 1911年，清政府在邮传部高等商船学堂基础上创办吴淞商船专科学校。该校是当前中国乃至世界一流海事大学——大连海事大学和上海海事大学——的前身。

5. 1915年，北洋政府教育部颁布《专门学校令》，对高等商船教育的办学体制和发展模式有所探索和创新。这对于中国高等航海教育的规范化发展具有重要影响，但是北洋政府时期，中国的高等航海教育基本处于徘徊不前状态。

6. 1927年，东北商船专科学校（东北航海学院前身）首次设立轮机科，开创了中国高等航海教育中航海与轮机两大传统学科并重的历史先河。

7. 1927年，集美高级水产航海学校（福建航海专科学校前身）成立。这所学校日后发展成为今天具有一流海事专业学科的集美大学。

8. 1928年以来，国民政府关于船员任职资格的审查评估制度逐步建立起来，将学历教育与任职资格紧密挂钩，有力促进了高等航海教育的发展。这一制度经过不断发展完善，一直延续到今天的高等海事教育。

9. 1928年，吴淞商船专科学校成为国民政府交通部唯一的部署高校，得到重点支持和快速发展。东部、广东、福建等地高等航海教育开始起步并得到一定程度发展。

10. 1939年，因抗战爆发停办的吴淞商船专科学校在大后方重庆复学并更名为"国立重庆商船专科学校"。高等教育司司长吴俊升兼任该校校长。该校首次举办了造船科,填补了培养造船人才的空白。

11. 1943 年,国立重庆商船专科学校并入国立重庆交通大学,导致当时最重要的高等航海院校失去独立办学资格。抗战胜利后,国民政府在上海恢复国立吴淞商船专科学校,并聘请同济大学前校长周均担任校长。

12. 1945 年,省立潮汕高级商船职业学校(武汉理工大学前身之一)首次打破航海院校不招收女生的惯例,为新中国培养了第一批女船员和女领航员。

13. 1946 年,知名学府厦门大学在全国首次成立海洋系,并在该系内设立了航海组,培养海洋和航海专业人才。

14. 1950 年,上海交通大学(即抗战胜利后回迁的国立重庆交通大学)航海学科与吴淞商船专科学校合并组建上海航务学院(上海海事大学前身)。

15. 1951 年,中央人民政府成立了新中国第一所船员培养专门学校——南京海员训练班,初期学员为 700 多名起义船员,"重庆"舰起义官兵担任教员。

16. 1953 年,院系调整中,上海航务学院、东北航海学院和福建航海专科学校合并组建大连海运学院。这是新中国根据国家航运事业发展需要,整合全国航海教育资源,集中力量打造的一所高等航海学府。该校全面按照苏联模式进行管理和办学。

17. 1954 年,大连海运学院首次招收港口设备及管理专业研究生。

18. 1959 年,交通部以大连海运学院为牵头单位,结合武汉水运工程学院部分专业力量,在上海成立上海海运学院。

19. 1960 年,大连海运学院被列为全国 64 所重点建设高校之一。

20. 1966 年,交通部对所属院校进行内部调整,以大连海运学院为核心,形成了一批新的高等航海院校。不仅重视培养航海技术人才,也开始注重培养航运管理人才,进入了航海教育和航运教育并重发展的新时期。

21. 1966 年,"文革"爆发,国家进入动乱时期,高等航海教育遭到严重摧残,出现了长达十年的断层,已经取得的成就几乎化为乌有。

22. 1973 年,中国恢复国际海事组织成员国地位,并于同年加入国际海事组织《1966 年国际船舶载重线公约》。加入国际海事组织,履行相关国际公约,标志着中国航海事业和航海教育开始与国际接轨,直接促进了国内航海(海事)教育的国际化和规范化。

23. 1981 年,我国加入《1978 年海员培训、发证和值班标准国际公约》。该公约对航海教育具有直接而显著的影响,是全球航海教育机构普遍遵守的航海人才培养培训标准。

24. 1982年，经国务院学位委员会和教育部批准，大连海运学院成为首批具有学士学位授予权的学校，逐步形成了以航海类专业为核心，多学科、多层次、多领域的学科（专业）格局，内涵更为丰富的高等海事教育概念初具雏形。改革开放以后，仅次于大连海运学院的上海海运学院也得到了快速发展，成为包含博士、硕士和学士教育在内的，以航运、物流、海洋学科为特色的，高水平、多层次、国际型的高等海事院校。

25. 1984年，大连海运学院船舶机械制造与修理学科首次获得博士学位授予权，成为我国交通类院校中第一个具有博士学位授予权的高校。

26. 1993年，江泽民同志视察大连海运学院，留下了"建设世界第一流的高等航海学府"的题词。自此，建设世界第一流的高等航海学府成为大连海事大学的奋斗目标。

27. 1994年，经国家教委批准，大连海运学院更名为"大连海事大学"。由学院升格为大学，由海运更名为海事，预示着我国航海教育和航运教育进入了一个崭新的海事教育阶段。

28. 1994年，集美航海学院、厦门水产学院等学校合并组建集美大学。集美大学以水产、航海、船舶等专业的特色和优势成为我国海事教育的一个重镇。

29. 1997年，大连海事大学入选"211工程"建设高校名单。

30. 2000年，武汉水运工程学院、武汉汽车工业大学合并组建武汉理工大学，并入选国家"211工程"重点建设大学。该校以航海技术、轮机工程、海事管理、物流工程等学科专业见长。

31. 2000年以后，随着高等教育扩招，以及院校调整、合并、升格，海事高职院校开始兴起并得到迅速发展，到2008年国际金融危机爆发前，全国海事高职院校已达18所。

32. 2004年，为更好服务上海国际航运中心建设和国家航运事业发展，经教育部批准，上海海运学院更名为"上海海事大学"。

33. 2008年，国际金融危机爆发，对快速发展的海事高等教育产生了严重影响，海事院校普遍遭遇了自改革开放以来最为严峻的挑战。海事院校进入"蛰伏期"和"调整期"，更加重视内涵建设和高质量发展，并开始谋划转型发展。

34. 2010年，国际海事组织颁布了《海员培训、发证和值班标准国际公约》2010修正案，对全球缔约国船员教育培训机构的设置规定了新的条件，对船员教育培训方式、内容提出了新的强制性标准。海事院校根据新的要求和标准进行新一轮改革建设。

35. 2012年，教育部和交通部印发了《关于进一步提高航海教育质量的若干意见》，对航海类专门人才的培养给予了国家层面的关注和支持。

36. 2014年，国务院印发了《关于促进海运业健康发展的若干意见》，提出了到2020年建成海运强国的战略目标，为海事院校发展提供了新的机遇。

37. 2015年，国家正式发出了影响广泛而深远的"21世纪海上丝绸之路"建设倡议，为海事院校进入全球海事产业和海事教育市场打开了新的局面。

38. 2017年，交通运输部印发了《关于推进大连海事大学建设世界一流海事大学的实施意见》。同年9月，大连海事大学的海洋运输工程学科入选国家"双一流"建设名单。

39. 2019年，福建船政交通职业学院等9所海事类职业院校入选教育部、财政部"双高计划"。

附录B：

我国海事院校一览表

（截至 2019 年 12 月）

序号	院校名称	所在城市	院校层次	主管部门	备注
1	大连海事大学	辽宁 大连	本科	交通部	
2	中国海洋大学	山东 青岛	本科	教育部	
3	大连海洋大学	辽宁 大连	本科	辽宁省教育厅	
4	武汉理工大学	湖北 武汉	本科	教育部	涉海院校
5	烟台大学	山东 烟台	本科	山东省教育厅	涉海院校
6	山东交通学院	山东 济南	本科	山东省教育厅	涉海院校
7	集美大学	福建 厦门	本科	福建省教育厅	涉海院校
8	宁波大学	浙江 宁波	本科	浙江省教育厅	涉海院校
9	浙江海洋大学	浙江 舟山	本科	浙江省教育厅	
10	广东海洋大学	广东 湛江	本科	广东省教育厅	
11	广州航海学院	广东 广州	本科	广东省教育厅	
12	北部湾大学	广西 钦州	本科	广西壮族自治区	涉海院校
13	上海海事大学	上海	本科	上海市教育委员会	
14	重庆交通大学	重庆	本科	重庆市教育委员会	涉海院校
15	江苏海洋大学	江苏 连云港	本科	江苏省教育厅	
16	上海海洋大学	上海	本科	上海市教育委员会	
17	海南热带海洋学院	海南 三亚	本科	海南省教育厅	
18	哈尔滨工程大学	黑龙江 哈尔滨	本科	工信部	涉海院校
19	上海海事职业技术学院	上海	专科	中国远洋海运集团	
20	天津海运职业学院	天津	专科	天津市科技委	

续表

序号	院校名称	所在城市	院校层次	主管部门	备注
21	河北交通职业技术学院	河北 石家庄	专科	河北省教育厅	涉海院校
22	渤海船舶职业学院	辽宁 葫芦岛	专科	辽宁省教育厅	
23	青岛远洋船员职业学院	山东 青岛	专科	中国远洋海运集团	
24	青岛港湾职业技术学院	山东 青岛	专科	山东省教育厅	
25	山东交通职业学院	山东 潍坊	专科	山东省交通厅	涉海院校
26	山东海事职业学院	山东 潍坊	专科	山东省教育厅	
27	广东交通职业技术学院	广东 广州	专科	广东省交通厅	涉海院校
28	江苏海事职业技术学院	江苏 南京	专科	江苏省教育厅	
29	江苏航运职业技术学院	江苏 南通	专科	江苏省交通厅	
30	浙江国际海运职业技术学院	浙江 舟山	专科	浙江省教育厅	
31	浙江交通职业技术学院	浙江 杭州	专科	浙江省交通厅	涉海院校
32	厦门海洋职业技术学院	福建 厦门	专科	福建省海洋渔业局	
33	福建船政交通职业学院	福建 福州	专科	福建省交通厅	
34	武汉航海职业技术学院	湖北 武汉	专科	长江航运集团	
35	湖北交通职业技术学院	湖北 武汉	专科	湖北省交通厅	涉海院校
36	武汉交通职业学院	湖北 武汉	专科	湖北省教育厅	涉海院校
37	武汉船舶职业技术学院	湖北 武汉	专科	湖北省教育厅	

附录C：

调查问卷

（1）干部

尊敬的领导：

您好！

首先非常感谢您抽出宝贵时间参与问卷调查。下面将进行的是针对海事院校转型发展的调查，您的参与对我的研究非常重要。我保证：绝不会泄露您的个人信息和您的答卷。因此，请您在作答时一定反映真实意见，谢谢！

1. 请问您来自哪种类型的海事院校？（多选）

    A. 本科院校　　　　B. 专科院校　　　　C. "双一流"院校

    D. "双高"院校　　 E. 部属院校　　　　F. 省属院校

2. 请问您目前从事何种类型工作？（单选）

    A. 校领导　　　　　B. 管理部门干部　　C. 教学单位干部

    D. 直属单位干部　　E. 其他

3. 您认为海事院校目前面临的主要形势是什么？（多选）

    A. 经济发展转型和产业结构调整

    B. 高等教育改革带来的机遇和挑战

    C. 国际金融危机导致的行业低迷

    D. 院校之间争先进位的激烈竞争

    E. 学院内部的改革创新比较滞后

4. 您认为海事院校当前面临的主要困境是什么？（多选）

    A. 国家政策扶持不够

    B. 办学资金短缺

    C. 办学自主权缺乏

D. 生源质量不高

E. 师资力量薄弱

5. 您如何看待海事院校目前的招生工作？（多选）

A. 招生存在很大困难，应向中西部地区拓展生源

B. 目前的招生制度导致生源素质不高，难以达到培养要求

C. 应缩减普通海事类专业招生规模，大力拓展为海军培养人才规模

D. 应稳定传统海事类专业招生规模，扩大新兴海事类专业招生规模

6. 您对海事院校人才培养工作有何认识？（多选）

A. 海事院校的人才培养模式具有特殊性

B. 培养方式和评价标准必须与国际接轨

C. 海事院校人才培养模式比较保守落后

D. 海事院校人才培养模式符合海事人才培养要求

7. 您认为海事院校的办学质量与同层次其他院校相比如何？（单选）

A. 高于同层次其他院校

B. 低于同层次其他院校

C. 不存在明显差距

D. 说不清楚

8. 就您所在的院校而言，您认为目前转型发展的目标是什么？（多选）

A. 稳定和扩大招生规模

B. 找准定位，特色化办学

C. 高质量发展，提升内涵水平

D. 兴办热门专业，提升学生就业率

E. 提升办学层次，举办本科海事教育

(2) **教师**

尊敬的老师：

您好！

首先非常感谢您抽出宝贵时间参与问卷调查。下面将进行的是针对海事院校转型发展的调查，您的参与对我的研究非常重要。我保证：绝不会泄露您的个人信息和您的答卷。因此，请您在作答时一定反映真实意见，谢谢！

1. 请问您来自哪种类型的海事院校？（多选）

   A. 本科院校　　　　B. 专科院校　　　　C. "双一流"院校

   D. "双高"院校　　　E. 部属院校　　　　F. 省属院校

2. 请问您目前从事何种类型工作？（单选）

   A. 海事类专业教师　　　　　　　　　B. 非海事类专业教师

   C. 公共课教师　　　　　　　　　　　D. 其他

3. 您对所从事的工作是否满意？（单选）

   A. 非常满意　　　　　　　　　　　　B. 满意

   C. 比较满意　　　　　　　　　　　　D. 不满意

4. 您如何评价您所在院校的学生？（多选）

   A. 学生基础薄弱，学习热情不高，学习能力不强

   B. 学生基础较好，学习积极性较高，学习能力强

   C. 学生专业思想不稳定，流失比较严重

   D. 学生专业思想稳定，学习目标明确

5. 您对您目前的教学工作如何评价？（多选）

   A. 海事教育具有特殊性，应采取特殊的教学方法

   B. 因为海事教育的强制性规定，教学任务过重，无法实施高质量教学

   C. 教学偏重理论知识传授，对学习能力和实践能力的训练不够

   D. 教学方法比较传统，对新的教学方法比较排斥

   E. 正在尝试或准备尝试多元化的教学方法

6. 您如何评价您所在院校的学生管理工作？（多选）

   A. 对海事类学生实行了特殊管理模式

   B. 半军事化管理模式很有成效

   C. 在海军士官生中实行了准军事化管理模式

   D. 半军事化和准军事化管理对于塑造学生良好行为习惯和意志品质有效

   E. 接受过半军事化和准军事化管理的学生走向社会后更容易成功

7. 您认为您所在院校的科研与社会服务成效如何？（多选）

   A. 科研偏重理论研究，应用研究不多，研究成果转化效果不佳

   B. 在研究重点和方向上应突出应用研究，特别是应用技术研究

   C. 应重视科研成果的转化应用，为海事企业提供技术支持和服务

   D. 社会服务能力很强，特别是在技术技能的社会培训上

8. 关于海事院校的改革发展您有何建议？（多选）

   A. 准确把握形势和任务，研判问题和挑战，加快改革创新和转型发展

   B. 进一步开放办学，更好融入市场经济，融入高等教育系统

   C. 走内涵、质量、特色发展之路，提升办学水平

   D. 提升办学层次，适时举办本科层次海事教育

   E. 加大对外宣传力度，扩大学院影响力和美誉度

（3）学生

亲爱的同学：

你好！

首先非常感谢你的参与和帮助。下面将进行的是针对海事院校转型发展的调查，你的参与对我的研究非常重要。我保证：绝不会泄露你的个人信息和你的答卷。因此，请你在作答时一定反映真实意见，谢谢！

1. 请问你来自哪种类型的海事院校？（多选）

   A. 本科院校　　　　B. 专科院校　　　　C. "双一流"院校

   D. "双高"院校　　　E. 部属院校　　　　F. 省属院校

2. 请问你在哪个专业学习？（单选）

   A. 航海技术类　　　B. 船舶海工类　　　C. 海事管理类

   D. 港口航道类　　　E. 航运服务类

3. 请问你选择报考海事院校的意愿和理由是什么？（多选）

   A. 对专业和职业的兴趣

   B. 不是出于自己的意愿

   C. 海事类专业能学到比较实用的知识和技术

   D. 海事院校有对自己有利的招生政策

4. 你对你所在专业的教育教学有何评价？（多选）

   A. 学校对海事专业学生采取了特殊的教学方法

   B. 部分教师没有实践经历和实操能力，教学效果不佳

   C. 学业繁重，学习难度大，学习效果不理想

   D. 不够严格，要求偏低，没什么压力

5. 你如何评价你所在学院的半军事化、准军事化管理？（多选）

   A. 对自己有很强约束力，对自己的成长很有帮助

   B. 对自己没有约束力，对自己成长没有什么作用

C. 过于严格，自己适应不了

D. 不够严格，流于表面和形式

6. 你对你所在的学校是否满意？（单选）

A. 非常满意　　　　　　　　　　B. 比较满意

C. 一般　　　　　　　　　　　　D. 不满意

7. 你对你所在学校哪些方面比较满意？（多选）

A. 办学条件和校园环境

B. 管理模式和文化氛围

C. 教学方式和教师水平

D. 后勤服务保障

8. 你在和他人说起母校是什么感觉？（单选）

A. 感到不自信，感到难为情

B. 为母校感到自豪，愿意推荐他人就读

C. 没什么特别感觉，正常介绍

D. 轻易不向他人说自己的母校

9. 你对母校的发展有什么意见建议？（多选）

A. 希望母校升格，提升办学层次

B. 希望更加重视培养学生的实践动手能力

C. 希望母校更加注重培养学生的综合素质，特别是领导和管理能力

D. 希望母校更加注重人文关怀，营造浓厚海事文化氛围

E. 希望母校加大投入，改造学习、生活和服务条件

10. 关于未来的职业你有什么思考？（单选）

A. 将来不想从事海事相关职业

B. 准备从事海事相关职业

C. 准备继续升学，暂时不考虑就业

D. 有点模糊的想法，还没有认真考虑过

11. 你不想从事海事相关职业的原因是什么？（多选）

A. 海事职业比较辛苦，远离大陆和亲人

B. 考证难度太大

C. 就业薪酬与陆上职业差距不够大

D. 家人不同意

附录D：

访谈提纲

尊敬的领导：

您好！

首先万分感谢您的参与和帮助，耽误您的时间，表示深深的歉意。下面将进行的是针对海事院校转型发展情况的访谈，您的参与对我的研究非常重要，我保证：我会对您的意见和个人信息绝对保密。因此，请您在作答时一定反映真实情况，谢谢！

一、对海事院校校领导的访谈提纲

1. 您能谈谈您的办学治校理念或是教育思想吗？
2. 您觉得当前学院发展面临的最大压力是什么？
3. 经过这么多年的发展，您认为学院最大的变化是什么？您最深刻的体会是什么？
4. 您能谈谈海事管理部门对学院发展的影响吗？您有什么建议和期待？
5. 您能谈谈对目前我国海事高等教育改革的一些体会或建议吗？比如您对"双一流"和"双高"建设的看法。
6. 您能否谈谈对学院未来发展的规划？比如您如何看待高职院校升本。
7. 现在都在谈转型发展，您认为海事院校转型发展的目标是什么？内涵是什么？
8. 您觉得国外的海事高等教育有哪些值得国内海事院校学习借鉴的地方？

二、对海事部门相关领导的访谈提纲

1. 您对海事院校目前的办学成效和服务经济社会发展能力如何评价？
2. 您认为海事院校目前面临的主要形势和存在的主要问题是什么？
3. 您认为海事院校转型发展的目标和内涵是什么？对它们的转型发展有何

建议？

4. 您对海事院校最主要的期待是什么？需要培养本科层次的海事人才吗？

5. 当前海事部门在支持海事院校改革发展方面有什么政策考虑？比如在培训和考证方面有什么政策安排？

6. 海事部门和教育部门是否有稳定联系机制？是否合作共建了相关海事院校？

三、对海事企业相关负责人的访谈提纲

1. 您对海事院校目前的人才培养和服务企业发展能力如何评价？
2. 请您简单谈谈您所在企业和海事院校的校企合作情况？
3. 您所在企业关于校企合作有什么新的计划和安排？
4. 当前的海事产业低迷对企业有何影响？对海事院校有何影响？
5. 您认为海事产业转型和技术升级对海事院校办学提出了哪些新的要求？
6. 您认为海事院校目前存在的主要问题是什么？
7. 您对海事院校最主要的期待是什么？您认为海事院校应该提升办学层次吗？
8. 您认为海事院校转型发展的目标和内涵是什么？对它们的转型发展有何建议？

主要参考文献

一、著作类

[1] 费孝通. 乡土中国 [M]. 北京：中信出版集团，2019.

[2] 习近平. 习近平谈治国理政：第2卷 [M]. 北京：外文出版社，2017.

[3] 吴兆麟、王建新. 美国高等海运院校现状 [M]. 大连海事大学出版社，2017.

[4] 马廷奇. 大学转型：以制度建设为中心 [M]. 北京：社科文献出版社，2016.

[5] 王建华. 我们时代的大学转型 [M]. 北京：教育科学出版社，2012.

[6] 王雁. 创业型大学：美国研究型大学模式变革的研究 [M]. 上海：同济大学出版社，2011.

[7] W·理查德·斯科特，杰拉尔德·F. 组织理论——理性、自然与开放系统 [M]. 高俊山，译. 北京：中国人民大学出版社，2011.

[8] W·理查德·斯科特. 制度与组织：思想观念与物质利益 [M]. 姚伟，王黎芳，译. 北京：中国人民大学出版社，2010.

[9] 安东尼·史密斯，弗兰克·韦伯斯特. 后现代大学来临？[M]. 侯定凯，赵叶珠，译. 北京：北京大学出版社，2010.

[10] 杰勒德·德兰迪. 知识社会中的大学 [M]. 黄建如，译. 北京：北京大学出版社，2010.

[11] 雅克·马里坦. 教育在十字路口 [M]. 高旭平，译. 北京：首都师范大学出版社，2010.

[12] 杨东平. 大学二十讲 [C]. 天津：天津人民出版社，2009.

[13] 王杰，李宝民，邢繁辉，等. 中国高等航海教育史略 [M]. 大连：大连海事大学出版社，2009.

[14] 薛天祥. 高等教育学 [M]. 桂林：广西师范大学出版社，2009.

[15] 鲍威尔，迪马吉奥. 组织分析的新制度主义 [M]. 姚伟，译. 上海：上海人民出版社，2008.

[16] 莎兰·B. 麦瑞尔姆. 质化方法在教育研究中的应用：个案研究的扩展 [M]. 于泽元，译. 重庆：重庆大学出版社. 2008.

[17] 莫顿·凯勒和菲利斯·凯勒. 哈佛走向现代：美国大学的崛起 [M]. 史静寰，等，译. 北京：清华大学出版社，2007.

[18] 雅斯贝尔斯. 大学之理念 [M]. 邱立波，译. 上海：上海世纪出版集团，2007.

[19] 哈佛燕京学社. 人文学与大学理念 [C]. 牛可，等，译. 南京：江苏教育出版社，2007.

[20] 阎凤桥. 大学组织与治理 [M]. 北京：同心出版社，2006.

[21] 詹姆斯·杜德斯达. 美国公立大学的未来 [M]. 刘济良，译. 北京：北京大学出版社，2006.

[22] 詹姆斯·杜德斯达. 二十一世纪的大学 [M]. 刘彤，译. 北京：北京大学出版社，2005.

[23] 奥克兰多. 卓越组织 [M]. 李伟，译. 北京：经济管理出版社，2005.

[24] 张慧洁. 中外大学组织变革 [M]. 上海：复旦大学出版社，2005.

[25] 贺国庆，王保星，朱文富，等. 外国高等教育史 [M]. 北京：人民教育出版社，2003.

[26] 周光礼. 学术自由与社会干预 [M]. 武汉：华中科技大学出版社，2003.

[27] 康永久. 教育制度的生成与变革——新制度教育学论纲 [M]. 北京：教育科学出版社，2003.

[28] 伯顿·克拉克. 建立创业型大学：组织上转型的途径 [M]. 王承绪，译. 北京：人民教育出版社，2003.

[29] 陈笃彬. 台港澳高师教育比较研究 [M]. 厦门：厦门大学出版社，2002.

[30] 周进. 重点理工大学的转型 [M]. 武汉：华中科技大学出版社，2002.

[31] 约翰·布鲁贝克. 高等教育哲学 [M]. 王承绪，郑继伟，张继平，译. 杭州：浙江教育出版社，2002.

[32] 加塞特. 大学的使命 [M]. 徐小洲, 陈军, 译. 杭州: 浙江教育出版社, 2001.

[33] 约翰·范德格拉夫. 学术权力 [M]. 王承绪, 等, 译. 杭州: 浙江教育出版社, 2001.

[34] 胡建华. 现代中国大学制度的原点: 50年代初期的大学改革 [M]. 南京: 南京师范大学出版社, 2001.

[35] 亚伯拉罕·弗莱克斯纳. 现代大学论——美英德大学研究 [M]. 徐辉, 陈晓菲, 译. 杭州: 浙江教育出版社, 2001.

[36] 伯顿·克拉克. 建立创业型大学: 组织上转型的途径 [M]. 北京: 人民教育出版社, 2000.

[37] 吴纯光. 太平洋上的较量 [M]. 北京: 今日中国出版社, 1998.

[38] 顾明远. 教育大辞典 [Z]. 上海: 上海教育出版社, 1998.

[39] 韩愈. 南海神庙碑 [A]. 韩愈全集校注 [G]. 屈守元, 常思春编. 成都: 四川大学出版社, 1996.

[40] 吴淞商船专科学校同学会. 吴淞商船专科学校校史稿 [M]. 吴淞商船专科学校出版社, 1996.

[41] 陆学艺, 景天魁. 转型中的中国社会 [M]. 哈尔滨: 黑龙江人民出版社, 1994.

[42] 忻福良, 赵安东. 上海高等学校沿革 [M]. 上海: 同济大学出版社, 1992.

[43] 张念宏. 中国教育百科全书 [Z]. 北京: 海洋出版社, 1991.

[44] 夏东元. 郑观应集（下册）[M]. 上海: 上海人民出版社, 1988.

[45] 迈克尔·夏托克, 编. 高等教育的结构和管理 [M]. 王义端, 译. 上海: 华东师范大学出版社, 1987.

[46] 康德. 实用人类学 [M]. 邓晓芒, 译. 重庆: 重庆出版社, 1987.

[47] 阿什比. 科技发达时代的大学教育 [M]. 滕大春, 滕大生, 译. 北京: 人民教育出版社, 1983.

[48] 夏东元. 郑观应传 [M]. 上海: 华东师范大学出版社, 1981.

[49] Boton R Clark. (1992). The Distinctive College, Transaction Publishers, New Jersey.

[50] Steven Brint, Jerome Karabel. The Diverted Dream: Community Colleges and the Promise of Educational Opportunity in America, 1900-1985 [M]. New York

Oxford：Oxford University Press，1989.

［51］Tajfel, H., & Turner, J. (1979). An integrative theory of intergroup conflict. Social Psychology of Inter-group Relations.

［52］Eric Ashby. Universities：British, Indian, African; a Study in the Ecology of Higher Education ［M］. London：The Weldenfeld and Nicolson Press，1966.

［53］BurtonR. Clark. The Open Door College ［M］. New York：Mcgraw-Hill Book Company Inc，1960.

二、学位论文类

［1］苏炳魁. 海事领域人为因素研究 ［D］. 大连理工大学硕士学位论文，2015.

［2］宋骏骥. 高职（高专）院校转型研究——以江西省W学院为例 ［D］. 华中师范大学博士学位论文，2015.

［3］温萍. 科学发展观视域下我国高等航海教育发展对策研究 ［D］. 上海海事大学硕士学位论文，2012.

［4］余小波. 我国成人高等教育转型的研究 ［D］. 厦门：厦门大学. 博士学位论文，2007.

［5］王庆辉. 地市高师升格转型与教师教育创新 ［D］. 南昌：江西师范大学. 硕士学位论文，2005.

三、期刊论文类

［1］周南平，蔡媛梦. "双一流"建设中地方行业特色型高校的发展思考 ［J］. 江苏高教，2020（2）.

［2］刘志林. 高等教育层次结构与社会经济发展关系分析 ［J］. 高等工程教育研究，2019（5）.

［3］季小天，江育恒，赵文华. 大学社会声誉的形成机理初探：基于"身份—形象—声誉"分析框架 ［J］. 江苏高教，2019（8）.

［4］赵昕，薛岩松. 高等学校的发展战略初探 ［J］. 东南大学学报（哲学社会科学版），2019（11）.

［5］万的，胡炜骏. 新时代职教集团化办学校企合作的典型问题与解决对策 ［J］. 教育与职业，2019（23）.

［6］白娟. "大学制度"再认识 ［J］. 现代教育科学，2019（8）.

[7] 彭放, 邢辉. 面向海事产业链的海事院校专业布局 [J]. 航海教育研究, 2019 (3).

[8] 陈亮. "合作·共享" 国际海事教育创新发展论坛成功举办 [J]. 航海教育研究, 2019 (2).

[9] 李振福. 中国海事人才培养面临两大新挑战 [J]. 中国航务周刊, 2018 (24).

[10] 刘颖平. 毕业季来啦！你知道三大海事高校的毕业生都去哪儿了吗？[J]. 中国航务周刊, 2018 (24).

[11] 冉亚辉. 论教育发展的适度保守主义 [J]. 教育理论与实践, 2018 (3).

[12] 孙玉清, 胥苗苗. 以创新发展理念应对海事人才培养变革 [J]. 中国船检, 2018 (9).

[13] 段尊雷, 周炜, 印绍周. 中国海员职业发展研究 [J]. 航海教育研究, 2017 (1).

[14] SIMIC, 吕长红. 2017 伦敦国际航运周概要 [J]. 海运纵览, 2017 (10).

[15] 秦正茂, 周丽亚. 借鉴新加坡经验, 打造深圳全球海洋中心城市 [J]. 特区经济, 2017 (10).

[16] 曾东, 陈洪达. 澳大利亚海事学院航海教育特点及启示 [J]. 航海教育研究, 2017 (1).

[17] 孙培廷, 姚文兵. 中国海员培训和发证制度改革研究 [J]. 航海教育研究, 2017 (2).

[18] 戚凯, 刘乐. "21 世纪海上丝绸之路" 建设的海事保障与中国角色 [J]. 当代亚太. 2017 (2).

[19] 张菊霞, 王琪. 高职院校社会服务的实践样态、存在问题及提升策略——基于浙江省 47 所高职院校质量报告的分析 [J]. 职教论坛, 2017 (4).

[20] 赵健, 赵璐, 王新建. 中外航海教育模式对比分析与借鉴 [J]. 航海教育研究, 2017 (1).

[21] 徐浪, 王建华. 论世界一流大学建设中的清单管理 [J]. 现代大学教育, 2017 (3).

[22] 范广垠. 制度三大基础要素理论与中国法制建设——兼论传统文化的学习 [J]. 观察与思考, 2016 (11).

[23] 邱思珣.《2006年海事劳工公约》修正案的国内适用[J]. 中国海商法研究, 2016 (3).

[24] 王建华. 资本主义视野中的大学[J]. 教育发展研究, 2016 (9).

[25] 李晓蕙. 中日航海教育行政管理体制比较研究[J]. 航海教育研究, 2015 (3).

[26] 钟秉林, 李志河. 试析本科院校学科建设与专业建设[J]. 中国高等教育, 2015 (22).

[27] 王建华. 改革中的高等教育体制[J]. 苏州大学学报（教育科学版）, 2014 (3).

[28] 董文海. 英国海事服务教育集群现状与启示[J]. 航海教育研究, 2014 (2).

[29] 郑贵斌. 海洋强国战略与高校的责任[J]. 中国高等教育, 2013 (8).

[30] 周光礼. 大学变革与转型：新的思路与新的分析[J]. 教育学术月刊, 2013 (4).

[31] 林建忠, 李海芬. 行业院校特色发展的路径探析[J]. 教育发展研究, 2012 (13-14).

[32] 孔定新."三位一体"高等海事教育改革的新思维分析[J]. 南通航运职业技术学院学报, 2012 (2).

[33] 史继才. STCW公约马尼拉修正案下的海船船员履约培训策略[J]. 中国水运, 2012 (9).

[34] 黄锦鹏, 丁振国. 航海高职教育转型及其发展研究[J]. 天津航海, 2012 (2).

[35] 刘益迎, 赵帅. 航海人才流失现状与对策研究[J]. 航海教育研究. 2012 (3).

[36] 周娟, 顾鸿. 半军事化管理对航海类高职生心理健康影响的实证研究[J]. 中国健康心理学杂志, 2012 (10).

[37] 徐祖远. 中国海运事业发展与海事教育[J]. 珠江水运, 2011 (22).

[38] 王雁, 李晓强. 创业型大学的典型特征和基本标准[J]. 科学学研究, 2011 (2).

[39] 华根球. 高校转型的动力因素分析[J]. 高教探索, 2011 (4).

[40] 王建华. 论制度变迁与教育转型[J]. 教育导刊, 2011 (1).

[41] 朱小檬, 秦龙, 姜秀敏. 发展我国高等航海职业教育的思考[J]. 中

国国情国力, 2011 (10).

[42] 黄勇. 大学科研服务社会研究 [J]. 科技管理研究, 2010 (7).

[43] 董岗. 伦敦国际航运服务集群的发展研究 [J]. 中国航海, 2010 (1).

[44] 任玉珊. 应用型工程大学的组织转型 [J]. 高等工程教育研究, 2010 (6).

[45] 刘驹. 国外航海教育模式给国内海事院校的启示 [J]. 企业导报, 2010 (4).

[46] 郑杭生. 改革开放三十年：社会发展理论和社会转型理论 [J]. 中国社会科学, 2009 (2).

[47] 吴兆麟, 高玉德, 李勇. "金融危机与航海教育" 笔谈 [J]. 航海教育研究. 2009 (1).

[48] 夏贤坤, 龙建华. 金融危机对中国航运业及中国海事的影响之追踪 [J]. 中国海事. 2009 (10).

[49] 刘振峰, 陈燕, 刘阁, 童菁菁. 金融危机背景下中国航运企业 SWOT 分析 [J]. 大连海事大学学报. 2009 (6).

[50] 邢繁辉, 徐昕. 大连海运学院更名为大连海事大学后的办学目标演进 [J]. 航海教育研究, 2009 (2).

[51] 王祖温. 加快航海教育立法, 培养高素质航海人才 [J]. 航海教育研究, 2009 (3).

[52] 王艳华, 陈海泉. 2009 年国际海事教育论坛主题演讲综述 [J]. 航海教育研究, 2009 (3).

[53] 崔连德, 杨培举. 中国高等航海教育百年回眸 [J]. 中国船检, 2009 (7).

[54] 高玉德. 用世界眼光、战略思维谋划中国航海教育 [J]. 世界海运, 2009 (6).

[55] 董岗. 伦敦国际航运中心和英国航运业的动态演变规律研究 [J]. 水运工程, 2009 (12).

[56] 魏小琳. 地方高校发展策略：基于 SWOT 的分析 [J]. 教育发展研究, 2009 (13-14).

[57] 任玉珊. 大学组织转型研究评述 [J]. 国家教育行政学院学报, 2008 (9).

[58] 孙宏利. 航海院校的卓越发展与特色办学 [J]. 航海教育研究, 2008

(1).

[59] 吴兆麟,王跃辉,陈敬根.论中国航海教育的定位[J].航海教育研究,2008(4).

[60] 闫春荣,黄荟."发展"的伦理涵义解析[J].现代哲学,2008(2).

[61] 史根林.学校制度文化的现时缺失与建设取向[J].中国教育学刊,2007(11).

[62] 郑杭生.现代性过程中的传统和现代[J].学术研究,2007(11).

[63] 郭建如.陕西民办高校组织转型研究:以万人民办高校为例[J].北大教育经济研究,2007(3).

[64] 高文兵.新时期行业特色高校发展战略思考[J].中国高等教育,2007(15、16).

[65] 钱克明.工业化、城市化、市场化和国际化进程中的"三农"问题——国际经验及对我国的启示(一)[J].群言,2007(9).

[66] 吴兆麟.构建和谐的大海事系统之初探[J].航海技术,2006(4).

[67] 郑杭生,杨敏.社会实践结构性巨变对理论创新的积极作用[J].中国人民大学学报,2006(6).

[68] 邬大光.建立有中国特色的现代大学制度[J].中国高等教育,2006(1).

[69] 孙立平.社会转型:发展社会学的新议题[J].社会科学研究,2005(1).

[70] 林默彪.论当代中国社会转型的分析框架[J].马克思主义与现实,2005(5).

[71] 丁安宁.当代美国高等教育研究理念[J].高等教育研究,2005(11).

[72] 王双年.天津市高等院校发展战略的SWOT分析[J].情报理论与实践,2005(1).

[73] 吴兆麟.乌克兰敖德萨国立海运学院考察报告[J].航海教育研究,2004(3).

[74] 宋旭红.我国现代大学制度建设的三个层次[J].辽宁教育研究,2004(10).

[75] 王淑敏,吴兆麟.中国航海教育立法模式的探讨[J].大连海事大学学报(社会科学版),2003(4).

[76] 庞国斌. 国外航海教育管理体系的立法比较研究及对我们的启示 [J]. 航海教育研究, 2003 (2).

[77] 阎光才. 美国教师教育机构转型的历史经验及启示 [J]. 教师教育研究, 2003 (11).

[78] 张仁平. 1978年澳大利亚海运学院法述评 [J]. 航海教育研究, 2002 (1).

[79] 吴兆麟. 大连海事大学办学定位的回顾与思考 [J]. 航海教育研究, 2002 (3).

[80] 张正军. 中国航海教育的足迹 [J]. 兰台世界, 2002 (9).

[81] 肖秀平, 陈国良. 建立高校与行业部门联系新机制探讨 [J]. 教育发展研究, 2002 (11).

[82] 朱平. 从改革到转型——中国现代化的历史逻辑 [J]. 安徽师范大学学报 (人文社会科学版), 2001 (4).

[83] 潘懋元. 走向社会中心的大学需要建设现代制度 [J]. 现代大学教育, 2001 (1).

[84] 潘懋元. 高等教育大众化的教育质量观 [J]. 清华大学教育研究, 2000 (1).

[85] 浦宝康. 航海教育与国际海事组织 [J]. 航海教育研究, 1999 (3).

[86] 刘正周. 论组织转型 [J]. 经济问题探索, 1997 (8).

[87] 江彦桥. 航海教育应当立法 [J]. 航海教育研究, 1996 (1).

[88] 黄少卿. 世界航海教育一瞥 [J]. 航海, 1993 (5).

[89] 李培林. "另一只看不见的手": 社会结构转型 [J]. 中国社会科学, 1992 (5).

[90]] Evolution: The Minicomputer Industry as a Case in Point [J]. Technology in Society, 1985 (2).

四、电子文献

[1] 江苏海事职业技术学院办公室. 江苏海事职业技术学院简介 [EB/OL]. http://www.jmi.edu.cn/1d/5c/c900a7516/page.htm, 2020-03-05.

[2] 中华人民共和国交通运输部新闻办公室. 2018年中国船员发展报告 [EB/OL]. http://www.mot.gov.cn/jiaotongyaowen/201906/t20190626_3217115.html, 2019-06-25.

［3］WEF. The Global Competitiveness Report 2017-2018［EB/OL］. http：//www3. weforum. or/docs/GCR 2017 - 2018 /05full Report/The Global Competitiveness Report 2017%E2%80%932018. pdf，2018-11-26.

［4］蒋志伟. 中国海事高等教育的历史传承浅议［EB/OL］. http：//museum. shmtu. edu. cn/index. aspx？lanmuid = 64&sublanmuid = 538&id = 595，2015-12-18.

［5］教育部，交通运输部. 关于进一步提高航海教育质量的若干意见［EB/OL］. http：//www. gov. cn/zwgk/2012 - 03 /16/content_ 2092932. htm，2012-03-16.

五、论文集

［1］胡梅生，彭千，郑金明，莫奇，郑剑，贾玉涛，李萌. 停业船舶停泊安全与防污染管理研究［A］. 中国航海科技优秀论文集［C］，2009.

［2］蔡林慧. 高等学校办学转型与管理创新［C］. 桂林：中国高教学会高等教育管理分会2006年学术年会交流材料，2008.

［3］中共中央马克思恩格斯列宁斯大林著作编译局. 马克思恩格斯全集（第3卷）［C］. 北京：人民出版社，1960.

六、报告

地方高校转型发展研究中心. 地方本科院校转型发展实践与政策研究报告［R］. 应用技术大学（学院）联盟，2013.

七、工具书

［1］现代汉语词典［Z］. 北京：商务印书馆，2009.

［2］新华汉语词典［Z］. 北京：商务印书馆国际有限公司，2007.

［3］大辞海［Z］. 上海：上海辞书出版社，2003.

八、报纸文章

［1］周德全. 中国航运业期待驱寒向暖［N］. 中国水运报，2020-4-7.

［2］刘仁杰. 大同思想与郑和文化初探及建言［N］. 云南经济日报，2019-9-18.

［3］云雀，小凤. 90%高校都应向应用型转型［N］. 羊城晚报，2018-7-4.

［4］科技部，国土资源部，国家海洋局. 国家"十三五"海洋领域科技创新专项规划［N］. 科技导报，2017-5-8.

［5］中华人民共和国国民经济和社会发展第十三个五年规划纲要［N］. 人民日报，2016-3-18.

［6］马智丽. 民营航运企业有多难［N］. 航运交易公报，2015-3-16.

［7］国家海洋局，科技部，教育部，国家自然科学基金委员会. 国家"十二五"海洋科学和技术发展规划纲要［N］. 中国海洋报，2011-9-16.

［8］张页. 航运市场改革需标本兼治［N］. 中国水运报，2009-4-9.

九、其他

［1］国务院关于加快发展现代职业教育的决定（国发〔2014〕19）［Z］. 2014.

［2］《南通张季直先生传》1925 年，引自《吴淞商船专科学校校史》第 4 页，1996.

［3］上海交通大学校史编写组. 交通大学校史资料选编（第一卷）［Z］. 西安交通大学出版社，1986.

［4］《党和国家领导制度的改革》，引自邓小平 1980 年 8 月 18 日在中共中央政治局扩大会议上的讲话.

［5］郑观应《盛世危言后编》卷 2，引自《近代史料丛书汇编》第一辑，台北大通书局刊行，1968.

［6］大连海事大学馆藏档案，《事由：为函送对各专业培养目标和教学计划的意见》，1953.32. 广东省档案馆档案：军字 237 号，5-1-623，资军 859 号.

十、在读期间科研情况

［1］马长世，王卫兵，徐浪. 航海文化特色的德育工作创新实践（著作），2016 年江苏省教育科学研究成果三等奖。

［2］徐浪，王建华. 论世界一流大学建设中的清单管理［J］. 现代大学教育，2017（3）.

［3］徐浪，王建华. 我国双一流建设的政策分析［J］. 黑龙江高教研究，2018（6）.

［4］徐浪. 高校教师社会角色与社会责任的反思［J］. 中国高校科技，2019（4）.

后 记

2002年10月到2018年10月，整整16年的时间，我一直在海事院校从事教学和管理工作。其间，因工作需要，我实地考察过国内的20多所海事院校和欧美国家的6所海事院校。这段工作经历让我对海事院校的现实状况和发展困境有切身体会。海事院校的存在价值是什么、它为什么会遭遇发展困难、如何克服困难实现转型发展，这都是我在工作中经常思考的问题，也是我确定博士论文选题时最直接的原因。

衷心感谢王建华老师给我一次难得的学习机会。离开大学校园学习生活近10年、迷失于繁忙的工作生活之中，这样的感谢绝不是一句空话。早闻王老师治学严谨，自我要求甚高，对学生要求也高，我心中起初是很不自信而忐忑不安的。但是王老师谦逊平和、待人友善的为人之德；对学生负责、指导有方的治学之道，让我逐渐平静了心态，开始新的学习生活，并且在为人处事方面受益匪浅。特别是王老师对学生求教回复之迅速、点评之准确让我印象非常深刻。

在求学过程中，我努力克服工作和生活的压力，投入到博士课程学习之中。进入教科院这个大家庭，时间虽然短暂，但教科院浓厚的学术氛围、温馨的师生关系，让我不时感受到大学"熏陶"之含义。我有幸聆听了胡建华老师、王建华老师、程天君老师、张乐天老师、齐学红老师、高妙老师等方家的课程，开阔了视野，扩宽了知识面。有幸结识了许多博士同门，和他（她）们交流探讨，结下了深厚的友谊。

在撰写博士论文期间，我担任四个部门的负责人，又经历了一次调动，到外地去工作。新的工作岗位，遇到新的挑战；无法陪伴家人，无法关心孩子成长；离开海事院校，写作诸多不便……工作、学习与生活方面的压力始终如影随形，甚至一度让我非常焦虑不安。好在有老师、领导、同事和家人的关心支持，他（她）们或给我指点，或接受访谈，或帮我问卷调查，或帮我查阅资料，或帮我翻译论文，让我能够收集资料、阅读，并较为顺利地完成写作。在此向他（她）们表示由衷的感谢！